9	0	0	0	4	0	7	5	0	3	1	7	1	9	2
9	4	7	4	1	2	4	6	9	4	5	6	0	2	0
0	6	3	7	7	1	3	2	7	2	7	0	0	0	9
8	0	9	9	0	5	7	6	4	6	1	4	3	9	0
8	9	0	4	9	2	7	2	8	0	9	6	8	0	1
5	2	8	8	8	7	2	3	7	9	7	7	2	7	1
2	4	9	9	0	5	0	4	1	9	7	0	7	9	4
4	6	8	8	2	0	8	9	6	6	7	0	3	6	4
2	6	1	0	1	5	0	2	0	1	2	6	8	7	4
2	9	4	1	0	0	8	7	8	2	0	9	6	9	3
3	6	7	0	8	8	4	0	8	1	7	3	7	8	0
9	2	6	9	1	6	6	4	4	1	5	3	2	0	3
1	4	3	3	6	5	3	5	3	7	0	1	3	8	6
9	8	5	9	0	9	0	8	9	4	5	6	6	6	2
3	4	6	5	4	7	0	9	6	0	9	4	6	6	5
5	2	6	7	2	2	8	1	8	2	6	0	4	8	2
2	4	8	8	5	0	2	2	9	2	6	7	9	1	4
5	3	5	6	4	2	2	7	0	9	4	4	5	6	6

7	2	7	7
1	1	2	2
0	0	7	6
9	4	3	6

LRVGERSHDTSX

921
182
192
219

ERSHDTS

a AIAEU
a IAAEU
a AEIOU
a AeIoU
a AEOE
a AEEIII

___ + 511 = 528

8	7	1
0	1	9
9	8	9

= 528

8	7	1
0	1	9
9	8	6

68 : ___ + 511 = 528

W W J Y V O G Y D Y W S H I J C O Y F X H C H P Z B K F F G H K L M I M
W Y G E O G O V M E N Z Z E N I L L W D J S Z C D Z Z C G P I O U P A V
Y B C P I O D D B T S F K X E O U Y L R U O W G S A E O C Q C D S H X R
M R Y J O X I F C C Q E W E B E K J T H O K O Q A N A B C V S N P X Q K
X A R L V S N P Q V U Y O T E Y H J M S C O S X E A T I J D P S Z L O I
F O H J J V L M Q M H N W B G Y Y T K A P R J I C Z I B M Q F V X F I N
L P N K S F V C T S O J C R Z U B H A E R G O L M K W G R W N S M H E I
H P H G D H X L P A Q S X E F F S V A O S C S H M G G Y R I I H L A P Q
N W F O J N T P L A T G S T O R G D W L K P G C X Q N K Y C Y B P M V R
J A D I Y X A G A P A Q H O K O N D D M G O C V Q M L X G G R U U B F P
H H Q K Q J F H B A K S G H O K K N D F F X B K C Y Y B G K E U C U W R
G I K C F L J G S H Y L N R L F L I L O X B K N V Z T J X E E O U I D L
H L W O O R K S E X R A X X K D F I G J J L I A W W Q S A Q T A Y Q Z K
A H T I O A S Z B N L O K F I E V N Z V M Z P H L M G Y S Y A D A D P L
E F I X I P S M Q Z D R A I O E P R T B L P E Y H D I F Y V N A H C Y H
A X E I X X D I D W N R Y C F Z G X Y P F E A E F U J P Y W R E T Y D C

Gerhard Schmidt

INTELLIGENZ TRAINING

DÖRFLER
RATGEBER

Genehmigte Lizenzausgabe für Edition DÖRFLER im NEBEL VERLAG GmbH, Eggolsheim
Text: Gerhard Schmidt; www.gehirnjogger.de; gerhard.schmidt@genion.de

Im Internet finden Sie unser Verlagsprogramm unter:
www.edition-doerfler.de

Das Ziel, welches ich mit dem vorliegenden Werk verbinde, ist es, Ihnen als erstes einiges an wissenschaftlichem Hintergrund mit auf den Weg zu geben, damit Sie ein grundsätzliches Verständnis für die Arbeitsweise unseres wichtigen Organs, des Gehirns, entwickeln. Was nützt es jedoch, wenn das alles graue Theorie bleibt? Ohne praktische Umsetzung und regelmäßiges Training werden Sie kaum Ihr geistiges Leistungsvermögen steigern können. Daher nehmen entsprechende Aufgaben, Übungen und Tipps einen gleichberechtigten Platz ein.

Dieser Band vermittelt Ihnen sowohl das notwendige theoretische Rüstzeug in Form vieler einfach umsetzbarer Anregungen, Tipps und Strategien; er gibt Ihnen aber andererseits auch ausreichend (wiederholbares) Übungsmaterial an die Hand, um alles sofort in der Praxis anwenden zu können. Mit dieser Kombination wird es Ihnen gelingen, die passenden Einsatzmöglichkeiten im Alltag zu finden und vieles in Ihrem Umfeld effizienter und »gehirngerechter« zu gestalten.

Wichtig ist es, dass Sie wirklich regelmäßig trainieren. Nur so können Sie sich auf einem optimalen geistigen Niveau halten. Planen Sie daher täglich eine feste Zeitspanne ein, in der Sie einige der Aufgaben durcharbeiten können. Selbstverständlich dürfen Sie sich auch spielerisch weiterentwickeln. Und wenn Sie nicht allein sind, gibt es genug Möglichkeiten, ein oder mehrere Personen miteinzubeziehen. So wird es auch spannender und abwechslungsreicher.

Wenn Sie jetzt beginnen, mit diesem Buch zu arbeiten, bieten sich verschiedene Möglichkeiten an. Sie können selbstverständlich, was ich Ihnen auch empfehle, das Buch von vorne bis hinten durcharbeiten. Es ist so aufgebaut, dass die einzelnen Kapitel einander ergänzen und auch aufeinander verweisen, so dass Sie den maximalen Profit daraus ziehen. Sie können aber auch die Teile herauspicken, in denen Sie Ihr größtes Verbesserungspotential vermuten (bei der Analyse hilft Ihnen der vorangestellte Test), und dort gezielt tätig werden. Zu einseitig sollten Sie allerdings nicht vorgehen. Die Kapitel »Voraussetzungen für geistige Fitness« und »Intelligenz allgemein« enthalten grundlegende Informationen, auf die Sie auf keinen Fall verzichten sollten. Der Rest vertieft einzelne Punkte.

Der Test sollte übrigens nicht überbewertet werden. Einen IQ oder eine absolute Vergleichsmöglichkeit erhalten Sie damit nicht. Er dient vielmehr im Wesentlichen dazu, Ihre persönlichen Stärken und Schwächen zu ermitteln, so dass Sie insbesondere letztere zielstrebig angehen können. Das hilft Ihnen dabei, geistig nicht zu einseitig zu werden, sondern eine gesunde Balance herzustellen.

Am besten ist es, das Buch zumindest einmal komplett zu lesen und dann verschiedene Kapitel regelmäßig zu wiederholen. Unter Lesen verstehe ich dabei einen aktiven und keinen passiven Vorgang. Denken Sie mit und lassen Sie auch die Übungen und Aufgaben nicht aus! Betrachten Sie das nicht als lästige Pflicht, sondern als Kürprogramm, das Ihnen auch Spaß machen soll. Nur auf diese Weise können Sie den größtmöglichen Effekt erzielen. Nach einiger Zeit können Sie dann zur Wiederholung übergehen. Wenn Sie sich Ihr erstes Abschneiden bei einer Übung notiert haben, können Sie auf diese Weise auch einfach feststellen, inwiefern Sie sich inzwischen verbessert haben.

Ein kleiner Tipp: Wenn Sie durchsichtige Folie und einen abwischbaren Stift verwenden, können Sie auch die Aufgaben, die nur zur einmaligen Durchführung konzipiert wurden, nach einiger Zeit nochmals angehen. Es steht Ihnen aber frei, auch eigene Übungen zu konzipieren und im Freundes- und Bekanntenkreis auszutauschen. Anregungen dazu finden Sie zur Genüge im weiteren Verlauf.

Der Begriff »Gehirnjogging«, welcher unser Trainingsprogramm umschreibt, tauchte das erste mal 1981 auf. Angedacht war dabei eine Methode zur schnellen Steigerung der geistigen Leistungsfähigkeit, ohne gesundheitliche Risiken in Kauf zu nehmen. Sie sollte einfach durchführbar und damit in jeden Tagesablauf einplanbar sein. Um diese Forderungen zu erfüllen, musste zunächst ermittelt werden, welche grundlegenden Faktoren für eine Leistungssteigerung ausschlaggebend sind. Man kam zu dem Ergebnis, dass man direkt an der Informationsaufnahme und -verarbeitung von Zahlen, Sprache (Schrift) und Symbolen (Bildern) anzusetzen hatte. Hiermit werden dann das Gedächtnis sowie die Verarbeitungsgeschwindigkeit trainiert. Diese Punkte spielen im täglichen Leben eine alles entscheidende Rolle, und ihnen wird daher in diesem Buch zurecht viel Platz eingeräumt.

Das ist jedoch noch lange nicht alles. Grundlage für den Erfolg in den oben genannten Bereichen ist nämlich auch Konzentration und geistige Ausdauer. Denn nur wenn man ganz auf eine Sache fokussiert ist, arbeitet man effektiv und zielgerichtet. Wem schnell die »geistige Puste« ausgeht, wird allenfalls mittelmäßige Ergebnisse zustande bringen können.

Bei der Informationsverarbeitung sind eine Reihe von zusätzlichen Kenntnissen und Fähigkeiten hilfreich. Logisches Denken und Mathematik sind eng miteinander verwandt und werden in diesem Buch daher gemeinsam abgehandelt. Räumliches Vorstellungsvermögen gehört ebenfalls dazu, denn nur wer das gewünschte Endergebnis bereits vor Augen hat, kann auch den Weg dorthin finden. Bei der Umsetzung benötigt man dann noch Kreativität und Originalität, um auch ungewöhnliche Möglichkeiten und Chancen aufzuspüren.

Sind Informationsaufnahme und -verarbeitung abgeschlossen, muss das Endergebnis oft noch kommuniziert werden. Dies erfolgt im Allgemeinen über die Sprache. Als einer der Aspekte von Intelligenz ist auch diesem Gebiet ein eigenes Kapitel gewidmet.

Damit schließt sich der Kreis und der Leser ist mit all dem notwendigen Handwerkszeug ausgestattet, um sein Schicksal selbst in die Hand zu nehmen. Oft zeigt sich jedoch, dass Intelligenz allein noch nicht ausreichend ist, um ein ausgeglichenes, glückliches und erfolgreiches Leben führen zu können. Die meisten Menschen wissen nämlich gar nicht, was sie wollen, und können ihr Schiff daher erst gar nicht auf den richtigen Kurs bringen. Dann jedoch ist alle geistige Fitness vergebens und eine Energieverschwendung sondergleichen. Ich werde daher zumindest im Ansatz auch darauf eingehen, wie Sie Ihre ureigensten Wünsche und Träume erkennen und auch in die Tat umsetzen können. Nur dann können Sie den größtmöglichen Nutzen aus diesem Buch ziehen.

Wissenschaftler sind übrigens zu dem Ergebnis gelangt, dass mangelnde geistige Aktivität bereits nach fünf Tagen zu einem deutlichen Nachlassen der Konzentration und des Gedächtnisses und damit auch der Intelligenz führen kann. Dagegen führt ein regelmäßiges Training des Verstandes auch noch im Alter zu einer stärkeren »Verkettung« der einzelnen Gehirnzellen und somit zu einer Steigerung der Intelligenz. Ältere Menschen, die regelmäßig Gehirnjogging betreiben, schneiden bei kognitiven Tests besser ab. Aber selbst geistig rege und körperlich aktive Menschen können von einem Intelligenztraining noch profitieren. Daher sollte es auch Ihnen zur Gewohnheit werden.

Im 21. Jahrhundert wird geistige Fitness immer mehr zu einer Grundvoraussetzung dafür werden, das sich alle paar Jahre verdoppelnde Wissen noch effizient und zielgerichtet im Prozess des lebenslangen Lernens aufnehmen und verarbeiten zu können.

Ich wünsche Ihnen viel Spaß und Erfolg beim Durcharbeiten dieses Buches,

Ihr Gerhard Schmidt

SPIELERISCHE RÄTSEL ZUR EINSCHÄTZUNG DER EIGENEN INTELLIGENZLEISTUNG

Im Selbsttest und obendrein in wenigen Minuten kann man keinen Intelligenzquotienten messen. Deshalb wurde in Zusammenarbeit mit der Organisation Hochbegabter »Mensa in Deutschland e.V.« ein spielerischer Test entwickelt, mit dem Sie sich recht gut auf die Probe stellen können. Am Ende erfahren Sie, ob mehr in Ihnen steckt und ob Sie einmal an einem richtigen Test teilnehmen sollten. Viel Spaß bei den folgenden Aufgaben!

A. Wie geht die Reihe weiter?

Lösungen auf S. 21

Finden Sie die richtigen zwei Elemente heraus, die als nächste folgen. Nur eine der vorgegebenen Antworten ist richtig!
Beispiel: 15 16 17 18 ... ... Diese Reihe ist mit 19 und 20 fortzusetzen!

1) 1 3 5 7 9	**a** ... 7 11	**b** ... 13 15	**c** ... 11 13	**d** ... 35 79
2) 2 9 3 9 4 9 5 9	**a** ... 7 11	**b** ... 6 9	**c** ... 11 15	**d** ... 4 12
3) 12 13 16 21 28	**a** ... 39 54	**b** ... 56 70	**c** ... 35 42	**d** ... 37 48
4) 32 22 44 34 68	**a** ... 58 116	**b** ... 48 96	**c** ... 33 66	**d** ... 72 36
5) 47 72 24 48 16 39	**a** ... 13 27	**b** ... 13 35	**c** ... 9 35	**d** ... 9 26
6) 14 15 9 11 5 8 2 6 0	**a** ... 2 8	**b** ... –6 1	**c** ... 5 –1	**d** ... –9 –3

B. Was gehört nicht dazu?

Lösungen auf S. 21

Bei jeder der folgenden Aufgaben sind fünf Wörter aufgelistet, von denen eines nicht zu den anderen passt. Finden Sie diese Wörter heraus und kreuzen sie an.

1) blau grün rot hell braun

a blau **b** grün **c** rot **d** hell **e** braun

2) Englisch Deutsch Physik Ferien Chemie

a Englisch **b** Deutsch **c** Physik **d** Ferien **e** Chemie

3) wild zahm zutraulich dressiert abgerichtet

a wild **b** zahm **c** zutraulich **d** dressiert **e** abgerichtet

4) Elefant Giraffe Känguru Gorilla Zebra

a Elefant **b** Giraffe **c** Känguru **d** Gorilla **e** Zebra

5) Sockel Wand Sturz Sims Dachstuhl

a Sockel **b** Wand **c** Sturz **d** Sims **e** Dachstuhl

6) Motte Silberfisch Maikäfer Kellerassel Weberknecht

a Motte **b** Silberfisch **c** Maikäfer **d** Kellerassel **e** Weberknecht

7) Pfirsich Birne Zwetschge Kirsche Aprikose

a Pfirsich **b** Birne **c** Zwetschge **d** Kirsche **e** Aprikose

8) Liter Spannung Grad Celsius Hektar Kilogramm

a Liter **b** Spannung **c** Grad Celsius **d** Hektar **e** Kilogramm

C. Welches Element gehört an die freie Stelle? Lösungen auf S. 21

Nur eines der vier vorgegebenen Wörter passt logischerweise an die freie Stelle. Finden Sie das jeweils richtige Wort heraus!

1) Dieses Brett ist zu ..... Wir können damit keine Brücke über den Bach bauen.

a schmal **b** kurz **c** lang **d** farbig

2) Wenn wir zum Zirkus gehen, lassen sie uns ..... Geld nicht hinein.

a mit **b** aber **c** das **d** ohne

3) Der Fahrer fuhr an die ..... und kontrollierte den Reifendruck.

a Bank **b** Gaststätte **c** Tankstelle **d** Wiese

4) Jedes ..... zu Ostern besuchten wir unsere Tante Frieda.

a Mal **b** Jahr **c** Gewitter **d** Enkelkind

5) Wenn morgens der ..... klingelt, ist Zeit aufzustehen.

a Wecker **b** Postbote **c** Wächter **d** Wasserkessel

6) Friedrich Schiller hat »Die Räube« ..... .

a verraten **b** bestohlen **c** geschrieben **d** festgenommen

7) Der Mississippi ist recht flach. Deshalb befahren ihn nur Dampfer mit ..... Tiefgang.

a wenig **b** extremem **c** normalem **d** ordentlichem

8) Alle Würfel mit gleicher Kantenlänge haben ..... denselben Rauminhalt.

a nicht **b** auch **c** selten **d** kaum

D. Was kann das Fragezeichen ersetzen?

Lösungen auf S. 21

Nur eines der vorgegebenen Lösungsmöglichkeiten a, b oder c passt logischerweise an die Stelle mit dem Fragezeichen. Welches ist das in den folgenden drei Fällen?

1. Aufgabe:

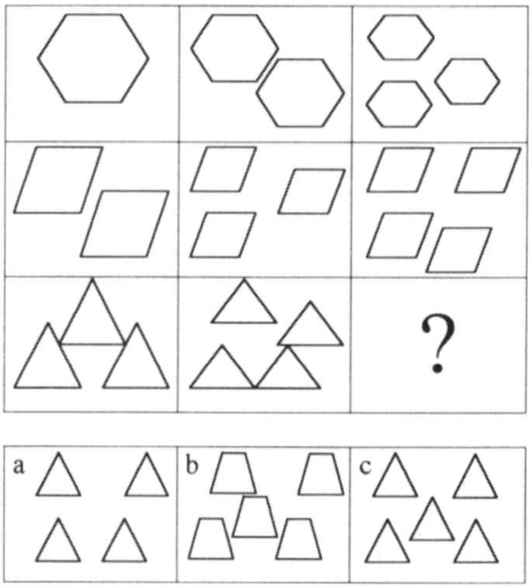

2. Aufgabe:

2. Aufgabe:

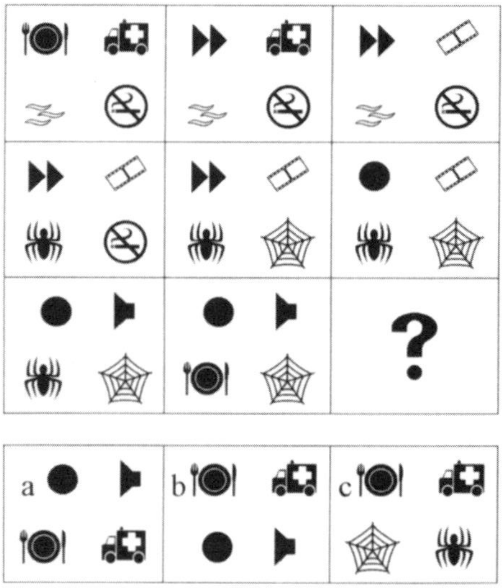

4. Aufgabe:

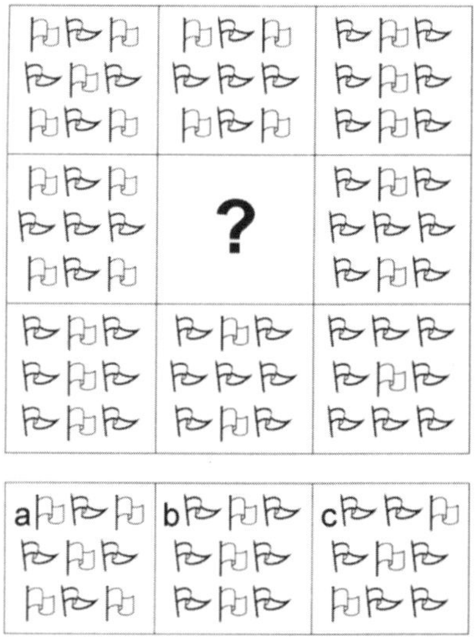

E. Bringen Sie die Wörter in die richtige Reihenfolge

Lösungen auf S. 21

Bei den folgenden Sätzen sind die Wörter vertauscht. Erst in der richtigen Reihenfolge ergeben sie einen Sinn. Welche Lösung gibt als einzige einen Sinn? Beispiel: »Das schnell fährt Auto.« – Richtig muss er heißen: »Das Auto fährt schnell.«

1) Feder tanzt wie eine Inge..

a Eine Feder tanzt wie Inge.
b Wie Feder tanzt eine Inge.
c Inge wie tanzt eine Feder.
d Inge tanzt wie eine Feder.

2) Meister Übung den macht.

a Übung macht den Meister.
b Meister macht den Übung.
c Meister Übung macht den.
d Übung Meister den macht.

3) Heute stand das Auto morgen im Halteverbot.

a Heute Halteverbot, morgen stand das Auto.
b Heute stand morgen Halteverbot das Auto.
c Das Auto stand heute morgen im Halteverbot.
d Das heute Auto stand morgen im Halteverbot.

4) Sie erklärte Plastiken und der Künstler zeigte seine.

a Der Plastiken zeigte Künstler und Seine erklärte sie.
b Künstler erklärte Plastiken und zeigte sie der Seine.
c Der Künstler zeigte seine Plastiken und erklärte sie.
d Sie erklärte seine Plastiken und der Künstler zeigte.

5) Schief geht etwas so soll es wenn schief gehen.

a Wenn etwas schief gehen soll, so geht es schief.
b Schief soll etwas so gehen, wenn es geht schief.
c So soll es schief gehen, wenn etwas schief geht.
d Wenn es etwas schief geht, soll schief es gehen.

6) Der Sonntag war unbespielbar da Fußballspiel am Platz fiel das aus.

a Der Sonntag fiel aus, da das Fußballspiel am Platz unbespielbar war.
b Der Platz war am Sonntag, da das Fußballspiel unbespielbar ausfiel.
c Das Fußballspiel am Sonntag fiel aus, da der Platz unbespielbar war.
d Da der Platz am Sonntag ausfiel, war das Fußballspiel unbespielbar.

7) Die goldene Brosche kam nicht zustande. Ein Kaufvertrag kaufen, da wollte rote Kundin nicht die und die.

a Ein Kaufvertrag kam zustande, da die rote Brosche nicht die Kundin die kaufen wollte und goldene nicht.

b Die Kundin wollte die goldene Kaufvertrag zustande. Und ein Kaufen kam nicht rote, da nicht die Brosche.

c Die rote Brosche wollte die goldene Kundin kaufen und nicht zustande, da die nicht kam ein Kaufvertrag.

d Ein Kaufvertrag kam nicht zustande, da die Kundin die rote Brosche kaufen wollte und nicht die goldene.

F. Wie lautet das richtige Ergebnis?

Lösungen auf S. 21

Kopfrechnen ist bei den folgenden 8 Aufgaben gefragt. Mehr als 15 Sekunden Zeit sollten Sie sich bei keiner der Aufgaben zugestehen.

1) Mutter hat sechs Äpfel für ihre drei Kinder. Wie viele bekommt jedes?

a zwei **b** drei **c** vier **d** sechs

---

2) Ein Vater erzählt: »Ich habe fünf Töchter und jede hat einen Bruder.« Wie viele Kinder hat er?

a zehn **b** acht **c** sechs **d** fünf

---

3) Ein Zug fährt von A nach B in 72 Minuten. Ein zweiter Zug braucht dazu eine Stunde und zehn Minuten. Welcher ist schneller?

a keiner **b** der erste **c** der zweite **d** A

---

4) Eine Tasse und eine Untertasse wiegen zusammen 120 Gramm. Die Tasse wiegt doppelt so viel wie die Untertasse. Wie viel wiegt die Untertasse?

a 30 Gramm **b** 40 Gramm **c** 60 Gramm **d** 80 Gramm

---

5) Eine Schulklasse ist im Theater. Alle sitzen nebeneinander in der neunten Reihe auf den Plätzen 12 bis 38. Wie viele Schüler sind das?

a 24 **b** 26 **c** 27 **d** 38

---

6) Angenommen, ich hätte dreimal so viel Geld bei mir wie ich im Augenblick tatsächlich habe, und noch 11 Euro dazu, dann hätte ich 50 Euro. Wie viel Geld habe ich dabei?

a 11 **b** 13 **c** 15 **d** 17

---

7) An einem Marktstand werden lebende Tiere verkauft, Hühner und Kaninchen. Zusammen haben die Tiere 42 Köpfe und 100 Beine. Wie viele der Tiere sind Hühner?

a 31 **b** 34 **c** 38 **d** 42

---

8) In einer Firma arbeiten drei Männer aus einer Familie, die alle unterschiedlichen Generationen angehören. Der Großvater meint: »Mein Sohn und ich sind 100, mein Sohn und mein Enkel 62, mein Enkel und ich sind 80 Jahre alt.« Wie alt ist der Großvater?

a 52 **b** 55 **c** 57 **d** 59

G. Welches Wort ist dem ersten am Ähnlichsten?

Lösungen auf S. 21

Wieder geht es darum, etwas herauszufinden, was nach den Gesetzen der Logik am besten zu einem anderen passt. Diesmal geht es um Worte. Welches der vier nachgenannten Worte ist dem ersten am Ähnlichsten?
Beispiel: Telefon. Glas, Kissen, Mikrofon, Lexikon. – Richtige Antwort: Mikrofon, weil hier wie beim Telefon Sprache in elektroakustische Impulse umgesetzt wird.

1) himmelblau. azur, beige, oliv, türkis

a azur **b** beige **c** oliv **d** türkis

2) Steuer. Bremse, Gang, Rücklicht, Lenkstange

a Bremse **b** Gang **c** Rücklicht **d** Lenkstange

3) Mut. Fleiß, Einsatz, Beherztheit, Streben

a Fleiß **b** Einsatz **c** Beherztheit **d** Streben

4) Frankreich. Westeuropa, Belgien, Mittelmeer, Rhein

a Westeuropa **b** Belgien **c** Mittelmeer **d** Rhein

5) Kilometer. Kilogramm, Pfund, Kilowatt, Meile

a Kilogramm **b** Pfund **c** Kilowatt **d** Meile

6) Ofen. Elektroherd, Heizung, Klimaanlage, Ventilator

a Elektroherd **b** Heizung **c** Klimaanlage **d** Ventilator

H. Welches Wort kann hier gebildet werden?

Lösungen auf S. 22

Bei diesem Aufgabenblock sollten Sie etwas Kreativität zeigen. Sie erhalten jeweils einige Buchstaben, die Sie umstellen sollen, ohne dass ein Buchstabe übrig bleibt. Gelingt Ihnen das, können Sie auch entscheiden, welche der Umschreibungen auf den Begriff zutrifft. **Beispiel: M U R W = _ _ _ _**

a Kriecht es? **b** Liegt es auf einem hohen Berg?
c Mögen es Matrosen? **d** Ist es ein Fragewort?

Richtige Antwort: WURM, also ist Vorgabe **a** richtig und anzukreuzen.

1) D U H N _ _ _ _

a Hat es Flügel? **b** Ist das viel Sand?
c Hat es vier Beine? **d** Gehört es auf den Kopf?

2) S P E N N T I F G _ _ _ _ _ _ _ _ _

a Ist der Inhalt wertvoll? **b** Ist es sonnig hell?
c Ist viel Wasser rings herum? **d** Ist es ein Grund zum Feiern?

3) GRMABUH _ _ _ _ _ _ _ _

a Ist es im Wald? **b** Ist da ein großer Hafen?
c Ist es ein gefährliches Tier? **d** Gehört es nach Afrika?

4) PRUCOTEM _ _ _ _ _ _ _ _ _ _

a Hat es Tasten? **b** Ist das ein Lastschiff?
c Steht es immer im Badezimmer? **d** Muss es bei Schnee und Eis im Freien bleiben?

5) GLEISNAW _ _ _ _ _ _ _ _ _ _

a Fährt der Zug darüber? **c** Ist es ein Feiertag?
b Kann es kaputt gehen? **d** Braucht man es auf dem Sportplatz?

6) TOMWICHT _ _ _ _ _ _ _ _ _ _

a Ist er einer von Sieben? **c** Kommt er aus dem Märchen?
b Macht er immer Krach? **d** Wächst es im Garten?

7) STAWENGLA _ _ _ _ _ _ _ _ _ _ _ _

a Ist das ein Ort in Bayern? **c** Ist das eine Sportart?
b Braucht man's zum Camping? **d** Ist das etwas mit mindestens vier Rädern?

8) GONGBEEREN _ _ _ _ _ _ _ _ _ _ _ _ _

a Wächst es im Wald? **c** Sieht man das am Himmel?
b Ist das sehr laut? **d** Kann man es nur unter Wasser finden?

J. Hier geht es um schnelles Erkennen

Lösungen auf S. 22

Bei jeder Aufgabe dieses Testblockes finden Sie mehrere Zahlengruppen nebeneinander. Zwei direkt nebeneinander stehende sind in ihrem Wert genau um 7 auseinander. Welches ist die größere, auf die diese Voraussetzung zutrifft?

Beispiel: 2 8 15 23 29

Die richtige Lösung ist 15, denn das ist die einzige Zahl, die um 7 größer ist als die links neben ihr stehende. Bei dieser Aufgabe sollten Sie sich etwas unter Zeitdruck setzen und maximal eine Minute für alle Fragen zusammen benötigen.

1) 5 12 21 35 41

a 12 **b** 21 **c** 35 **d** 41

2) 6 12 19 22 27

a 12 **b** 19 **c** 22 **d** 27

3) 4 12 16 23 29 37

a 12 **b** 16 **c** 23 **d** 37

4) 3 9 16 24 34 42

a 9 **b** 16 **c** 24 **d** 42

5) 2 6 9 17 22 31 36 43

a 17 **b** 22 **c** 31 **d** 43

6) 5 14 15 17 24 29 34 39

a 14 **b** 17 **c** 24 **d** 34

7) 198 202 208 215 236 247 274

a 208 **b** 215 **c** 236 **d** 247

8) 184 245 252 258 295 303 311

a 245 **b** 252 **c** 303 **d** 311

9) 444 555 577 584 593 608 670

a 577 **b** 670 **c** 593 **d** 584

10) 399 499 455 665 672 772 777

a 455 **b** 772 **c** 672 **d** 777

K. Finden Sie die passenden Entsprechungen

Lösungen auf S. 22

Hier geht es darum, das richtige vierte Wort der Entsprechung zu finden. Nur eines der vier vorgeschlagen Wörter passt tatsächlich in den Zusammenhang. Finden Sie die richtigen fehlenden Wörter?

Beispiel: arm – reich, klein – ???

Die richtige Antwort muss »groß« heißen.

Länger als fünf Minuten sollten Sie für alle Fragen zusammen nicht brauchen! Schließlich sind Sie inzwischen im Training.

1) Hund – Hütte, Vogel – ...

a ... Stall **b** ... Koppel **c** ... Nest **d** ... Allee

2) Kutsche – Kutscher, Ross – ...

a ... Reiter **b** ... Zügel **c** ... Sattel **d** ... Rossapfel

3) Köln – Rhein, Wien – ...

a ... Elbe **b** ... Donau **c** ... Theis **d** ... Weichsel

4) Schäl – Tünnes, Seppl – ...

a ... Gretel **b** ... Kasperle **c** ... Hänsel **d** ... Pumuckl

5) Bache – Keiler, Reh – ...

a ... Hirsch **b** ... Bambi **c** ... Rehbock **d** ... Rehkitz

6) Heidelbeere – Blaubeere, Krawatte – ...

a ... Schlips **b** ... Fliege **c** ... Halskette **d** ... Brosche

7) Klavier – Kunst, Amboss – ...

a ... Schmiede **b** ... Handwerk **c** ... Kraft **d** ... Feuer

8) Sprache – Grammatik, Kreuzung – ...

a ... Fahrrad **b** ... Bußgeld **c** ... Parkverbot **d** ... Vorfahrt

9) Kino – Leinwand, Theater – ...

a ... Bühne **b** ... Kulisse **c** ... Vorhang **d** ... Souffleuse

10) Muskat – Koriander, Essig – ...

a ... Limonade **b** ... Benzin **c** ... Öl **d** ... Diesel

L. Was fällt aus der Reihe?

Lösungen auf S. 22

In jeder Aufgabe dieses Blockes stehen fünf Begriffe scheinbar in einer richtigen Reihenfolge. Bei näherer Betrachtung findet man aber schnell heraus, dass sich ein Element an einer falschen Position befindet. Finden Sie dieses heraus?

Beispiel: 1, 2, Q, 3, 4

Die richtige Antwort muss »Q« lauten, da dieses Element sich zwischen die 2 und die 3 gedrängt hat.

Auch hier sollten Sie nicht länger als fünf Minuten für alle Fragen zusammen brauchen!

1) rot, gelb, grün, violett, blau

a gelb **b** grün **c** violett **d** blau

2) Bor, Kohlenstoff, Sauerstoff, Stickstoff, Fluor

a Kohlenstoff **b** Sauerstoff **c** Fluor **d** Bor

3) Adenauer, Erhard, Kohl, Kiesinger, Brandt

a Adenauer **b** Erhard **c** Kohl **d** Kiesinger

4) Hamburg, Nürnberg, Hannover, Kassel, Würzburg

a Nürnberg **b** Hannover **c** Kassel **d** Würzburg

5) Buchdruck, Mikroskop, Luftpumpe, Fotografie, Brille

a Mikroskop **b** Luftpumpe **c** Fotografie **d** Brille

6) 1/2, 2/5, 3/8, 4/7, 5/14

a 2/5 **b** 3/8 **c** 4/7 **d** 5/14

Lösungen

Vergleichen Sie bitte Ihre Antworten mit den folgenden Lösungen:

A. 1c (ungerade Zahlen)
2b (jedes zweite Element = 9; restliche Elemente steigen um 1)
3d (Differenz der Elemente steigt um 2 an)
4a (abwechselnd Verdoppelung und Subtraktion von 10)
5b (abwechselnd Teilung durch 3 und Addition von absteigender Reihe 25, 24, 23 ...)
6c (abwechselnd – 6 und ansteigende Reihe + 1, + 2, + 3, ...)

B. 1d (hell ist keine Farbe)
2d (Ferien ist kein Schulfach)
3a (Gegenteil der anderen Begriffe)
4c (kein afrikanisches Tier)
5e (nicht von Maurern, sondern von Zimmerleuten gefertigt)
6c (kein Tier, das im oder am Haus anzutreffen ist)
7b (kein Steinobst)
8b (physikalischer Begriff und keine Maßeinheit)

C. 1b 2d 3c 4b 5a 6c 7a 8b

D. 1c (von links nach rechts um ein Element zunehmend, von oben nach unten um eine Ecke abnehmend)
2b (in jeder Waagrechten immer drei verschiedene Figuren und Hintergründe)
3a (Element tauchen in gleicher Reihenfolge wieder auf, deshalb muss jetzt der Krankenwagen kommen)
4b (die spitz zulaufenden Fahnen bilden nach rechts und nach unten zunehmende Reihen 4-5-6, 5-?-7, 6-7-8)

E. 1d 2a 3c 4c 5a 6c 7d

F. 1a 2c 3c 4b 5c 6b 7b 8d

G. 1a (gleicher Farbton)
2d (beeinflusst Fahrtrichtung)
3c (Synonym)
4a (beschreibt Lage am genauesten; übrige Begriffe sind nur angrenzende Bezeichnungen)
5d (Längenmaß)
6b (gleiche Wirkung)

H. 1c HUND 2d PFINGSTEN 3b HAMBURG 4a COMPUTER 5b WEINGLAS 6a MITTWOCH 7d LASTWAGEN 8c REGENBOGEN

J. 1a 2b 3c 4b 5d 6c 7b 8b 9d 10c

K. 1c (Behausung) 2a (der Benutzer) 3b (Fluss durch die Stadt) 4b (Figurenpaar) 5c (männliche Tierbezeichnung) 6a (Synonym) 7b (Handwerk ist hier die Schmiedekunst) 8d (Regelungswerk) 9a (Ort des Theatergeschehens) 10c (verwandte Würze)

L. 1c (Reihenfolge der Regenbogen-/Spektralfarben)
2b (Reihenfolge der chemischen Elemente; Stickstoff ist leichter als Sauerstoff)
3c (Reihenfolge der deutschen Bundeskanzler)
4a (Reihenfolge der Großstädte an ICE-Strecke nach München)
5d (zeitliche Reihenfolge der Erfindungen; die Brille war die Erste)
6c (Wert der Brüche absteigend)

Geben Sie sich für jede richtige Antwort **3** Punkte. Für richtige Antworten in den Fragerunden **B**, **C** und **H** gibt es **4** Punkte. Zählen Sie alle erzielten Punkte zusammen und notieren Sie das Ergebnis hier:

Wie gut war ich denn nun?

Wie viele Punkte haben Sie erreicht? Lesen Sie bitte den Absatz, in der sich Ihre erreichte Punktzahl befindet.

0–60 Punkte

Sie waren nicht in Form, nicht ausgeschlafen oder völlig unkonzentriert. Sonst könnten wir uns nicht erklären, dass Sie nur so wenig Punkte ernten konnten. Lassen Sie etwas Zeit vergehen, mindestens ein halbes Jahr, dann können Sie diesen Test noch einmal machen, – und hoffentlich etwas besser abschneiden.

61–120 Punkte

Das war nicht schlecht, aber leider auch nicht gut. Warum haben Sie so oft daneben gelegen? Möglich, dass Ihnen das richtige Training fehlt oder Sie bei mancher Fragestellung irritiert waren und so eine falsche Antwortmöglichkeit angekreuzt haben. Das wäre nicht so tragisch. Wenn Sie vorhaben, wieder einmal an einem Test dieser Art teilnehmen zu wollen, sollten Sie wissen, wie diese Fragen zu verstehen sind und noch ein paar Übungsrunden einlegen.

121–180 Punkte
Das ist guter Durchschnitt. Dafür muss man Sie loben. Aber an einigen Stellen gab es gewiss überraschenderweise keine Punkte. Woran hat das gelegen? Ist Ihre Begabung vielleicht zu einseitig? Dann könnten Sie schwächere Talente noch etwas trainieren, um bei einem echten IQ-Test besser abzuschneiden. Wenn Sie diesen Test nur aus Spaß gemacht haben: Sie befinden sich in bester Gesellschaft, denn rund 60 Prozent der Bevölkerung würden bei diesem Test mit einer solchen Punktzahl abschließen. Das ist doch mehr als ein Trost?

181–40 Punkte
Sie waren gut, ziemlich gut sogar! Bei einem solchen Ergebnis, wie Sie es gerade erzielt haben, gehören Sie zum oberen Viertel. Was auch bedeutet: Sie haben anderen etwas voraus. Aber einbilden darf man sich darauf nichts, denn auch wo viele Stärken aufgezeigt werden können, kann es noch genug Schwächen geben, – manchmal kann das peinlich sein. Geistig fit sein und bleiben, das erfordert viel Training und tägliche Übungen. Dann kann man solch ein gutes Ergebnis erhalten oder sogar noch verbessern.

241–267 Punkte
Sie sind Spitze! Die Top-Punktzahlen erreichen nur wenige, bei diesem Test nur etwa 5 Prozent der Bevölkerung, wobei das Alter, der Beruf oder das Geschlecht nur eine untergeordnete Rolle spielt. Sollten Sie tatsächlich ohne Schummeln zu dieser Punktzahl gekommen sein, wären Sie durchaus geeignet, den Mensa-Test zu bestehen.

Mensa ist der internationale Zusammenschluss von Leuten, die in einem Einstufungstest nachgewiesen haben, dass Sie von Ihrer Begabung zu den oberen 2 Prozent der Bevölkerung gehören. Den Test können Sie praktisch überall ablegen, Treffpunkte gibt es auch vielerorts. Sind Sie gespannt? – Dann sollten Sie sich einmal im Internet unter www.mensa.de umsehen oder Informationsunterlagen anfordern bei:
Mensa in Deutschland e.V., Geschäftsstelle Cirsten Novellino, St.-Georg-Str. 11, 86926 Pflaumdorf, Tel.: 08193 / 938692, E-Mail: office@mensa.de
In jedem Fall gratulieren wir Ihnen zu diesem guten Ergebnis. Möglicherweise sind Sie vielseitiger begabt, als Sie es vorher gedacht haben. Nutzen Sie Ihre Begabung, denn Sie könnte Ihr Leben bunter und lebendiger machen.

VORAUSSETZUNGEN FÜR GEISTIGE FITNESS

»Es ist der Geist, der die Welt bewegt.« (Antoine de Saint-Exupéry)

»Die Natur des Geistes ist so geartet, dass uns der Wechsel meist mehr Erholung schafft als die Ruhe.« (Freiherr von Feuchtersleben)

VERSORGUNG DES GEHIRNS

Insgesamt betrachtet ist es nicht besonders viel, was unser Gehirn zur Optimierung seines Leistungsvermögens benötigt. An erster Stelle zu nennen ist sicherlich Sauerstoff, ohne den die Gehirnzellen ihre Tätigkeit nicht verrichten können. Es ist allgemein bekannt, dass schon eine nur wenige Minuten dauernde Unterbrechung zu deren Tod und dem Erlöschen sämtlicher Gehirnfunktionen führt.

Zucker bzw. Kohlenhydrate dienen der Energiegewinnung im Gehirn. Deren Verwertung wird noch von einer Reihe von Aminosäuren in Form von Eiweiß begünstigt. Daneben wird noch eine Reihe von Nährstoffen (Vitaminen, Mineralien und Spurenelementen) benötigt, um den Stoffwechsel zu optimieren.

Wie kommt all das in den Kopf? Nur über das Blut! Also spielt auch der Kreislauf eine wichtige Rolle. Und um diesen in Schwung zu bringen, ist eben auch ein bisschen Sport recht nützlich. Zudem wird bei maßvoller körperlicher Betätigung auch wesentlich mehr Sauerstoff vom Körper aufgenommen und ins Gehirn transportiert.

In der Folge werden wir uns mit den einzelnen Bereichen näher beschäftigen.

ERNÄHRUNG

Essen

Mit Denknahrung assoziieren die meisten Menschen in erster Linie Zucker. Doch was bringt ein kurzfristig hoher Blutzuckerspiegel für die geistige Ausdauer? Als »Energiespender« Traubenzucker zu verwenden ist daher grundverkehrt! Bereits nach zehn Minuten ist die Zuckerkonzentration im Blut auf oder sogar unter den Ausgangswert gefallen und Sie brauchen die nächste Ration. Diese starken Schwankungen lassen aber Ihre Zellen schneller altern.

Vielmehr kommt es aber auf eine effektive Nutzung der Ressourcen an. Wie wissenschaftliche Untersuchungen ergeben haben, ist der Energieverbrauch des Gehirns bei intelligenten Personen keinesfalls höher, eher niedriger. Und diese Optimierung kann man durch die Zufuhr weiterer essentieller Nährstoffe erreichen.

Hier ist an erster Stelle einmal das Eiweiß zu nennen. Eiweiß wirkt sich positiv sowohl auf die Konzentration als auch auf die Kreativität aus. Dabei ist Eiweiß nicht gleich Eiweiß. Eiweiß im menschlichen Körper setzt sich aus insgesamt 22 verschiedenen Aminosäuren zusammen. Neun davon kann unser Körper nicht selber produzieren; sie müssen also mit der Nahrung aufgenommen werden.

Aus Eiweiß, Zink und Vitamin B6 kann unser Körper übrigens das Hormon Testosteron bilden, dass Sie wach und kraftvoll hält. Auf die Wirkung der B-Vitamine gehe ich später noch näher ein.

Die folgenden Stoffe, größtenteils Aminosäuren, spielen für unsere geistige Leistungsfähigkeit eine besonders wichtige Rolle:

- **Acetylcholin** ist ein Neurotransmitter; unterstützt also die Kommunikation der Gehirnzellen untereinander. Er verbessert sowohl die Aufnahme- als auch die Merkfähigkeit. Wenn Sie häufig etwas verlegen oder vergessen, dann leiden Sie wahrscheinlich unter einem Mangel an diesem Stoff. Inzwischen weiß man übrigens auch, dass Cholin, eine Vorstufe des Acetylcholins, die in unserer Nahrung steckt, das Fortschreiten von Alzheimer bremsen kann. Inwieweit sich durch die regelmäßige Einnahme das eigentliche Auftreten verhindern lässt, ist ein aktuelles Forschungsthema. Nehmen Sie daher auch Ihre tägliche Portion Cholin zu sich. Sie ist in Blumenkohl, Eiern, Nüssen, Sojaprodukten sowie in Leber enthalten.
- **Glutaminsäure** ist ein weiterer Neurotransmitter, der uns munter und aufmerksam werden lässt. Er ist in Getreide enthalten.
- **Histidin** begünstigt über die Eisenaufnahme und die Bildung roter Blutkörperchen den Sauerstofftransport im Blut und somit auch die Versorgung des Gehirns. Auch in jeder einzelnen Zelle kurbelt es die Energiegewinnung an. Histidin ist in größeren Mengen in Fleisch und einigen Fischen enthalten.
- **Noradrenalin** ist die Vorstufe des Stresshormons Adrenalin und besitzt eine anregende Wirkung. Es macht uns optimistisch, munter und kreativ. Auch kann es Fett zur Energieverwendung heranziehen und somit abbauen, wenn Sie entsprechende Reserven haben. Es kann aus den beiden Aminosäuren Phenylalanin und Tyrosin hergestellt werden, welche in Sojaprodukten, (magerem) Käse, Fleisch, Geflügel und Fisch enthalten sind. Noradrenalin setzt auch das Hormon ACTH frei, welches dessen Wirkung noch verstärkt und für eine bessere Kommunikation der Gehirnzellen untereinander sorgt.

- **Serotonin** verstärkt die Wirkung von Noradrenalin zusätzlich. Ein Mangel verursacht Stress und aggressives Verhalten, Depressionen sowie Schlafstörungen. Serotonin stimmt Sie fröhlich und positiv. Der Körper bildet es aus der Aminosäure Tryptophan. In Bananen ist viel davon enthalten, aber auch in (mageren) Milchprodukten, Hülsenfrüchten, Thunfisch, Geflügel und Rind. Sonnenlicht und Bewegung erhöhen ebenfalls den Bestand im Körper.
- **Threonin** weitet die Blutgefäße und verbessert dadurch die Durchblutung und somit auch den Stoffwechsel des gesamten Körpers. Die Folge: Sie können klarer und schneller denken. Altersbedingter Leistungsabfall wird verhindert. Außerdem schützt es vor Herzinfarkten und Schlaganfällen. Threonin ist in größerer Menge in Hülsenfrüchten enthalten.
- **Tyrosin** wirkt sich verschiedenen Studien zufolge positiv auf Ihre Konzentration und Ihr Gedächtnis aus, indem es Sie wach und leistungsfähig hält. Außerdem wird es zur Behandlung von Depressionen eingesetzt, und es ist an der Bildung des positiven Stresshormons Noradrenalin (s. o.) beteiligt. Der Körper kann aus der Aminosäure Phenylalanin Tyrosin herstellen.

Ich möchte an dieser Stelle auch auf die negativen Auswirkungen von Fett hinweisen. Nicht nur, dass dieses gar nicht vom Gehirn genutzt werden kann und sich häufig in den Adern ablagert (Arteriosklerose), es behindert auch die Aufnahme des Eiweiß im Darm. Dann gelangt nur ein geringer Prozentsatz ins Blut. Nehmen Sie Eiweiß also ohne oder mit nur sehr wenig Fett zu sich.

- **Vitamin C** und **Magnesium** begünstigen dagegen die Aufnahme und auch Verwertung von Eiweiß. Zudem kurbeln sie die Produktion von ACTH an. Ein Glas frischgepressten Orangen- oder Grapefruit-Saft zur Hauptmahlzeit kann man daher immer empfehlen.
- **B1 (Thiamin)** sorgt dafür, dass das Gehirn auch ausreichend mit Zucker versorgt wird. Das hält Sie bei Laune. Es befindet sich in jeglicher Form von Vollkornprodukten. Ein Mangel verursacht Depressionen und Müdigkeit. Schlechte Konzentration und ein schwaches Gedächtnis sind die Folge.
- **B2 (Riboflavin)** schickt das Noradrenalin (s. o.) ins Gehirn und begünstigt die Energiegewinnung in jeder Zelle. Neben Milch- und Vollkornprodukten ist es auch in grünem Blattgemüse enthalten.
- **B3 (Niacin)** ist ebenfalls am Energiestoffwechsel beteiligt. Es verbessert die Sauerstoffaufnahme. Es ist ebenfalls in Vollkornprodukten und auch in Weizenkeimen zu finden.
- **B5 (Pantothensäure)** ist an der Bildung des Acetylcholins (s. o.) und an der Energiegewinnung beteiligt. Es sorgt für einen klaren Verstand und einen wachen

Geist. Vollkornprodukte, Hafer, Hefe und Milch enthalten es ebenso wie Brokkoli, Pilze, Geflügel und Lachs.

- **B6 (Pyridoxin)** verbessert ihre Gedächtnisleistung nachweislich. Es ist unerlässlich für die Zuckerversorgung des Gehirns und indirekt über die Bildung roter Blutkörperchen auch für die Sauerstoffaufnahme. Nehmen Sie genügend Meeresfrüchte, auch Lachs und Sardinen sowie Vollkorn, Nüsse, Weizenkeime, Rosenkohl und Möhren zu sich und Sie werden sich über einen Mangel, welcher sich in Form von Müdigkeit und Schwächezuständen, aber auch in allgemeinem Unwohlsein und einem anfälligen Immunsystem zeigen kann, keine Gedanken machen müssen.
- **B12 (Cobalamin)** sorgt für das Wachstum und die Teilung der Zellen. Über die Bildung von Zellproteinen ist es indirekt auch an deren Reparatur beteiligt. Ein Mangel zeigt sich an typischen »Alterserscheinungen« wie Gedächtnisschwäche und Demenz, die dann auch schon in frühen Jahren auftreten können. Über alle tierische Lebensmittel können Sie das Vitamin B12 zu sich nehmen. Sind Sie Vegetarier, hilft Ihnen Sauerkraut weiter.

Es gibt auch noch einige weitere hilfreiche Mineralstoffe und Spurenelemente:

- **Chrom** unterstützt die Versorgung der Gehirnzellen mit Blutzucker und steigert so die Konzentration. Sie finden es in jeder Form von Getreide, aber auch in Nüssen, Pilzen, Reis und Fleisch.
- **Mangan** wandelt Kohlenhydrate in Einfachzucker um und liefert so erst den Brennstoff fürs Gehirn. Es ist im Vollkorn, Erbsen, Grünkohl und weißen Bohnen enthalten sowie in großer Menge auch in schwarzem Tee.

Trinken

Vergessen Sie bitte auch nicht, ausreichend Flüssigkeit zu sich zu nehmen. Das sind im Regelfall mindestens zwei bis drei Liter täglich. Sonst erhält Ihr Organismus zu wenig Wasser. Es gilt aufgrund seiner bipolaren Struktur als Universallösungsmittel und dient sowohl als Bindungspartner wie auch als Transportmedium im Körper. Wenn Sie beispielsweise Nahrungsergänzungsmittel oder Eiweißpräparate einnehmen, sollten Sie sogar mehr Wasser trinken, denn nur in gelöster Form und mit dünnflüssigem Blut gelangen die Hauptbestandteile an ihren Bestimmungsort. Und je mehr Sie trinken, um so einfacher fällt es Ihrem Körper zu entschlacken. Auch Schwitzen trägt nicht nur zum Temperaturausgleich bei, sondern schwemmt Schadstoffe aus dem Körper. Machen Sie es sich daher zur Gewohnheit, gleich nach dem Aufstehen ein großes Glas Wasser zu trinken! Warten Sie nie, bis erst der Durst kommt. Dann ist es bereits zu spät. Trinken Sie regelmäßig weiter. Am besten stellen Sie sich immer eine Flasche Wasser, Saft(schorle) oder eine Kanne Tee bereit.

Tipp

Trinken sollten Sie im Wesentlichen (Mineral-)Wasser, ungesüßte Fruchtsäfte sowie Kräuter- oder Früchtetee. Alkohol wie auch Kaffee und schwarzer Tee regen die Nierentätigkeit an und entziehen dem Körper Flüssigkeit. Sie sollten nur in Maßen zu sich genommen werden. Geringe Mengen davon können jedoch beruhigend (Alkohol) oder aktivierend (Koffein) wirken. Kaffee (mit Zucker) gilt auch in wissenschaftlichen Untersuchungen als beste Möglichkeit, bei Übermüdung »fit« zu bleiben. Er regt das Herz-Kreislauf-System an und fördert die Durchblutung des Gehirns. Starke Kaffeetrinker müssen allerdings auch damit rechnen, dass sie Kopfschmerzen bekommen, wenn sie einmal längere Zeit auf ihr Lieblingsgetränk verzichten (müssen). Und wer abends zu viel Kaffee oder Tee trinkt, muss mit Einschlafstörungen rechnen.

Welche Bedeutung hat Wasser nun aber genau für den Körper?

Der Durchschnittsmensch besteht zu 60 Prozent aus Wasser. Dieser Anteil nimmt zwar im Alter etwas ab, aber selbst bei »nur« 50 Prozent und einem Körpergewicht von 80 Kilogramm kommt man immer noch auf stolze 40 Kilo. Und dementsprechend empfindlich reagiert dann der Organismus auf einen stärkeren Verlust. Insbesondere die wasserreichen Organe wie Gehirn, Leber und Muskulatur sind diesbezüglich besonders anfällig.

Wasserhaushalt und Stoffwechsel sind untrennbar miteinander verbunden. Zwar macht das Blut nur etwa 11 Prozent der Wassermenge im Körper aus, dennoch kommt ihm eine unerhört wichtige Aufgabe zu, nämlich der Transport des Sauerstoffs und der Nährstoffe an alle Orte, wo sie gerade gebraucht werden. Bei der Glykolyse wird dann in den Zellen weiteres Wasser dazu verwendet, um Proteine und Kohlenhydrate abzubauen.

Auch unser flächenmäßig größtes Organ, die Haut, kommt ohne Wasser nicht aus. So erfolgt die Temperaturregelung bei großer Hitze durch Absonderung und Verdunstung von Schweiß (ca. 0,5 Liter täglich). Etwa dieselbe Menge enthält auch die ausgeatmete Luft.

Der größte »Wasserverschwender« im menschlichen Körper aber ist die Niere. Durchschnittlich 1,4 Liter täglich gehen durch den Urin, der Stoffwechselendprodukte ausschwemmt, verloren. Koffein und Alkohol fördern die Ausscheidung von Wasser und Mineralstoffen zusätzlich, wie auch die Inhaltsstoffe in einigen medizinischen Tees.

Da dem Körper so auf unterschiedliche Art und Weise immer wieder Wasser abhanden kommt (durchschnittlich zwei bis drei Liter pro Tag), muss man rechtzeitig für Nachschub sorgen, wenn man gesund und fit bleiben will. Denn leider gibt es zwar Fett- und Zuckerdepots im Menschen, aber keinen Wasserspeicher. Und so überlebt man nur wenige Tage ohne Flüssigkeitsaufnahme. Als Faustregel kann gelten, dass zumindest die über Nahrung zu sich genommene Kalorienzahl durch die entsprechende Anzahl von Millilitern an Wasser ergänzt werden sollte. Wer also täglich 3000 Kalorien verputzt, sollte auch drei Liter trinken. Etwas Wasser ist auch in der festen Nahrung enthalten. Daher muss gerade auch in der Fastenzeit oder bei einer Diät viel getrunken werden. Und für den, der intensiv körperlich arbeitet oder Sport treibt, gilt das um so mehr. Leider trinken jedoch viele Menschen zu wenig.

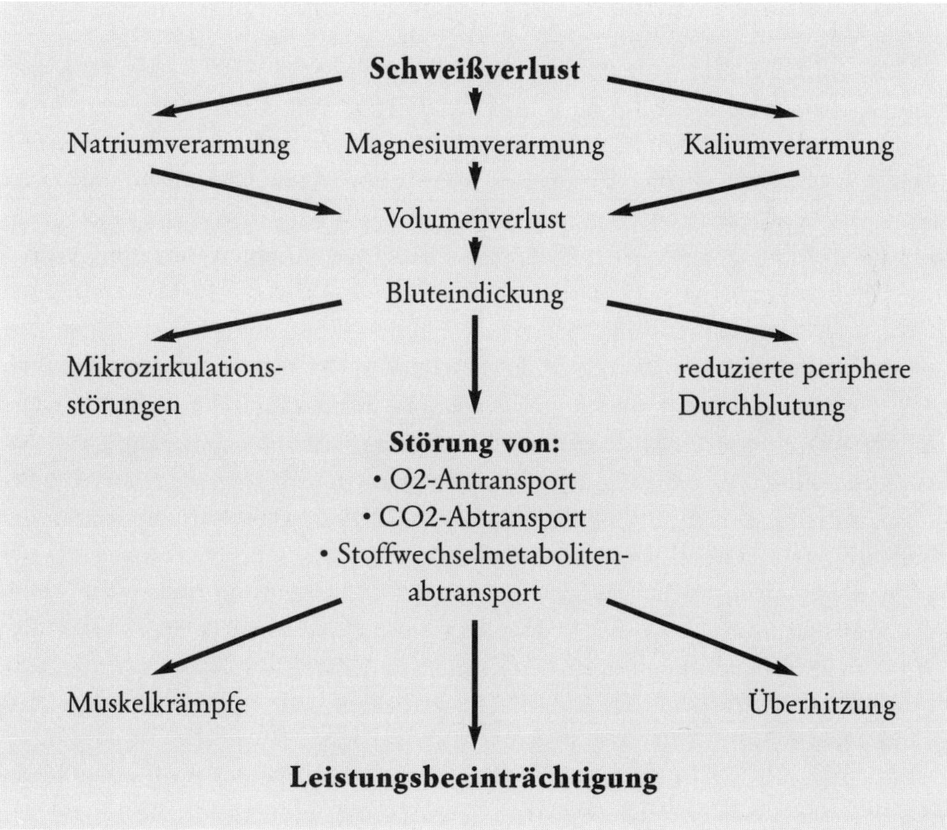

Dabei darf derjenige, der nicht auf seinen Durst hören will, sich nicht über die Folgen wundern. Denn schon ein relativ geringer Wasserverlust von 2 Prozent kann zu Einbußen von bis zu 20 Prozent in der körperlichen und geistigen Leistungsfähigkeit führen. Als nächstes kann es dann zu Schwindelanfällen, Übelkeit und Erbrechen, einem Schwächeanfall oder Kopfschmerzen kommen. Wird der Mangel dann noch immer nicht ausgeglichen, muss durch das dickflüssiger gewordene Blut dass Herz kräftiger arbeiten, was wiederum zu einem Anstieg der Körpertemperatur und zu einem Hitzeschlag führen kann. In dieser Phase treten Muskelkrämpfe auf. Schließlich macht auch das Gehirn völlig »schlapp«. Verwirrung und Halluzinationen stellen sich ein. Ab einem Verlust von 15 – 20 Prozent tritt dann der Tod ein.

Aber selbst zu den ersten Anzeichen sollten Sie es nicht kommen lassen. Entwickeln Sie lieber gesunde Trinkgewohnheiten!

Wie wichtig Wasser aber auch für die geistige Leistungsfähigkeit ist, bewies die Rosbacher Trinkstudie. Bei einer Vorab-Untersuchung zeigte sich nämlich, dass die Studenten mit den besten Abiturleistungen auch diejenigen waren, die im Durchschnitt am meisten, nämlich 2,5 Liter täglich, getrunken hatten.

Daraufhin begann man zu überprüfen, ob Flüssigkeitsmangel wirklich direkten Einfluss auf das Potential des Einzelnen hat. Hierzu entzog man einigen Schülern und Studenten, die sich freiwillig dazu bereit erklärt hatten, etwas Flüssigkeit. Gegenüber einer Vergleichsgruppe reduzierte sich dadurch sowohl die Kapazität des Kurzzeitgedächtnisses als auch die Merkspanne. Lediglich bei automatisch ablaufenden Vorgängen wie beim Addieren einstelliger Zahlen konnte man keinen Unterschied feststellen.

Auch führte das Durstgefühl dazu, dass sich die Konzentration der Versuchspersonen stark auf Trinken und Getränke beschränkte. Diese Vorstellungen konnten nicht unterdrückt werden, und Befindlichkeit und Stimmung waren nicht besonders gut. Wen wundert es da, dass auch die auf Video angebotenen Lehrinhalte kaum verinnerlicht wurden. Ja, selbst 24 Stunden nach dem Flüssigkeitsentzug waren die Begleiterscheinungen noch nicht ganz verschwunden, und das, obwohl die Teilnehmer ihren Flüssigkeitsmangel längst ausgeglichen hatten.

Das zeigt, dass es nicht genügt, nur morgens und abends zu trinken. Regelmäßige Flüssigkeitsaufnahme, bevor der Durst einsetzt, schützt vor Defiziten in der körperlichen wie geistigen Leistungsfähigkeit und damit auch in der Entfaltung Ihres eigenen Potentials und trägt somit entscheidend zur Verbesserung Ihrer Lebensqualität bei.

Früher war die Meinung weitverbreitet, ein Getränk sei so gut wie das andere, und dass man über die Nahrung ja genug an Proteinen, Vitaminen sowie an Mi-

Mineral / Spurenelement	empfohlene Tagesmenge	wichtig für ...
Chlorid	1 – 3 g	Bildung von Magensäure, Hormontransport, Wasserbilanz
Eisen	10 – 50 mg	Bildung stoffwechselanregender Enzyme, Blutkörperchenbildung, Sauerstofftransport und Energiegewinnung
Fluor	1 – 4 mg	Baustoff von Knochen und Zähnen, Kariesprophylaxe
Jod	0,15 – 0,2 mg	Bildung der Schilddrüsenhormone, Muskelaufbau, Energiegewinnung
Kalium	2 – 4 g	Eiweiß- und Enzymbildung, Regulierung des Wasserhaushalts, blutdrucksenkend
Kalzium	1 – 1,5 g	Baustoff von Knochen und Zähnen, Reizübertragung und Muskelfunktion, Botenstoff, Blutgerinnung
Kupfer	1 – 4 mg	Enzymatische Stoffwechselabläufe, Bildung roter Blutkörperchen, Knochenaufbau, Immunsystem, Nervensystem
Magnesium	300 – 600 mg	Aufbau von Knochen und Sehnen, Muskelfunktion, Blutgerinnung, Immunsystem, Sauerstoffversorgung
Mangan	2 – 5 mg	Funktion von Enzymen, Fettverwertung, Entgiftung
Natrium	0,5 – 3 g	Bildung von Enzymen, Regulierung des Wasserhaushalts, Reizübertragung und Muskelfunktion
Phosphor	0,7 – 1 g	Baustoff von Knochen und Zähnen, Bildung von Enzymen, Energiegewinnung, Blutgerinnung, Reizübertragung, Bestandteil der DNA
Schwefel	–	Bildung von Bindegewebe und Haut, Galleproduktion, Funktion von Enzymen, Energiestoffwechsel, Regulierung des Blutzuckerspiegels, Entgiftung
Selen	0,03 – 0,2 mg	Enzymbildung, Oxidationsschutz, Entgiftung
Silizium	–	Bildung von Knochen, Knorpeln und Bindegewebe
Zink	7 – 50 mg	Enzymbildung, Wundheilung, Immunsystem, Wachstum

neralstoffen und Spurenelementen aufnehme. Nachdem aber in der letzten Zeit der Tagesbedarf bei vielen dieser essentiellen Substanzen von mehreren Seiten hochgesetzt worden ist, kann das richtige (Mineral-)Wasser hier zu einer ausreichenden Versorgung beitragen. In der auf Seite 30 abgedruckten Tabelle sind daher seine wichtigsten Inhaltsstoffe, deren empfohlene Dosis und ihre Funktion beschrieben. Die teilweise recht großen Schwankungen in der Empfehlung resultieren aus dem relativ unterschiedlichen Bedarf einzelner Personengruppen. Lassen Sie sich doch mal Ihre Blutwerte bestimmen!

Für den (sportlich) aktiven Menschen stellen Mineralstoffe zudem eine wichtige Grundlage für die Energiegewinnung dar. Somit ist gerade bei großer körperlicher Anstrengung deren regelmäßige Aufnahme wichtig. Denn durch den Schweiß gehen eine ganze Menge davon verloren. Unausgewogene Ernährung mit viel Fett, Zucker und Alkohol kann ebenfalls zu einem Mangel an Mineralstoffen und Spurenelementen führen. Wenn Sie sich öfters schlapp und abgespannt fühlen, sollten Sie sich daher von einem Facharzt untersuchen lassen, der Ihnen auch Präparate zur Nahrungsergänzung verordnen kann. Besser ist es natürlich, Ihre ungesunden Gewohnheiten abzulegen.

Wenn Sie das nächste Mal wieder zu Ihrem Kaufmann gehen, sollten Sie insbesondere auf den Kalzium- und Magnesiumgehalt »Ihres« Wassers achten. Natrium (Kochsalz!) erhalten wir bereits über die normale Nahrung in ausreichender Menge.

Brainfood und Intelligenzpillen

Viel beworben wird es, und meistens ist es auch nicht ganz billig. Oft ist es nur über den Direkthandel oder in Spezialgeschäften erhältlich. Selbst einige Bücher wurden bereits zu diesem Thema herausgegeben: »Brainfood« soll unser geistiges Leistungsvermögen steigern und über längere Zeit aufrechterhalten können.

Lassen Sie sich von diversen Werbeaussagen nicht blenden: Diese Art von »Brainfood« gibt es nicht. Bisher konnte bei keinem der angepriesenen Produkte eine nachweisbare Steigerung der Gehirnleistung festgestellt werden. Zudem sind ihre Wechselwirkungen mit anderen Präparaten noch nicht ausreichend erforscht, so dass sie zu einem echten Gesundheitsrisiko werden können. Wenn Sie aber unbedingt etwas ausprobieren wollen, greifen Sie am besten zu durchblutungsfördernden natürlichen Mitteln wie z. B. Ginkgo, Ginseng oder Knoblauch. Hiermit beugen Sie zumindest Arterienverkalkung vor. Altersbedingte Gedächtnis- und Konzentrationsprobleme führt man heutzutage allerdings eher auf Gehirnschädigungen zurück, bei denen eine verstärkte Durchblutung auch nicht helfen kann.

Das soll jetzt aber nicht heißen, dass es Ihrem Kopf völlig egal ist, was Sie zu sich nehmen. Wenn sich durch die Produkte zwar keine Verbesserung erzielen lässt, so wollen Sie doch sicher Ihr optimales Niveau erreichen. Und das geht am besten mit einer ausgewogenen Ernährung, welche die oben erwähnten Nährstoffe in ausreichender Menge enthält.

Der einzige Energielieferant für unser Gehirn ist **Glucose** (Traubenzucker). Es steigert ersten Untersuchungen zufolge gerade in Stresssituationen die Merkfähigkeit. Auch Alzheimer-Patienten profitieren hiervon. Ob allerdings Glucose selbst oder das produzierte Acetylcholin bzw. das freigesetzte Insulin diese Wirkung erzielt, weiß man noch nicht so genau. Die direkte Einnahme von Glucose hilft zudem nur bedingt, denn der Blutzuckerspiegel fällt genauso schnell wieder ab, wie er angestiegen ist. Um geistige »Drahtseilakte« zu vollbringen, ist allerdings ein gleichmäßiger Zuckergehalt im Blut vonnöten.

Glucose kann aus Stärke gewonnen werden. Wer allerdings nur Weißbrot isst, hat dasselbe Problem wie bei der Glucose: Die Umwandlung erfolgt zu schnell. Empfehlenswert sind daher Vollwertprodukte sowie Obst und Hülsenfrüchte. Sie sind kohlenhydrat- und mineralstoffreich. In Obst wie Äpfeln, Birnen, Trauben und Nüssen ist darüber hinaus viel Bor enthalten, welches »wach macht«, indem es die Alpha-Wellen verstärkt, die Theta-Wellen (Schlaf) aber unterdrückt. Weitere wichtige Vitamine, Calcium und Magnesium finden Sie in Bananen und anderen exotischen Früchten.

Auch die Aufnahme von **Eiweiß** ist für den Menschen wichtig, um zu essentiellen Aminosäuren zu gelangen. Viel Eiweiß enthalten Fleisch oder Fisch, aber auch zahlreiche Milchprodukte. Das auch als »Glückshormon« bezeichnete Serotonin kann der Körper aus der Aminosäure Tryptophan herstellen. Diese ist in Milch und Milchprodukten enthalten. Wenn Sie sich eine zusätzliche Portion genehmigen wollen, können Sie auch spezielle Eiweißprodukte in der Apotheke erhalten, am besten solche, die sowohl pflanzliches als auch tierisches Eiweiß enthalten. Deren Zusammensetzung variiert allerdings stark, und daher empfiehlt es sich, einmal eine Blutuntersuchung durchzuführen, um den individuellen Mangel festzustellen.

Tipp

Es ist übrigens sinnvoll, statt einiger weniger großer Mahlzeiten mehrere, dafür aber kleinere Portionen zu essen. Die Verteilung über den ganzen Tag führt automatisch zu einer Stabilisierung des Blutzuckerspiegels.

!

Auch wenn wir also auf die Intelligenzpille sicher noch ein Weilchen warten müssen, können wir so den Stürmen des Alltags gut gerüstet entgegentreten. Wer wirklich intelligent ist, hält sein Gehirn durch regelmäßiges Training auf Trab. Dadurch erzielt er nachweislich bessere Ergebnisse als durch sämtliche Medikamente, und das auch noch sehr günstig und ohne irgendwelche Nebenwirkungen!

Nikotin

ist der chemisch aktive Hauptbestandteil des Tabaks. Während es in geringen Mengen anregend auf das vegetative und zentrale Nervensystem wirkt, indem es die Ausschüttung einiger Hormone wie Adrenalin fördert sowie das Kurzzeitgedächtnis und die Aufmerksamkeit verbessert, führen größere Mengen zur Störung der Reizübertragung an den Synapsen, den Kontaktstellen zwischen den Nervenzellen. Bei extremer Dosierung kann Nikotin zu Krampfanfällen und zum Tod führen. Außerdem begünstigt es die Bildung von Magengeschwüren. Auch ist es Wegbereiter für Atemwegsbeschwerden, Herz-Kreislauf-Erkrankungen wie Arteriosklerose und verschiedenste Krebsformen. Nikotin ist damit gesundheitlich sehr bedenklich, und jeder, dem etwas an körperlicher wie geistiger Leistungsfähigkeit gelegen ist, sollte auf das Rauchen komplett verzichten. Kopfschmerzen, Sehstörungen und Konzentrationsschwierigkeiten können ebenfalls auftreten. Bereits zehn Zigaretten am Tag verkürzen aber auch die Lebenserwartung nachweislich! Nikotin erhöht den Blutdruck und die Pulsfrequenz. Das Herz muss daher mehr arbeiten. Herzinfarkt und Bronchialkrebs treten mit fast zehnmal größerer Wahrscheinlichkeit auf als beim Nichtraucher. Einige Fakten, die dies belegen sind beispielsweise, dass etwa 78 Prozent aller Nichtraucher das 65. Lebensjahr erreichen; von den starken Rauchern sind es nur 54 Prozent. 90 Prozent aller Herzinfarktbetroffenen vor dem 40. Lebensjahr waren Raucher. Die Anzahl an Todesfällen in diesem Bereich ist um den Faktor drei beim Raucher höher. Bei Krebs ist es immerhin noch die doppelte Anzahl. 90 Prozent aller oft tödlich verlaufenden Lungenkrebsfälle bei Männern und 79 Prozent bei Frauen können direkt mit dem Rauchen in Verbindung gebracht werden.

Bereits durch Rauchen verursachte Schädigungen lassen sich oft nicht vollständig rückgängig machen. Jedoch geben Sie Ihrem Körper die Chance zur Erholung, wenn Sie mit dem Rauchen aufhören. Das Risiko, von den oben beschriebenen Gesundheitsstörungen betroffen zu werden, normalisiert sich nach einigen Jahren der Abstinenz wieder.

Leider werden aber auch überzeugte Nichtraucher an vielen öffentlichen Orten zum Passivrauchen gezwungen. Da bereits hiermit die Wahrscheinlichkeit einer späteren Krebserkrankung deutlich angehoben wird, sollten Sie sich möglichst von entsprechenden Lokalitäten fernhalten. Für Kinder und Jugendliche ist eine rauchfreie Umgebung besonders wichtig. Nikotin als Langzeitgift entfaltet seine Wirkung leider oft erst stark verzögert, und dann ist es zum Reagieren meistens schon zu spät.

»Nikotin ist eine der am schnellsten süchtig machenden Substanzen«, sagte Prof. Lutz Schmidt auf der 2. Nikotin-Konferenz der Deutschen Gesellschaft für Nikotinforschung in Erfurt, und scheut dabei auch einen Vergleich mit Amphetaminen oder Kokain nicht. Die süchtigmachende Wirkung rührt daher, dass es die Blut-Hirn-Schranke überwinden kann. Nach dem Zigarettenzug erreicht es bereits innerhalb von sieben Sekunden das Gehirn und beeinflusst dort die Aktivität der Nervenzellen. So kommt es zur Ausschüttung verschiedener Neurotransmitter wie Endorphinen, Dopamin, Noradrenalin und Serotonin. Diese verbessern zwar kurzfristig die Konzentration sowie Gedächtnis- und Lernprozesse, machen aber in Verbindung mit dem ebenfalls in Zigaretten enthaltenen Ammonium und Zucker, der zu Acetaldehyd verbrennt, dafür umso schneller süchtig. Denn durch die Reduzierung des Enzyms MAO-B, welches Dopamin und Serotonin abbaut, wirken eben mehr dieser Neurotransmitter auf das Gehirn ein. Dopamin sorgt zudem noch für einen erhöhten Glucoseverbrauch.

Viele Raucher wollen mit dem Griff zum Glimmstängel ihren Stress besser in den Griff bekommen. Doch das ist ein Trugschluss. Zwar wird der Nikotinspiegel im Blut wieder angehoben, was einen entspannenden Effekt zur Folge hat, doch erhöht sich der Bedarf nach und nach, so dass immer öfter zu einer Zigarette gegriffen wird. Die schlechte Stimmung dazwischen führt zu einem erhöhten Stresspegel. Die Nikotinabhängigkeit vergrößert sich immer mehr. Zusätzlicher Stress trägt dazu in besonderem Maße bei.

Da Alkohol an denselben Rezeptoren im Gehirn andockt wie Nikotin, vergrößert sich dessen Bedarf durch den Genuss hochprozentiger Getränke noch.

Untersuchungen belegen, dass Menschen, die das Rauchen aufgegeben haben, weniger gestresst sind als solche, die weiterqualmen. Zwar gibt es auch einige Studien, die diesen Zusammenhang nicht bestätigen können, jedoch keine, die beweist, dass sich ehemalige Raucher schlechter fühlen als Noch-Raucher.

Alkohol

Der Begriff Alkohol geht auf das arabische Wort *al-kuhl* zurück. Es bezeichnete im Mittelalter eine Salbe zum Schminken der Augenlider, die Antimon und andere Zutaten enthielt. Paracelsus übertrug den Begriff dann auf eine leicht flüchtige Substanz, die sich durch Destillieren von Wein herstellen ließ.

Alkohol in Maßen selbst ist noch ungefährlich. Die Weltgesundheitsorganisation WHO hält Gesundheitsstörungen für ausgeschlossen, wenn ein gesunder Erwachsener sich auf maximal sieben Gramm reinen Alkohols pro Tag beschränkt. Das Gläschen Wein oder ein Bier stellen also noch kein Problem dar. Sehr bedenklich wird es aber bei mehr als 40 Gramm beim Mann oder mehr als 20 Gramm bei der Frau. Die Frau verträgt deshalb weniger, weil die weibliche Leber hormonell bedingt anfälliger ist und Alkohol auch wesentlich langsamer abbaut.

Alkoholismus ist eine chronische Suchterkrankung, welche dazu führt, dass der Betroffene immer größere Mengen an Ethylalkohol zu sich nimmt. Die Auslöser sind zumeist Probleme im sozialen, seelischen und psychischen Bereich oder Überforderung in Verbindung mit Stress. Der psychisch Labile versucht dann die Situation durch die regelmäßige Einnahme übermäßiger Mengen alkoholischer Getränke in den Griff zu bekommen, was jedoch allenfalls eine kurzfristige Stimmungsaufhellung bewirkt. Dieser nicht sonderlich konstruktive Versuch ist somit bereits im Vorhinein zum Scheitern verurteilt und führt lediglich zu einer körperlichen und geistigen Abhängigkeit. Wer sich nicht rechtzeitig zügeln kann, muss mit Gehirnschäden und einem frühen Tod rechnen. So sank die Lebenserwartung von Russen zwischen 1987 und 1994 um 7,3 Jahre, die von Russinnen um 3,3 Jahre, was mit einem deutlichen Anstieg des Alkoholverbrauchs einherging. Auch wenn die Auswirkungen in Deutschland nicht so drastisch sind, so haben etwa 6,5 Millionen Menschen ein Alkoholproblem, von denen 2,5 Millionen als Alkoholiker eingestuft werden. Alkoholismus ist damit eindeutig eine Volkskrankheit. Nur eine komplette Abstinenz gibt dem Gehirn dann noch Erholungsmöglichkeiten. Die bereits erlittenen körperlichen Beeinträchtigungen bleiben im Allgemeinen aber erhalten.

In geringeren Dosen wirkt Alkohol zunächst anregend, schließlich beruhigend und in höherem Maß auch betäubend. Es gibt also mehrere Abstufungen bei Betrunkenen:

- Schon **0,2 Promille** wirken sich auf das Verhalten aus. Konzentration, Wahrnehmung und damit auch Reaktion und Koordination lassen nach. Da man sich gleichzeitig aber gelöster und freier fühlt, führt das oft zur Selbstüberschätzung und man geht unnötige Risiken ein.
- Kein Alkohol am Steuer! Spätestens mit **0,5 Promille** ist nämlich dann auch die Fahrtüchtigkeit nicht mehr gegeben. Die Reaktionszeit hat sich deutlich vergrößert. Flexibilität, auch gerade im Denken, ist nicht mehr in ausreichendem Maß gegeben.

- **1 Promille** führt bereits zu großmaßstäblichen Verhaltensänderungen. Der Rausch geht einher mit häufigen Stimmungswechseln zwischen euphorisch auf der einen und depressiv auf der anderen Seite. Sprachstörungen wie Lallen treten auf. Der Betroffene hat mit ersten Gleichgewichtsstörungen zu kämpfen.
- Mit **2 Promille** ist dann meistens die Grenze der bewussten Wahrnehmung erreicht. Alkohol nimmt betäubenden Charakter an. Gedächtnisausfälle wie auch Orientierungsschwierigkeiten sind die Folge. Kritik- und Urteilsvermögen sind fast vollständig ausgeschaltet. Eine größere Anzahl von Gehirnzellen wird geschädigt oder stirbt gleich ab. Einmal ist keinmal gilt hier nicht, denn schon ein einziger Vollrausch kann Herz-Rhythmus-Störungen sowie Blutdruckabfall und sogar Schlaganfälle hervorrufen. Ist dann keine schnelle Hilfe vorhanden, kann das zum Tod führen.
- Bei **3 Promille** liegt dann eine ernsthafte Alkoholvergiftung vor. Sie kann zum Atemstillstand führen. Die Folgen gerade in Bezug auf die zeitgleiche Einnahme von Medikamenten werden unberechenbar. Viele verstärken die Alkoholwirkung sogar noch.

Da sich die Entwicklung von den ersten Anzeichen bis zum ausgewachsenen Alkoholismus über einen längeren Zeitraum hinzieht, kann im frühen Stadium meist noch leicht gegengesteuert werden. Allerdings sind die Anfänge einer Alkoholsucht nicht immer leicht erkennbar. Sobald Alkohol nicht mehr nur in verträglichen Mengen eingenommen wird und mehr und mehr zum Durstlöscher verkommt und bei jeder passenden (und unpassenden!) Gelegenheit getrunken wird, wird es Zeit zum Eingreifen. Alkohol wird ansonsten zunehmend zum Lebensmittelpunkt und entzieht sich jeglicher Kontrolle. Viele Entscheidungen des Betroffenen hängen jetzt davon ab, ob sich eine größere Menge in Reichweite befindet. Arbeit, Kontakte und die Gesundheit werden uninteressant und vernachlässigt. Damit liegt nun aber eine Abhängigkeit vom Alkohol vor.

Körperlich machen sich dann Entzugserscheinungen bemerkbar, denen man nur durch einen Griff zur Flasche entfliehen kann.

Die Alkoholverträglichkeit kann sich ganz unterschiedlich entwickeln. In vielen Fällen lässt diese mit der Zeit allerdings deutlich nach, da sich der Körper nicht mehr in der Lage sieht, den Abbau in angemessener Zeit zu bewältigen. Zu diesem Zeitpunkt ist oft schon die Leber geschädigt, z. B. in Form einer Leberzirrhose. Auch andere Organe wie Magen und Bauchspeicheldrüse werden in Mitleidenschaft gezogen, und das zentrale wie periphere Nervensystem kann dauerhaft geschädigt werden. Gedächtnislücken und Halluzinationen sind die geistigen Auswirkungen des Missbrauchs. Der Alkoholiker berücksichtigt diesen Aspekt jedoch kaum und trinkt trotzdem mehr, um den unangenehmen Entzugserscheinungen zu entkommen. Ein verhängnisvoller Teufelskreis ist entstanden.

Nicht vergessen werden sollte auch, dass es im Vollrausch oft nicht mehr möglich ist, sich um elementare körperliche Bedürfnisse zu kümmern, wie beispielsweise Nahrungsaufnahme oder Toilettengang. Eine der schwersten Entzugserscheinungen ist das Delirium tremens, das von einem starken Zittern begleitet wird. Es kann ohne sofortige Behandlung tödlich enden!

Bei schwangeren Frauen kann selbst durchschnittlicher Alkoholkonsum dazu führen, dass das Kind Schäden in der körperlichen und geistigen Entwicklung nimmt. Im Extremfall kann es selbst abhängig werden (fetales Alkoholsyndrom). Daher sollte der Alkoholgenuss während der Schwangerschaft zurückgestellt werden.

Leider werden in unserer Gesellschaft Menschen mit Alkoholproblemen immer noch oft ausgegrenzt. So versuchen sie dieses dann zu vertuschen, wodurch ihnen nicht schnell und wirkungsvoll geholfen werden kann. Insofern liegt es an jedem einzelnen, zu erkennen, ob ein Bekannter Anzeichen aufweist, die auf einen Alkoholmissbrauch schließen lassen. Dann kann sowohl eine medizinische Behandlung eingeleitet und natürlich auch Ursachenforschung betrieben werden. Ziel hierbei ist eine völlige Abstinenz, da nur dadurch eine Alkoholsucht mit absoluter Sicherheit durchbrochen werden kann. Selbsthilfegruppen wie die Anonymen Alkoholiker u. Ä. helfen dabei, die Phase des Entzugs durchzustehen.

Sport

Unter dem Begriff Sport werden alle körperlichen Aktivitäten des Menschen zusammengefasst, die in irgendeiner Form spiel- oder wettkampforientierten Charakter haben. Er leitet sich von dem englischen Wort *disport* bzw. vom altfranzösischen *desport* ab, die beide für Vergnügen, Zeitvertreib und Spiel stehen. Sport kann einzeln als Individualsport oder im Team als Mannschaftssport ausgeübt werden.

Um den Kreislauf anzuregen und mehr Nährstoffe und Sauerstoff ins Gehirn zu befördern, ist etwas Bewegung gerade richtig. So werden Sie richtig wach! Sie sollten allerdings auch nicht übertreiben. Wenn Sie nur noch nach Luft schnappen müssen, ist dies ein Zeichen dafür, dass Ihr Körper zu wenig Sauerstoff erhält. Dann werden Sie lediglich müde und keinesfalls frischer.

Am sinnvollsten sind daher Ausdauersportarten, die Sie nicht überfordern. Beim Laufen wird dabei im Vergleich zum Radfahren oder Schwimmen der größte Teil des Körpers trainiert. Gegenüber dem Normalzustand nehmen Sie dabei gut die doppelte Menge an Sauerstoff auf! Das macht sich sofort bemerkbar und Ihre Gedanken flutschen nur so. Sie können sich besser konzentrieren und viel mehr in weniger Zeit lernen und behalten.

Damit diese Wirkung anhält, ist allerdings regelmäßiges Training zu empfehlen. Das lässt sich bei schlechtem Wetter auch in der eigenen Wohnung durchführen. Sie brauchen sich dazu noch nicht einmal einen Heimtrainer o. Ä. anzuschaffen. Viele gymnastische Übungen, in der richtigen Intensivität betrieben, reichen dazu völlig aus. Kniebeugen, Liegestützen sowie Arm- und Beinbewegungen im Stand sind hier zu empfehlen.

Da alle Körperteile über das Nervensystem sehr dicht mit dem Gehirn verbunden sind, ist Gymnastik gleichzeitig eine wirkungsvolle Übung für Körper und Geist. Probieren Sie daher doch einmal folgendes, wenn Sie sich wieder mal schlapp und angespannt fühlen:

Übung

Berühren Sie mit dem Daumen nacheinander die anderen Finger. Variieren Sie die Reihenfolge, behalten diese dann aber bei und beschleunigen Sie das Tempo. Damit schulen Sie auch die Aufmerksamkeit und Konzentration. Wenn Sie die Übung mit einer Hand beherrschen, nehmen Sie die zweite hinzu.

Am Anfang wird es Ihnen sicher leichter fallen, synchron dieselben Bewegungen auszuführen. Später sollten Sie aber auch einmal eine andere Reihenfolge oder einen anderen, eventuell versetzten, Rhythmus wählen.

Übung

Bringen Sie zur Abwechslung nun beide Hände mit den Handflächen nahe aneinander. Dann führen Sie wiederum nacheinander die gleichen Finger zusammen, also Daumen mit Daumen, Zeigefinger mit Zeigefinger usw. Steigern Sie auch hierbei das Tempo und bringen Sie verschiedenste Reihenfolgen mit ein. Eine weitere Variationsmöglichkeit besteht darin, dass sich mehrere Finger gleichzeitig berühren. Bis Sie das perfekt beherrschen, benötigen Sie voraussichtlich einige Zeit. Jedoch werden die Übungen dadurch nicht nur anspruchsvoller, sondern auch interessanter.

Um rechte und linke Gehirnhälfte zur besseren Zusammenarbeit zu bringen, sind symmetrische oder spiegelbildliche Bewegungen rechts und links sehr effektiv. Auch die Koordinationsfähigkeit verbessert sich dadurch.

Übung

Zeichnen Sie doch einfach einmal mit einer Hand Figuren in die Luft. Ihrer Fantasie sind dabei keine Grenzen gesetzt! Jedoch sollten Sie mit der zweiten Hand alles nachzeichnen, was der Vorreiter macht. Später probieren Sie es dann auch einmal spiegelbildlich.

Das ist nicht ganz einfach und strengt etwas an, jedoch werden dabei wieder neue Verbindungen in Ihrem Gehirn geknüpft und aktiviert. Diese Pfade erhöhen wiederum auch Ihr Gehirnpotential.

Übung

Immer, wenn Sie sich müde fühlen, können Schüttelbewegungen Sie wieder wachrütteln. Gleichzeitig wird auch die Durchblutung angeregt und die Atmung intensiviert. So fühlen Sie sich bereits nach kurzer Zeit wieder deutlich frischer. Die beste Wirkung erzielen Sie, wenn Sie alle Extremitäten nacheinander ausschütteln. Hierzu reichen bereits jeweils zehn bis dreißig Sekunden. Beginnen Sie beispielsweise mit den Beinen, gehen dann zu Armen und Händen über und vergessen Sie auch den Kopf nicht. Bei letzterem sollten Sie es allerdings nicht übertreiben, gerade auch wenn Sie Schulter- oder Nackenprobleme haben. Leichte Drehungen nach rechts und links oder kreisende Bewegungen reichen hier völlig aus. Jetzt sind Sie wieder aufnahmebereit und voll bei der Sache, und auch das Lernen fällt Ihnen leichter.

Wenn Sie längere Zeit sitzen (müssen) und keine der oben beschriebenen Übungen durchführen können, hilft es oft auch schon, mehrmals die Schultern hochzuziehen und fallen zu lassen. Damit tragen Sie auch zu Ihrer Entspannung bei. Blockierte Energien werden freigesetzt und fließen wieder leichter.

Wohltuend und anregend zugleich und damit gleichfalls ein Muntermacher ist eine Ohrenmassage. Sie bringt nicht nur das Gehör auf Vordermann, sondern regt auch verschiedene Gehirnzentren an. Das wirkt sich wiederum positiv auf Konzentration und Gedächtnis aus.

Übung

Schon ein Reiben mit der flachen Hand sorgt für »heiße« Ohren. Noch viel besser geht es aber mit Daumen und Zeigefinger. Zwischen diesen beiden kneten Sie sanft die Ohrläppchen. Verwenden Sie dazu leicht kreisende Bewegungen.

Wie mit allen anderen Übungen fahren Sie auch hier am besten, indem Sie sie regelmäßig und natürlich auch, wann immer Ihnen danach ist, wiederholen.

Übung

Wo befinden sich die meisten Muskeln auf engstem Raum? Richtig, im Gesicht! Leider verwenden wir diese meist viel zu selten. Warum schneiden Sie also nicht mal eifrig Grimassen? Sie müssen es ja nicht in aller Öffentlichkeit tun! Dadurch entspannen Sie Ihr Gesicht und beugen auch Kopfschmerzen und Migräne vor.

Inzwischen gibt es auch wissenschaftliche Beweise dafür, dass die Verbindungen zwischen den einzelnen Gehirnzellen beim Sport zunehmen. Und da diese, und nicht etwa die Masse des Gehirns, für die Intelligenz verantwortlich zeichnen, werden Sie auf die Dauer auch klüger! So können Sie Ihre alltäglichen Probleme immer leichter bewältigen.

Bewegung im aeroben (sauerstoffreichen) Bereich trägt zudem auch zum Fettabbau bei. Fett lagert sich nämlich auch in den Arterien ab, welche verstopfen und die Blutzufuhr zum Gehirn drosseln. Gerade dort befinden sich jedoch die dünnen Kapillargefäße. Und wenn Teile des Gehirns gar nicht mehr versorgt werden, wirkt sich das nicht nur auf die geistige Fitness aus, sondern es kommt unweigerlich zum Gehirnschlag ...

Sie sollten Sport aber nicht einfach wegen dieses Schreckensszenarios betreiben, sondern auch, weil er Spaß macht! Nur, wenn Sie sich daran erfreuen können, wird er Ihnen im Endeffekt etwas bringen und Sie werden ihn automatisch im richtigen Maß machen. Dazu trägt sicher auch das ACTH (s. o.) bei, das beim Sport von der Hirnanhangsdrüse (Hypophyse) gebildet wird. Es stimmt Sie fröhlicher und kreativer. Gleichzeitig entspannt es und senkt Puls und Blutdruck. Das ist der Grund dafür, dass viele Läufer auch von einer stressmindernden Wirkung berichten. Stresshormone wie z. B. das Adrenalin werden abgebaut. Schädliche Ablagerungen in den Adern werden aufgelöst. Und auch der Verstand wird auf Hochtouren gebracht.

Tipp

Auch während des Denkens sollten Sie körperlich aktiv sein! Ob Sie nun im Raum auf und ab gehen oder aber nur die Hände bewegen; es wird nachweislich die Gehirndurchblutung und Sauerstoffaufnahme verbessert.

!

Entspannung und Umgang mit Stress

Auch wenn Sie sich optimal ernähren und genügend Sport treiben fehlt noch ein ganz wichtiger Faktor zur Erlangung des maximalen geistigen Leistungsvermögens: Vermeiden Sie Stress und entspannen Sie sich regelmäßig! Stress ist bei vielen Menschen der größte Energieverschwender. Die Energie, die wir aufwenden, um uns zu ärgern, hektisch einer Tätigkeit nach der anderen hinterherzurennen, aber nie Zeit für uns selbst zu haben, könnten wir viel sinnvoller einsetzen! Zudem müssen wir den Kopf frei haben, wenn wir mentale Höchstleistungen vollbringen wollen. Dazu müssen wir ab und zu eben auch mal abschalten. Hier daher

!

10 Tipps für ein stressfreieres Leben

- **Stressfaktoren reduzieren (Überforderung, private und berufliche Probleme usw.)**
- **regelmäßig Entspannungsübungen durchführen**
- **Sport treiben (s. o.)**
- **Hobbys und aktive Freizeitgestaltung**
- **gesunde Ernährung; viel trinken (s. o.)**
- **weniger emotional reagieren; Streit vermeiden**
- **fester Tagesablauf; Zeit besser einteilen**
- **Hektik vermeiden, »Nein« sagen können**
- **Ruhepausen einlegen**
- **ausreichender Schlaf, weniger Fernsehen**

Das Thema Stress ist viel zu umfangreich, um hier mehr als oberflächlich darauf eingehen zu können. Wichtig ist aber im Wesentlichen, dass Sie etwas dagegen tun! Das kann einmal durch Sport erfolgen, der Stress abbaut, und andererseits auch durch Entspannungsübungen, die Ihnen dabei helfen, gelassener zu reagieren. Zunächst gilt es aber herauszufinden, welches Ihre persönlichen Stressfaktoren sind.

Ursachen von Stress

Zwar ist es leichter, Stresssymptome zu behandeln, als die -auslöser zu beseitigen. Trotzdem ist es wichtig zu wissen, was einen »stresst«. Man findet so schneller die passende Entspannungsmethode und auch Ansätze, in seinem persönlichen Umfeld Änderungen vorzunehmen.

Tod eines Partners/ engen Freundes	100	Kind zieht aus	29
Scheidung/Trennung	73	Ärger mit Schwiegereltern	29
Tod eines nahen Familienmitglieds	63	Außergewöhnlicher Erfolg	28
Gefängnis	63	Schul-/Berufsabschluss oder -start	26
Verletzung oder Krankheit	53	Neue Lebenssituation	26
Hochzeit	50	Änderung von Gewohnheiten	24
Fristlose Kündigung	47	Ärger mit dem Vorgesetzten	23
Versöhnung mit dem Partner	45	Wechsel des Wohnortes	20
In Rente oder Pension gehen	45	Andere Arbeitsbedingungen	20
Familienmitglied erkrankt	44	Wechsel in eine neue Schule	20
Schwangerschaft	40	Veränderte Freizeitgestaltung	19
Geschäftlicher Neubeginn	39	Einen größeren Kredit aufnehmen	17
Mobbing	39	Andere Schlafgewohnheiten	16
Sexuelle Probleme	39	Neue Essgewohnheiten	15
Finanzielle Probleme	38	Urlaub	13
Aufstieg oder Abstieg im Job	36	Weihnachtszeit	12
Ehestreit	36	Kleiner Ärger mit dem Gesetz	11

Eine erste Hilfestellung bietet die von den beiden amerikanischen Psychiatern Holmes und Rahe entwickelte Skala, die Ereignissen in der jüngeren Vergangenheit des Betroffenen einen Stresswert zuweist:

Durch Addition der für die letzten zwölf Monate in Frage kommenden Punkte (Ereignis mit Häufigkeit multiplizieren!) soll man so sein aktuelles Stressniveau ermitteln können. Dabei gilt eine Punktzahl bis 150 noch als normal; ab 200 sollte man sich langsam Gedanken machen, und die Gesundheit von Personen mit einem Wert von über 300 ist stark gefährdet.

Auf Vollständigkeit wird bei dieser Tabelle kein Anspruch erhoben, und auch die Werteskala sieht bei jedem einzelnen sicher etwas anders aus; dennoch kann man so einen ersten Überblick gewinnen. Man sollte aber auf jeden Fall auch die persönlichen Lebensumstände berücksichtigen.

Wie Sie zur nötigen Entspannung gelangen

- Sorgen Sie zunächst für Ihr **körperliches Wohlbefinden**: Die Umgebungstemperatur sollte angenehm und die Kleidung bequem sein. Keinesfalls sollte man sich eingeengt fühlen.
- Als nächstes sucht man sich eine **passende Sitz- bzw. Liegegelegenheit**. Diese sollte nicht zu weich sein; schließlich will man ja nicht einschlafen. Ein Stuhl

mit einer geraden Lehne zum Sitzen oder der Fußboden (eventuell auf einem Teppich oder einer Decke) zum Liegen sind ideal, wenn Sie keine Rückenprobleme haben. Wem der Fußboden zu hart erscheint, dem soll gesagt sein, dass bei einer erfolgreichen Entspannung des ganzen Körpers auch diese Unterlage bequem erscheint. Somit hat man zugleich eine Kontrollmöglichkeit!

- Auch sollte bei allen Entspannungsübungen auf **ausreichende Zufuhr frischer Luft** und damit auf eine optimale Sauerstoffversorgung geachtet werden. Terrasse/Balkon oder ein Platz am Fenster sind ideal.
- Vermeiden Sie insbesondere am Anfang jede **äußere wie innere Störung**. Dazu gehört es auch, sich nicht vorher durch Kaffee, schwarzen Tee, Alkohol oder Fernsehen aufzuputschen. Erlaubt sind grüner und Kräutertee, vor allem aber Mineralwasser. Trinken Sie viel!
- Begeben Sie sich zudem an einen Ort, an dem **äußere Einflüsse** wie Straßenlärm, Klingel- und Telefongeräusche weitgehend ausgeschaltet sind. Dieser Ort kann durchaus in der freien Natur liegen, denn natürliche Geräusche wie das Rauschen des Windes, das Plätschern eines Baches, Vogelgezwitscher usw. empfinden wir durchaus als angenehm und beruhigend.
- **Suchen Sie aktiv nach Entspannung!** Denn wie in vielen anderen Bereichen des Lebens ist der Glaube das Entscheidende. Darum nicht verzweifeln, wenn sich nicht auf Anhieb der gewünschte Erfolg einstellt. Übung macht auch hier den Meister!

!

Tipp

Machen Sie die Übungen nicht erst, wenn Sie total im Stress sind. Der dann meist vorherrschende (Zeit-)Druck führt dazu, dass Sie sie nicht mehr »sauber« ausführen. Dementsprechend lässt die Wirkung dann natürlich auch auf sich warten.

Einige Entspannungstechniken

Eine Vielzahl von Entspannungsmethoden (Yoga, Tai Chi u. a.) bezieht körperliche Betätigung mit ein, was sinnvoll ist, da Entspannung das Gegenteil von Spannung ist und diese sich oft auch körperlich in Form von Kopf-, Rücken- und Gliederschmerzen äußert. Für den Anfänger ist es aber zunächst einmal wichtig, dann Stress schnell abzubauen, wenn er auftritt. Auch hier gibt es eine Reihe einfacher, aber bewährter Verfahren, die Sie auch allein durchführen können:

Autosuggestion

Bei dieser Entspannungsmethode geht die Beeinflussung vom Selbst aus. Sie kann auf bewusste oder unbewusste Art hervorgerufen werden.

Übung

Legen Sie sich flach hin und schließen Sie die Augen. Atmen Sie langsam ein und aus. Sie sollten möglichst nur viermal pro Minute ein- und ausatmen. Konzentrieren Sie sich dabei voll auf Ihren Körper. Versuchen Sie entweder an gar nichts zu denken (das wird dem einen oder anderen aufgrund seiner Alltagsprobleme anfangs etwas schwer fallen!), oder stellen Sie sich einen Ort vor, an dem Sie jetzt gerne wären (Meer, Berge usw.), und den Sie mit Ruhe und Entspannung assoziieren. Sie können sich dabei auch eine Tätigkeit vorstellen, der Sie dort gerne nachgehen würden. Lassen Sie Ihren Gedanken freien Lauf. Nach einigen Minuten, wenn Sie sich genügend erholt haben, können Sie alle Muskeln Ihres Körpers für einige Sekunden voll anspannen (dabei ruhig weiteratmen!) und wieder entspannen. Wiederholen Sie diesen Vorgang eventuell noch ein- oder zweimal. Das bringt Ihren Körper wieder in Schwung. Sie sind dann sofort wieder fit.

Sie können sich natürlich auch an einen Ort oder in einen Zustand versetzen, in dem Ihre Träume (Reichtum, Selbstverwirklichung, ein ausgefülltes und harmonisches Leben usw.) bereits Wirklichkeit geworden sind. Je konkreter Ihre Vorstellungen sind, umso besser. Da Sie ein gutes Gefühl dabei haben, üben Sie damit auch einen wohltuenden Einfluss auf Ihr Unterbewusstsein aus und bringen es dazu, sich »Gedanken« über die Verwirklichung des Erdachten zu machen. Diese Technik ist unter Namen wie »Visualisierung«, »Kopfkino« usw. bekannt und bringt Sie bei regelmäßiger Anwendung erwiesenermaßen an das Ziel Ihrer Wünsche. Die Vorstellung allein übt hierbei bereits eine unglaubliche Macht aus.

Es wird Ihnen aufgefallen sein, dass die Autosuggestion noch um zwei weitere Punkte ergänzt wurde: Um Muskelentspannung und »richtige« Atmung. Beides lässt sich auch einzeln praktizieren. Dadurch sparen Sie einiges an Zeit und können eine entsprechende Übung selbst dann durchführen, wenn Sie im Büro schnell zwischen zwei Arbeiten, Terminen oder Telefonaten abschalten wollen. Probieren Sie einfach die einzelnen Varianten aus und ermitteln Sie, welche die passende für Sie ist!

Muskelentspannung

Entspannung ist das Gegenteil von Anspannung. Wen wundert es da, dass von körperlicher Entspannung auch der Geist profitieren kann? Verkrampfungen, die man ansonsten den ganzen Tag mit sich herumschleppt und die mächtig Energie kosten, werden gelöst und führen zu neuer Frische. Gerade im Verbund mit anderen Techniken wie z. B. dem weiter unter beschriebenen Atemtraining lässt sich daher eine ganz hervorragende Wirkung erzielen.

Als erstes sollten Sie sich aber den Ablauf verdeutlichen. Jeder Entspannung sollte zunächst eine Anspannung vorausgehen, damit Sie deutlich spüren, wie sich diese anfühlt. So merken Sie auch im Alltag, wenn Sie verkrampfen, und können sofort etwas dagegen unternehmen, bevor sich Beschwerden wie etwa Spannungskopfschmerzen bemerkbar machen. Denn dann ist es für schnelle Hilfe oft schon zu spät. Wir wollen uns hier auf einzelne Körperteile beschränken. Dieses Verfahren wird auch progressive Muskelentspannung genannt.

Übung

Spannen Sie nun jeden Muskel langsam bis zum Maximum an. Eine schnellere Vorgehensweise kann eventuell zu Verletzungen durch Überforderung führen. So aber merken Sie, wie weit Sie gehen können, ohne Schmerzen oder Krämpfe zu verursachen. Damit wäre schließlich die gesamte Übung umsonst gewesen. Die Anspannung halten Sie dann etwa fünf bis sieben Sekunden lang (Sie dürfen die Sekunden in Gedanken mitzählen!). Lassen Sie danach los und merken Sie, wie die Spannung langsam nachlässt.

Ein bewusstes Eingreifen in dieser Phase ist nicht erforderlich; ja, es würde den Ablauf sogar stören. Sie können sich aber auf den ruhigen Fluss Ihres Atems konzentrieren.

Lassen Sie alles mit sich geschehen, so wie es gerade kommt. Achten Sie auf den Unterschied zu vorher. Sie sind nun völlig entspannt. Energie strömt Ihnen von allen Seiten zu.

Jetzt ist der Augenblick gekommen, Ihren Träumen nachzugehen. Geben Sie sich dafür ausreichend Zeit; ca. 30 Sekunden nach jeder Einzelübung und am Ende gerne auch mehr. Ein plötzlicher Abbruch würde das Gegenteil von dem bewirken, was Sie erreichen wollten.

Legen Sie als nächstes eine feste Reihenfolge für die einzelnen Körperteile fest. Beginnen Sie dabei entweder bei den Händen oder bei den Füßen (Extremitäten). Gehen Sie dann am Körper entlang. Wenn Sie beispielsweise mit den Händen anfangen, fahren Sie mit den Armen fort. Als nächstes kommen dann Gesicht, Schultern und Nacken sowie der Brustbereich an die Reihe. Mit Bauch, Beinen und Füßen schließen Sie den Durchgang ab.

Hier noch ein paar Hinweise, auf welche Art Sie die Spannung jeweils erhöhen können:

- **Füße**: Zehen spreizen oder zumindest gerade machen.
- **Waden und Oberschenkel**: Fußinnenflächen aneinander pressen.
- **Gesäß**: Gesäßmuskeln anspannen.
- **Bauch**: Bauch entweder einziehen oder aufplustern.
- **Brust und Oberarme**: Handinnenflächen aneinander pressen.
- **Schultern**: Schultern nach oben ziehen.
- **Nacken**: Kopf entweder senken und gegen das Brustbein drücken oder aber zur linken und rechten Seite neigen.
- **Gesicht**: Mund zu einem breiten Grinsen verziehen. Augenbrauen nach oben ziehen und Schlitzaugen machen.

Zum Abschluss sollten Sie sich noch einmal ausgiebig strecken und räkeln. Dann sind Sie für die nächste Herausforderung gerüstet! Zögern Sie daher nicht lange, sondern packen Sie die nächsten Aufgaben an.

!

Falls es beim ersten Mal noch nicht so richtig geklappt hat und Sie sich nicht frisch und erholt fühlen, so verzweifeln Sie nicht! Legen Sie sich auch keinen Zwang auf. Beim nächsten Versuch funktioniert es bestimmt schon besser!

Muskelentspannung können Sie zu jeder Tageszeit durchführen, wenn Ihnen die Kräfte schwinden oder Sie wieder einen klaren Kopf benötigen. Kurz vor dem Schlafengehen sollten Sie sich aber etwas zurückhalten, um die nötige Bettschwere nicht zu stören.

Tipp

Für eine schnelle Übung zwischendurch können Sie auch mal eine einzelne Muskelgruppe herausgreifen, am sinnvollsten natürlich diejenige, die sich am »härtesten« anfühlt.

!

Atemtechniken

Da ein erregter Zustand immer mit beschleunigtem Herzschlag und stoßweisem Atmen verbunden ist, lässt sich auf diesem Weg eine sehr gute Erfolgsquote erreichen. Wer ruhiger atmet, beruhigt nicht nur seinen Kreislauf, sondern den gesamten Körper und Geist. Richtiges Atmen dient somit einerseits der schnellen Entspannung, kann aber auch vorbeugend eingesetzt werden. Außerdem hilft es bei einer ganzen Reihe von Beschwerden wie Verkrampfungen, Beeinträchtigungen der Atemorgane, des Verdauungssystems usw.

Bevor Sie mit all dem beginnen, fragen Sie sich doch einmal, ob Sie spontan sagen könnten, wie Ihr Atemrhythmus gerade ist. Nur wenn Sie sich diesen bewusst machen, können Sie einen Einfluss darauf ausüben.

Redensarten wie »einen langen Atem haben«, »sich Luft machen«, »atemlose Spannung« usw. zeigen, wie stark auch Gefühle und Emotionen unser Atmen beeinflussen. Wenn Sie wissen, wie Sie in einem glücklichen Zustand atmen, können Sie auf diese Weise auch Ihr Befinden in gewissem Maße steuern. Verängstigte Menschen atmen z. B. oft zu flach. Inzwischen gibt es daher auch Fachleute, die entsprechende Atemtherapien anbieten.

Übung

Zunächst sollten Sie sich allerdings mal nur auf Ihre Atmung konzentrieren. Legen Sie sich auf den Rücken oder machen Sie es sich im Sitzen bequem. Wenn Sie zu sehr von visuellen Reizen abgelenkt werden, können Sie selbstverständlich die Augen schließen. Lassen Sie nun Ihren Atem einfach dahingleiten und spüren Sie ihm nach. Allein das trägt schon oft zu einer Beruhigung bei.

Atmen Sie beim nächsten Mal bewusst durch die Nase ein und aus. Achten Sie dabei auf die Gerüche Ihrer Umgebung. Wenn Sie in einem geschlossenen Raum sind, können Sie ruhig auch einmal etwas Parfum, ätherische Öle, Duftkerzen o. Ä. verwenden und deren Wirkung ausprobieren. Melisse-, Lavendel- und Tannengeruch wird eine beruhigende Wirkung nachgesagt.

Bei anstrengender körperlicher Betätigung beschleunigt sich das Herz-Kreislauf-System, um mehr Sauerstoff durch den Körper zu »pumpen«. Das können Sie sich zunutze machen, indem Sie nun auch einige Bewegungselemente mitaufnehmen. Wenn Sie die Übung im Liegen ausführen, heben Sie z. B. abwechselnd Arme und Beine. Was passiert dabei mit Ihrer Atmung? Übrigens kann man auf diese Weise auch wieder schnell fit werden. Durch die Fokussierung auf den Atem erlangen Sie Gelassenheit, und die Anregung des Kreislaufs lässt Sie die Müdigkeit abstreifen.

Ebenfalls munter werden Sie bei der folgenden Variante, in der in den Atemablauf eingegriffen wird.

Es geht darum, eine Vollatmung herzustellen. Fast alle Leute atmen nämlich zu flach, d. h. sie nutzen nur einen Bruchteil ihres Lungenvolumens aus. Die Lunge muss komplett mit Sauerstoff versorgt werden, da die brachliegenden Teile sonst (gesundheitliche) Probleme bereiten können.

Übung

Atmen Sie so viel Luft ein, wie Sie können, bis jeder Winkel gefüllt ist. Geschickterweise haben Sie sich vorher schon etwas gelockert, damit Sie der Brustkorb nicht zu sehr behindert.

Halten Sie nun die Luft für etwa 10 bis 20 Sekunden an und geben Sie sie nach dieser Zeit so ab, wie es Ihr Körper möchte. Innerhalb dieser Spanne hat Ihre Lunge genügend Zeit, den wertvollen Sauerstoff herauszufiltern und die Abfallprodukte wieder auszusondern. Jeder so durchgeführte Atemvorgang bewirkt somit auch eine Reinigung Ihres Organismus.

Diese Übung sollten Sie einige Minuten »durchhalten«. Zum Abschluss noch eine Steigerung:

Übung

Grundlage ist die obenstehende Übung, nur atmen Sie diesmal 5 Sekunden ein, halten die Luft 20 Sekunden an und atmen 10 Sekunden aus. Nehmen Sie am besten eine Uhr, um diese Zeiten einzuhalten. Wenn Sie nicht gerade Spitzensportler sind, werden Sie Probleme haben, dies bei körperlicher Betätigung durchzuhalten. Aber auch im Ruhezustand werden Sie sich erst nach und nach steigern können. Das Endziel sollte im Bereich von etwa zehn Minuten liegen. Wenn Ihnen nicht so viel Zeit zur Verfügung steht, können Sie aber auch nur wenige Durchgänge machen. Die ausgleichende Wirkung setzt fast augenblicklich ein.

Massagen

Müssen Sie zur Massage ein Fitnessstudio oder einen Therapeuten aufsuchen? Wenn Sie regelmäßig unter Verspannungen leiden und von Rücken-, Bandscheiben- und Gelenkbeschwerden heimgesucht werden, sollten Sie das doch lieber einem Experten überlassen. Der bietet ergänzend auch heiße Bäder, Fangopackungen usw. an. Auch verletzte oder entzündete Stellen sollte man besser in Ruhe lassen! Dann ist eine medizinische Betreuung wichtig.

Ansonsten können Sie selbst Hand anlegen und die unterschiedlichsten Körperpartien »bearbeiten«. So viel verkehrt machen können Sie dabei nicht. Sie verbessern aber insbesondere die Durchblutung. Kalte Füße und Hände sind daher besonders dankbar für diese Form der Aufmerksamkeit.

Kommen Sie an einige Stellen nur schwer oder gar nicht heran, kann auch jemand anderes die Massage für Sie vornehmen. Das hat den zusätzlichen Pluspunkt, dass Sie sich ganz der entspannenden Wirkung hingeben können und den bestmöglichen Erholungs- und Regenerierungseffekt erzielen. Auch können gegenseitige Massagen unter Partnern einer Beziehung durchaus gut tun!

Viele Nervenbahnen verlaufen in den Füßen, Händen oder den Ohren. Das bedeutet, dass deren Massage auch auf andere Körperteile, ja sogar auf die inneren Organe ausstrahlt! Sie müssen also gar nicht unbedingt den ganzen Körper massieren. »Heiße Ohren« sind z. B. nicht einfach nur ein geflügeltes Wort. Reiben Sie einmal, wenn Sie besonders angespannt oder erschöpft sind, kurz aber schnell Ihre Ohren. Plötzlich sind Sie wieder voller neuer Energie!

Reiben ist aber nur eine Methode der Massage. Andere Varianten sind Kneten, Klopfen und Vibrieren.

!

Tipp

Was auf jeden Fall eine Anschaffung lohnt, ist ein gutes Massageöl oder auch Franzbranntwein, um die Wirkung zu verstärken. Aufgetragen werden sollte dies bereits vor der Massage auf die gereinigte, aber nicht mehr feuchte Haut. So zieht es am schnellsten ein. Beim Einreiben können Sie dann bereits besonders verhärtete Stellen ertasten, die eine intensivere Behandlung verlangen.

Zum Massieren können Sie entweder Ihre nackten Hände, flach oder zur Faust geballt, oder aber verschiedene Hilfsmittel verwenden. Bewährt haben sich Massagehandschuhe und -bälle sowie Bürsten.

Gesichtsmassagen sollten Sie nur mit den Händen durchführen. Auch der verspannte Schulter- und Nackenbereich lässt sich damit am besten behandeln. Die resultierende Lockerung und verbesserte Durchblutung führt auch bei Denkertypen im Büro zu angenehmer Entspannung und neuen Kräften und Konzentration. Besonders wirksam sind Massagen der Stirnpartie und Ohren. Bei den Schultern und dem Nacken können Sie sich ja helfen lassen. Zur Not hilft auch ein Schulterheben und -senken oder eine kreisende Bewegung. Danach wird Ihr Verstand wieder klarer funktionieren und Ihnen schneller die gesuchte Lösung präsentieren.

Das Arbeiten mit Waschlappen kann sehr erfrischend sein. Im allgemeinen empfiehlt sich die Verwendung von kaltem Wasser, aber wenn Sie bereits Beschwerden haben, könnte warmes Wasser eine bessere Heilwirkung entfachen. Übrigens: Ein kaltes Tuch auf der Stirn wirkt nicht nur lindernd bei Fieber oder Kopfschmerzen, sondern auch erfrischend. Und im Nacken löst es wahre Energieschübe aus! Testen Sie das ruhig einmal. Eine Ohrenmassage regt ebenfalls die Gehirntätigkeit an.

Eine (längere) Bürste empfiehlt sich natürlich gerade für die Stellen, an die Sie ohne fremde Hilfe sonst gar nicht herankämen. Wenn Sie häufig unter Rückenschmerzen leiden, sollten Sie sich eventuell auch ein elektronisches Massagegerät mit Infrarotstrahlung (Wärme) zulegen. Diese Kombination verstärkt die Wirkung und die Durchblutung erheblich. Wer besonders viel Geld investieren kann und möchte, besorgt sich eine Massagematte oder einen Massagesessel. Da diese allerdings meist nur in einheitlicher Größe erhältlich sind, kann die Wirkung individuell unterschiedlich ausfallen. Daher sind Sie mit einem Handgerät oft besser bedient. Diese Apparate eignen sich vorrangig für weniger empfindliche Körperteile. Leichte Bürsten- oder Gerätemassage vertragen aber auch Hals und Nacken und Teile des Kopfes. Haare und Kopfhaut können Sie ebenfalls miteinbeziehen.

Zum Abschluss noch einige spezielle Massagemethoden. Diese sollten alle herzwärts erfolgen!

Übung

Massage der Füße (Fußreflexzonenmassage):

Beginnen wir ganz unten. Wie schon erwähnt laufen sehr viele Nerven in den Füßen zusammen, was sich z. B. auch die Akupunktur und Akupressur zunutze machen. Sie werden mit Erstaunen feststellen, dass bei vielen Beschwerden einzelne Punkte der Fußsohle empfindlicher reagieren als andere. Über diese können Sie dann gezielt und auf natürliche Weise einwirken. Kneten und Klopfen bringen dabei am meisten, da sie direkter sind.

Aber auch sonst sollten Sie Ihren Füßen regelmäßig etwas Gutes tun! Schließlich sollen Sie diese durch Ihr ganzes Leben tragen. Und nichts ist unangenehmer als kalte oder schmerzende Füße!

Wenn Sie von der positiven Wirkung überzeugt sind, gehen Sie ruhig auch einmal zu einem ausgebildeten Fachmann. Dieser ist sein Geld wert.

Übung

Massage der Hände:

Die Hände sind nicht ganz so sensibel wie die Füße. Durch schnelles Reiben oder Kneten erreichen Sie dennoch viel. Es lässt sich nicht nur mit warmen Händen besser arbeiten; Sie werden sich auch insgesamt wohler fühlen.

Da die Hände auch bei den anderen beschriebenen Massagen immer miteinbezogen sind, ist jedoch oft eine eigenständige Massage gar nicht mehr erforderlich.

Übung

Massage von Schulter und Nacken:

Dieser Bereich ist Ausgangspunkt vieler Verspannungen und Schmerzen. Insbesondere bei Tätigkeiten im Sitzen oder einseitigen Belastungen ist er oft betroffen. Aber auch seelische Probleme können negative Auswirkungen haben.

Eine vibrierende oder klopfende Massage hilft hier am besten. Dabei arbeiten Sie sich allmählich von der äußeren Schulter bis zum Hals vor. Vergessen Sie auch den Nacken nicht! Dieser ist für Massagen besonders empfänglich. Sie dürfen dabei ruhig etwas Druck ausüben; das tut nicht gleich weh. Steife Bereiche sollten allerdings etwas vorsichtiger angegangen werden.

Gönnen Sie sich im Anschluss eine kleine Ruhepause, denn ob Sie sich nun selbst massiert haben oder massiert worden sind, eine solche Behandlung, im richtigen Maß durchgeführt, strengt auch etwas an. Danach dürfen Sie Ihrem Körper dann ruhig noch mal einen Schuss Franzbranntwein genehmigen!

Krankenkassen und Volkshochschulen, aber auch einige Fitnessstudios bieten eine Vielzahl von Kursen zum Thema Entspannung an. Sicher finden Sie dort auch die zu Ihnen am besten passende Methode. Wenn Sie sich anfangs nicht ganz sicher sind, probieren Sie einfach mehrere aus!

Übrigens: Auch wenn Sie sich mal nicht so sehr von den Medien wie Fernseher, Radio und Zeitung berieseln lassen und stattdessen zu einem interessanten und anregenden Buch greifen und sich in die dort geschilderte Welt versetzen, können Sie prima entspannen. Und wenn Sie das vor dem Einschlafen tun, und sich nicht gerade in einen Horrorroman vertiefen, sind Ihnen angenehme Träume sicher. Auch Fachbücher sollten Sie dabei nicht verschmähen. Wie der Schlaf hierbei zu Ihrem Verständnis beitragen kann, erfahren Sie im Kapitel »Gedächtnis, Informationsaufnahme und Lernen« unter »Festigung von Gedächtnisinhalten im Schlaf«.

Entspannung durch positive Gefühle

Nicht so anstrengend wie die mehr physisch ausgerichteten Methoden ist diese Variante, die auf ein Umdenken abzielt. Dennoch ist sie oft mindestens genauso wirksam, da sie die Ursache an der Wurzel packt und Stressauslöser bannt. Man sollte ungefähr wissen, wie man in bestimmten Situationen reagieren möchte. Dieses Verhalten kann man durch Anwendung der Techniken vertiefen.

Betrachten wir dazu einmal die Palette negativer Gefühle, die uns immer wieder stressen. Dazu zählen u. a. Sorgen, Ängste, Ärger, Wut, Schuldgefühle usw. Wie bekommt man diese in den Griff?

Zunächst einmal sollte man sich überlegen, inwiefern diese überhaupt eine Berechtigung haben. Anschließend vergleicht man die Folgen mit dem, was passieren würde, wenn man sie einfach ignorieren würde.

Sorgen und Ängste beziehen sich oft auf eine ungewisse Zukunft. Doch kann ein Wagnis nicht auch gut ausgehen? Natürlich sollten Sie alles in Ihren Kräften stehende tun, um den größtmöglichen Erfolg zu erzielen, doch darf man sich deswegen nicht verrückt machen. Denken Sie also lieber an einen positiven Ausgang, und seien Sie vor allem von sich selbst überzeugt, dann wird sich schon ein Weg finden. Und wenn auch einmal etwas schief gehen sollte, bleiben Sie nicht liegen, sondern stehen Sie wieder auf. Tiefer als bis auf den Boden können Sie nicht fallen!

Ärger, Wut und Hass werden scheinbar immer von anderen übertragen, doch dem ist nicht so. Wer schreibt Ihnen vor, wie Sie sich in einer bestimmten Situation zu verhalten haben? Ihre Reaktion auf bestimmte Ereignisse können Sie sich selbst heraussuchen. Nutzen Sie diese Freiheit! Was bringt es Ihnen, wenn Sie sich über etwas aufregen? Dadurch wird weder das Problem gelöst noch fühlen Sie sich besser. Wenn Sie jemand anderen als verantwortlich erachten, sagen Sie ihm das ruhig und bitten Sie um eine Klärung. So wird zumindest nicht auch noch die persönliche Ebene verletzt. Das vereinfacht die weitere Zusammenarbeit nicht unerheblich.

Schuldgefühle und Selbstvorwürfe bringen einen auch nicht weiter. Was geschehen ist, ist geschehen und lässt sich nicht mehr rückgängig machen. Das nächste Mal wissen Sie, was zu tun ist. Plagen Sie sich also nicht länger damit! Analysieren Sie das Geschehen und finden Sie einen Weg, es besser zu machen. Damit haben Sie alles Menschenmögliche getan.

Wenn Sie jemanden verletzt haben, ohne das zu wollen, sagen Sie ihm, dass es Ihnen leid tut und dass es nicht mehr vorkommen wird. Zeigen Sie ihm, dass es Ihnen ernst ist. Vielleicht fällt Ihnen ja auch etwas ein, womit Sie Ihr »Vergehen« zumindest zum Teil wiedergutmachen können.

Was können Sie Ihren quälenden Gedanken noch entgegensetzen? Natürlich die Gegenteile, positive Gefühle.

Das Gegenteil von Sorgen und Ängsten ist nicht etwa Mut, – der hilft höchstens etwas dabei, trotzdem ins Handeln zu kommen, – sondern **Liebe**. In einem Zustand absoluter Liebe und Geborgenheit können Sie gar keine Angst verspüren! Nun sind Sie vielleicht Single und werden von niemandem in diesem Ausmaß geliebt bzw. lieben selber in entsprechender Intensität. Doch auch sich selber kann man lieben. Ich spreche dabei nicht von Narzissmus, sondern davon, sich so zu mögen, wie man ist. Manche Leute haben nur deshalb ein gestörtes Verhältnis zu anderen, weil sie sich selber nicht akzeptieren können. Rufen Sie sich immer wieder ins Gedächtnis, was Sie bisher alles geschafft, welche Hindernisse Sie überwunden und welche Erfolge Sie errungen haben. Natürlich gibt es immer wieder Fehlschläge. Gerade wer viel macht, begeht auch eine Menge Fehler. Wer intelligent ist, lernt aus diesen und entwickelt sich so weiter.

Ärger, Wut und Hass können Sie durch **Glück und Freude** ersetzen. Lohnt sich die Aufregung denn wirklich? Machen Sie sich das Leben nicht unnötig schwer! Das nächste Mal wird es besser laufen. Wie viel gibt es doch in Ihrem Leben, das nach Ihren Vorstellungen verlaufen ist? Sollten Sie sich nicht lieber darüber freuen anstatt sich zu grämen? Machen diese Dinge denn Ihr Leben nicht lebenswert? Wenn Sie anderen trotz allem, was geschehen ist, wieder Ihr Vertrauen schenken, werden diese Sie nicht noch einmal enttäuschen wollen. So erzeugen Sie Motivation. Mit einer überzogenen Reaktion erreichen Sie dagegen das Gegenteil: Jetzt wird sich erst recht niemand mehr Mühe geben. Seien Sie Ihres eigenen Glückes Schmied!

Gegen Schuldgefühle und Selbstvorwürfe hilft **Dankbarkeit** – nicht nur anderen, sondern vor allem sich selbst gegenüber. Oft glaubt man ja nur, dass ein bestimmtes Verhalten von anderen nicht als akzeptabel bewertet wird. Doch ist dem wirklich so? Würden Ihre Freunde dann nicht einfach sagen »Stopp, so geht das nicht!«? Wenn Sie keine solche Meinung gehört haben, sind Sie offenbar der Einzige, der sich darüber (unnötige) Gedanken macht. Stellen Sie diese daher ein und denken Sie an die vielen Fälle, wo Sie anderen wirklich einen effektiven Nutzen gebracht haben. Diese Fälle dürften bei weitem überwiegen. Seien Sie dankbar für die entsprechenden Möglichkeiten und machen Sie sich nicht zum Gefangenen Ihrer eigenen Gedanken. Je eher Sie wieder aktiv werden, um so schneller kommen Sie auch über das Geschehene hinweg. Auch können Sie so für einen gewissen Ausgleich sorgen.

Weitere Tipps gegen Stress

- Auch **Nichtstun und Müßiggang** braucht jeder Mensch. Die Zeit dafür sollten Sie sich gelegentlich nehmen, egal, wie viel Sie zu tun haben. Ob Sie sich dabei zu Hause oder in der Natur aufhalten und ob Sie wirklich gar nichts tun oder sich einer Freizeitbeschäftigung hingeben ist völlig bedeutungslos. Schließen Sie auch einmal einfach nur die Augen! Oder gönnen Sie sich mal wieder eine Mußestunde, in der Sie ein Buch lesen oder einfach nur Musik hören.

- Überhaupt ist **»Zeit nehmen«** eine ganz wichtige Sache. Wer nur durchs Leben hetzt, hat zum einen nichts davon, und ist darüber hinaus nicht schneller, weil er viel vergisst oder nicht ordentlich erledigt.
- Hierzu gehört auch, sich **ganz auf eine Sache zu konzentrieren**. Das kann z. B. Ihre Lieblingsmusik sein. Dann sollten Sie mit Ihren Gedanken nicht mehr abschweifen.
- **Musik** kann auch dazu beitragen, Ihre Gefühle wieder einmal richtig auszuleben. Als Kind hatten Sie damit doch auch keine Probleme! Singen Sie, gehen Sie im Rhythmus mit oder summen Sie die Melodie. Auch nach dem Tanzen, zumal mit Ihrem Partner, verspüren Sie ein ungemein befreiendes Gefühl. Sie müssen sich dabei an keine bestimmte Stilrichtung halten. Warum sollen wir unsere wahren Gefühle als Erwachsener immer verstecken? Nehmen Sie sich vor, jeden Tag positive Gefühle wie Liebe, Stolz, Dankbarkeit, Glück, Freude, Heiterkeit usw. zu erleben. Wenn Sie sich darauf konzentrieren, gelingt das auch.
- **Sport und Gymnastik** am Morgen befreit von allen Sorgen! Aber auch zwischendurch sollten Sie immer wieder eine »Verschnaufpause« einlegen. Sport ist heutzutage quasi die einzige sinnvolle Möglichkeit, den Adrenalinspiegel abzubauen und damit schädlichen Stress zu reduzieren.
- Auch ein **Spaziergang**, bei dem Sie mit offenen Augen und Ohren durch die Welt gehen, hat eine ähnlich entspannende Wirkung. Sie dürfen sich nur nicht ständig mit Ihren Alltagsproblemen beschäftigen! Genießen Sie die Natur, nehmen Sie die Eindrücke auf und versuchen Sie währenddessen, an nichts Bestimmtes zu denken. Damit gönnen Sie Ihrem Gehirn die Ruhepause, die es so dringend nötig hat.
- Egal, ob alles optimal verlaufen ist oder nicht, **seien Sie mit sich selbst zufrieden**. Sie haben Ihr Bestes getan. Jeder Mensch hat Mängel und Defizite und begeht daher Fehler.
- Unglaublich entspannend kann auch ein **Bad** wirken. Selbst wenn Sie meistens nur duschen, sollten Sie zumindest einmal in der Woche in die Wanne. Auch dabei gilt: Hetzen Sie sich nicht ab! Der entspannende Effekt bleibt auch einige Zeit über das Bad hinaus erhalten, aber nur, wenn Sie sich nicht gleich wieder ins Getümmel stürzen. Warmes Wasser wirkt eher beruhigend und einschläfernd, daher sollten Sie, wenn Sie danach wieder fit sein wollen, die Badetemperatur etwas unterhalb der Körpertemperatur von 37 °C einstellen. Wenn Sie sich aber ohnehin hinlegen wollten, können Sie es sich natürlich auch richtig mollig warm machen.

Schlaf

Schlaf ist die ergiebigste Quelle, um sich zu entspannen und neue (geistige) Energie zu tanken. Auf keinen Fall unterschätzt werden sollte daher die Notwendigkeit ausreichenden Schlafs. Sechs bis acht Stunden sollten es laut auf diesem Gebiet tätigen Forschern schon sein, um die Akkus aufzuladen. Nach einer längeren Periode unzureichenden Schlafs fühlen Sie sich gerädert und können sich nur schwer auf eine Sache konzentrieren. Sie gewinnen dadurch also auch keine Zeit.

Den individuellen Schlafbedarf ermittelt man am besten ohne Hilfsmittel; gehen Sie zu Bett, wenn Sie müde sind, und stehen Sie auf, wenn Sie sich »fit« für den neuen Tag fühlen, ohne sich wecken zu lassen. Leider ignorieren viele Menschen diese Zeichen ihres Körpers und pumpen sich voller »Wachmacher«, wenn sie sich müde, schlapp und abgespannt fühlen. Morgens benötigen sie dann auch gleich wieder eine große Menge Koffein, können später aber dennoch kaum die Augen aufhalten.

Das ist auf die Dauer ungesund und kann zu ernsthaften gesundheitlichen und Konzentrations-Problemen führen. Unser Gehirn benötigt diese Ruhephase, um die tagsüber gesammelten Eindrücke zu verarbeiten und einzusortieren. Wie sich das auf unsere Merkfähigkeit auswirkt, erfahren Sie im Kapitel »Erinnerung und Informationsabruf«.

Mittagsschlaf

Inzwischen wird auch der Mittags- und Büroschlaf in wissenschaftlichen Kreisen anerkannt, wenn es darum geht, zwischendurch neue Kräfte zu tanken. Die meisten Menschen haben ihr Leistungstief nämlich am frühen Nachmittag. Wer davor noch fettes, schweres Essen zu sich genommen hat, sorgt dafür, dass ein Großteil seiner Energiereserven mit der Verdauung beschäftigt ist, sich das Blut im Bauchbereich und nicht im Gehirn sammelt und er sich noch schlapper fühlt. Die Konzentration ist plötzlich wie weggeblasen; die (geistige) Leistungsfähigkeit deutlich reduziert.

Spätestens dann sollte man sich eine kurze Ruhepause gönnen. Mehr als eine halbe Stunde brauchen Sie dazu nicht und sollten Sie auch nicht in Anspruch nehmen, denn dann gelangen Sie in die Tiefschlafphase und fühlen sich danach müder als zuvor. Auch viele Firmen haben inzwischen die positiven Auswirkungen des Mittagsschlafs erkannt und bieten ihren Mitarbeitern die Möglichkeit dazu. Während allerdings die USA und Japan schon lange für den Büroschlaf eintreten und es in China sogar ein Gesetz dazu gibt, gilt er in Deutschland immer noch als etwas anrüchig und die Praktizierenden als faul. Selbst Verfechter schämen sich aus diesen Gründen oft davor, zuzugeben, dass Sie ab und zu einen kurzen Schlaf halten. Insgesamt betrachtet ist die Haltung vieler Menschen zu diesem Punkt völlig unverständlich, wenn man die Konsequenzen bedenkt: Der Kurzschlaf wirkt sich einerseits beruhigend auf das Herz- und Kreislaufsystem aus, andererseits kann einer Studie der NASA zufolge auch die Reaktionszeit signifikant gesteigert und damit die Gefahr von Unfällen und Pannen deutlich (um etwa ein Drittel) reduziert werden. Auch die meisten Verkehrsunfälle treten entweder früh morgens oder am frühen Nachmittag auf. Viele Fehler könnten in ausgeschlafenem Zustand wohl vermieden werden. Auch die Kreativität und ganz allgemein die geistige Frische verbessern sich deutlich. Dann zu schlafen, wenn das Bedürfnis dazu da ist und nicht, wenn einem während einer wichtigen Tätigkeit die Augen zufallen, ist die Devise. Heutzutage kommt es beim Einzelnen ja oft nicht mehr so sehr darauf an, wie viel er arbeitet, sondern welches Ergebnis dabei herauskommt: Qualität vor Quantität. Hoffen wir also, dass sich die Bedeutung des Mittagsschlafs weiter herumspricht. Berühmte Vorreiter und Fürsprecher dieser Idee waren übrigens neben Albert Einstein u. a. auch Winston Churchill und Konrad Adenauer. Auch Michael Schumacher schwört darauf, sich bei Bedarf kurz aufs Ohr zu legen.

Auch wer nachts nicht durchschlafen konnte und daher unter einem Schlafdefizit leidet, benötigt dringend eine Auszeit. Wenn man dann noch bedenkt, dass durch eine halbstündige Entspannungsphase der Schlafbedarf um ca. zwei Stunden reduziert werden kann, spricht wirklich nichts mehr gegen ein kurzes Nickerchen. Und wer Probleme hat, tagsüber zu schlafen, dem sei gesagt, dass auch eine Muskelentspannung verlorengegangene Kräfte zurückholt. Schauen Sie doch noch einmal bei den Entspannungsmethoden nach. Ob Sie sich bequem im Bürostuhl räkeln oder auf den Boden legen, bleibt Ihnen überlassen. Gerne können Sie im Hintergrund auch beruhigende Musik laufen lassen, und selbstverständlich dürfen Sie auch an etwas Schönes denken.

Tipp

Um nicht länger als eine halbe Stunde wegzutreten, können Sie vor Beginn auch eine Tasse Kaffee oder etwas anderes koffeinhaltiges zu sich nehmen. Koffein wirkt nämlich erst nach 30 Minuten. So benötigen Sie keinen Wecker und müssen auch nicht ständig auf die Uhr gucken, was die erholsame Wirkung weitgehend zunichte machen würde.

!

INTELLIGENZ ALLGEMEIN

»Versuch macht klug.«
»Fragen macht klug.«
»Umgang mit Leuten macht klug.«
(Deutsche Sprichwörter)

Definition

Wer an Gehirntraining oder -jogging denkt, erwartet davon in erster Linie eine Steigerung seines geistigen Potentials und damit der Intelligenz. Was also hat es mit diesem abstrakten Begriff auf sich? Ist Intelligenz wirklich so wichtig und bedeutend oder kann man auch als »Durchschnittsdenker« ein glückliches und zufriedenstellendes Leben führen?

Intelligenz stammt vom lateinischen *intelligenzia* ab, was soviel wie Einsicht, Verstand oder Vorstellung bedeutet. Man kann auch sagen, es geht darum, Objekte wie Lebewesen, aber auch Gegenstände zueinander in Beziehung zu bringen. Letztendlich soll uns Intelligenz dazu befähigen, zu lernen und Erfahrungen zu sammeln, damit wir uns in konkreten Situationen erfolgsversprechend verhalten. Eine schnelle Auffassungsgabe zum Treffen der richtigen Entscheidung ist hierbei maßgeblich. Oft wird in der Gesellschaft auch alles, was uns beruflich wie privat weiterbringt, als Intelligenz bezeichnet.

Die Psychologie sieht den Begriff etwas enger und spricht davon, Kenntnisse und Einsichten zu erwerben und auf neue Situationen anzuwenden. Dies wird auch experimentell untersucht. Uneinig ist man sich darüber, ob die Labortests auch dem Alltagsleben gerecht werden. Sind die überprüften Fähigkeiten wirklich die Voraussetzungen, um Informationen zielgerichtet verarbeiten und anwenden zu können? Ebenso ist unklar, ob die Intelligenz weiter aufgegliedert werden muss. Eine weitere Definition lautet nämlich, dass Intelligenz die Summe spezieller Fähigkeiten ist, die in einer spezifischen Situation zum Tragen kommen.

Intelligenz gilt als höchste Errungenschaft der Evolution. Sie zeigt sich nicht nur im Erfindungsgeist des Menschen, sondern auch in so einfachen Dingen, wie über einen Witz lachen zu können.

Kann Intelligenz vererbt werden? Dann müssten schlaue Eltern auch immer schlaue Kinder haben. Doch das ist offensichtlich nicht der Fall. Die Umweltfaktoren, das soziale Umfeld und weitere äußere Einflüsse tragen in wesentlich stärkerem Maß zur Entwicklung eines Kindes bei. Eine anregende Umgebung und vielfältige Erlebnisse sind daher wichtig. Dann kann auf dem bereits zur Geburt vorhandenen Potential aufgebaut werden. Gerade die ersten Jahre spielen bei der Entwicklung eines Kindes und seiner Kommunikationsfähigkeit eine entscheidende Rolle, denn bis einschließlich zum sechsten Lebensjahr finden noch Zellumgruppierungen im Gehirn statt. Zwar beginnt die Sammlung eines Erfahrungsschatzes bereits vor der Geburt, doch bleiben daran nicht allzuviele Erinnerungen übrig. Lernen und Erinnern ist zwar grundsätzlich schon beim Säugling möglich, doch verursacht das Umfunktionieren der Gehirnstruktur ein großmaßstäbliches Löschen von Informationen und ein Beseitigen von Zugriffsmöglichkeiten, da auch die dazu notwendigen Reize »vergessen« werden. Oder können Sie sich an viele Erlebnisse aus Ihrer frühesten Kindheit erinnern? Mit zunehmendem Alter festigt sich dann das Gedächtnis und der Jugendliche/junge Erwachsene wird somit in die Lage versetzt, eigene unabhängige Entscheidungen zu treffen.

Manche Wissenschaftler gehen davon aus, dass einige Teilaspekte der Intelligenz durchaus genetisch bedingt sein können, z.B. die Verarbeitungsgeschwindigkeit im Gehirn. Diese Faktoren treten allerdings erst im Erwachsenenalter zutage, wenn die Entwicklung weitgehend abgeschlossen ist.

Letztendlich eröffnet eine hohe Intelligenz sicher weitaus mehr Möglichkeiten, doch muss man auch die Willensstärke und charakterliche Eignung dafür aufbringen, das vorhandene Potential umzusetzen.

Aspekte der Intelligenz

Laut dem amerikanischen Psychologieprofessor Howard Gardner verfügt jeder Mensch über zumindest sieben Aspekte von Intelligenz, die allerdings individuell unterschiedlich stark ausgeprägt sind. Diese hat er aus verschiedenen Quellen abgeleitet:

- Bei der Entwicklung vom Neugeborenen zum Erwachsenen durchläuft der Mensch verschiedene Entwicklungsstufen, in denen einzelne Fähigkeiten besonders stark hervortreten.
- Auch das Lernvermögen ist während dieser Zeit starken Schwankungen unterworfen.
- Die Bedeutung einzelner Fähigkeiten in diversen Kulturen ist ebenfalls zu berücksichtigen.
- Die Evolution des Menschen zeigt gleichfalls genau auf, was uns als vernunftbegabte Wesen gegenüber anderen Lebewesen auszeichnet.

Damit kam Howard Gardner dann zu folgenden Kriterien für Intelligenz: Über **Sprache** verfügen alle Menschen unabhängig von ihrer Kultur. Bei Schriftstellern, Dichtern und Rednern ist diese Fertigkeit und die Liebe zu ihr in besonderem Maße vorhanden. Ausdrucksfähigkeit ist ein besonderes Merkmal dieser Intelligenz.

Beispiel

William Shakespeare gilt als bedeutendster Dramatiker der Weltliteratur. Leider gibt es kaum biografische Aufzeichnungen über ihn. Er wurde aber vermutlich am 23.4.1564 in Stratford-upon-Avon (Warwickshire) geboren. Sein Vater war der Tuchhändler John Shakespeare, während seine Mutter Mary Arden dem römisch-katholischen Landadel entstammte. Nach Besuch der örtlichen Lateinschule heirate er 1582 Anne Hathaway, mit der er drei Kinder zeugte. Schließlich zog es ihn nach London, wo er als Schauspieler und Bühnenautor arbeitete. Dort muss ihm etwa 1592 der 3. Earl of Southampton, Henry Wriothesley über den Weg gelaufen sein. Seinem langjährigen Förderer widmete er einige Epen und Sonnete. Letztere führten zu einem neuen Höhepunkt dieser Dichtungsform. Seine Werke wurden insbesondere am königlichen Hof sehr oft aufgeführt. 1594 wurde Shakespeare Mitglied in der Theatertruppe The Lord Chamberlain's Men, den späteren King's Men. Später beteiligte er sich am Globe Theatre und am Blackfriars Theatre. Vermutlich 1613 zog er sich dann aus dem Theatergeschäft zurück. Am 23.4.1616 starb er. Auf das Ausmaß seines Schaffens kann an dieser Stelle nicht näher eingegangen werden.

Ebenso weit verbreitet ist die **logisch-mathematische Intelligenz**. Sie zeigt sich sowohl im Rechnen als auch in der Fähigkeit, Zusammenhänge und grundlegende Prinzipien zu erkennen. Nicht nur Mathematiker sind hierin besonders begabt, sondern auch Naturwissenschaftler und Philosophen.

Beispiel

Carl Friedrich Gauß zählt nicht nur in Deutschland zu den größten Genies. Am 30.4.1777 in Braunschweig zur Welt gekommen, verblüffte er schon in frühen Jahren seine Eltern und Lehrer. Bereits im Alter von drei Jahren konnte er besser rechnen als sein Vater. Bekannt wurde insbesondere seine Lösung des Problems, die Zahlen von 1 bis 100 zu addieren, die er im Alter von neun Jahren in der Schule präsentierte. Der Mathematiklehrer hatte diese gestellt, um seine Schüler über längere Zeit zu beschäftigen. Gauß

fasste jedoch einfach die Zahlen 1 und 99, 2 und 98 usw. zu jeweils 100 zusammen und summierte noch die 50 und die 100 dazu. So kam er blitzschnell auf die Lösung 5050. Sein großes Talent wurde daraufhin erkannt und in der Folge arbeitete er intensiv mit dem Assistenten Martin Bartels zusammen. Dieser stellte ihn auch dem Herzog Carl Wilhelm Ferdinand von Braunschweig vor, der seine weitere Ausbildung finanzierte. Schließlich kam er auf die Universität Göttingen, wo er zunächst alte Sprachen studierte. Mit 17 Jahren löste er das klassische Problem, wie man eine siebenseitige Form mit Lineal und Zirkel konstruieren kann. Ihm gelang nicht nur der Beweis, sondern eine Erweiterung auf andere Seitenzahlen. Nun wendete er sich komplett der Mathematik zu. Seine Doktorarbeit, in der er nachwies, dass jede algebraische Gleichung über mindestens eine Lösung oder Wurzel verfügt, führte 1801 zu seinem ersten bedeutenden Standardwerk, den »Untersuchungen zur Arithmetik«. Ebenso faszinierte ihn aber auch die Astronomie. Er berechnete die Umlaufbahn des Planetoiden Ceres aus alten Beobachtungsdaten, sodass er wieder aufgefunden werden konnte. 1807 wurde er sowohl Professor für Mathematik an der Universität Göttingen als auch Direktor des lokalen Observatoriums. Diese Stellungen behielt er bis zu seinem Tod am 23.2.1855 bei. Sein Lebenswerk ist kaum zu überschauen, da er sich mit sämtlichen Bereichen der Mathematik und Physik beschäftigte.

Das **räumliche Vorstellungsvermögen** spielt sich nicht nur im Kopf ab. Es hilft uns auch im Alltag bei jeder Form der Orientierung. Architekten und Kartografen benötigen dies besonders intensiv, ebenso Künstler wie Bildhauer und auch Schachspieler.

Beispiel

Pablo Picasso, bürgerlicher Name Pablo Ruiz y Picasso, spanischer Maler, Grafiker und Bildhauer, kann als Begründer vieler moderner Stilrichtungen gelten. Unglaublich ist auch sein Lebenswerk von fast 20 000 Kunstobjekten. Er erblickte am 25.10.1881 das Licht der Welt. Noch bevor er sprechen konnte, drückte er seine Wünsche anhand kleiner Zeichnungen aus. Mit vier Jahren verblüffte er seine Umgebung mit Scherenschnitten. Die Bilder, welche er im Alter von acht Jahren produzierte, wiesen bereits ein erstaunliches räumliches Verständnis auf. Schon mit 15 Jahren kam er daher auf die Kunstschule La Lonja in Barcelona und absolvierte 1897 auch die Academia San Fernando in Madrid. Nun konnte

ihm niemand mehr etwas beibringen und folgerichtig zog er mit 19 Jahren nach Paris, wo er von seinen Arbeiten gut leben konnte. Er malte bis zu drei Bilder pro Tag. Seine weitere Entwicklung führte zu Kubismus, Neoklassizismus und Surrealismus. Dabei war er immer Vorreiter für andere. 1961 verlegte er mit seiner Frau Jacqueline Roque seinen Wohnsitz nach Mougins in Südfrankreich. 1963 wurde zu seinen Ehren in Barcelona das Museo Picasso eröffnet. Als erster Künstler wurde er bereits zu Lebzeiten mit einer Werkschau im Louvre in Paris geehrt, und zwar zum Anlass seines 90. Geburtstags. Am 8.12.1973 verstarb er. Ein Großteil seines Schaffens ist im 1985 eröffneten Musée Picasso in Paris zu entdecken.

Unter **körperlich-kinästhetischer Intelligenz** versteht man die Fähigkeit, sich sein Leben lang an Bewegungen zu erinnern. Wer einmal gelernt hat, wie man läuft oder Fahrrad fährt, verlernt dies nie wieder. Aber auch ein Instrument spielen zu können fällt in diesen Bereich. Geschicklichkeit und alles, was Kontrolle und Koordination von Bewegungen verlangt, sind weitere Aspekte. Sportler, Artisten, Tänzer und Schauspieler zeichnen sich durch ein besonders hohes Maß dieses Intelligenzfaktors aus.

Beispiel
Harry Houdini, eigentlich Erich Weiss, erlangte Weltruhm als Zauberer und Entfesslungskünstler. 1874 in Budapest geboren, zog er schon bald mit seinen Eltern in die Vereinigten Staaten. Diese ließen sich in Appleton (Wisconsin) nieder. 1882 hatte er erste Auftritte als Trapezkünstler. Berühmt wurde er aber durch seine Zauberkunststücke und Entfesslungstricks. So konnte er sich, am ganzen Körper gefesselt, in einen mit Stahlbändern umgebenen und verschlossenen Koffer gepackt, der ins Hafenbecken von New York getaucht wurde, bereits nach knapp einer Minute befreien und auftauchen. Seine Verdienste für die Nachwelt beruhen u. a. auf seinen Aufzeichnungen über magische und spiritistische Phänomene. Er selbst führte seine Tricks immer auf naturwissenschaftliche Grundlagen zurück, die er auch veröffentlichte. Seine umfangreiche Bibliothek des Magischen erhielt nach seinem Tod 1926 die Kongressbibliothek in Washington.

Die **musikalische Intelligenz** schließlich macht es erst möglich, ein Gefühl für Töne, Harmonien, Rhythmen und Melodien zu entwickeln. Bei Menschen diesen Typs ist das Gehör besonders ausgeprägt und versetzt diese in die Lage, auch experimentell mit Musik umzugehen. Auch das Komponieren von Musikstücken fällt also in diesen Bereich. Komponisten, Dirigenten und Musiker sollten reichlich musikalische Intelligenz besitzen.

Beispiel

Niccolò Paganini, italienischer Wundergeiger und Komponist, wurde 1782 in Genua geboren. Das Violinspiel brachte er sich zum größten Teil selbst bei. Bereits im Alter von neun Jahren absolvierte er erste öffentliche Auftritte; mit 13 hatte er bereits den Ruf eines Wunderkinds und machte eine Tournee durch mehrere Städte der Lombardei. Seine technische, bis dahin unerreichte Brillanz versetzte immer wieder große Teile des Publikums in Staunen und Verzücken. Auch heute noch gilt er als größter Geiger aller Zeiten. 1805 bis 1810 arbeitete er als Violinist und Hofkapellmeister bei der Fürstin von Lucca und Schwester Napoleons, Maria Anna Elisa Bacciocchi. Dies war seine erste und einzige feste Anstellung. Danach begann er mit Reisen durch ganz Italien. 1828 kam er auch nach Wien, wo ihn der österreichische Kaiser mit dem Titel eines Kammervirtuosen auszeichnete. 1831 besuchte er Paris und London. 1840 verstarb er. Bis zu seinem Tode hat er neben seinen Auftritten 24 Capricen für Violine solo sowie zahlreiche Konzerte und Sonaten verfasst.

Aus dem Bereich der **emotionalen Intelligenz**, auf den ich noch im weiteren Verlauf zu sprechen komme, fügt Gardner noch an: Der Zugang zum eigenen Gefühlsleben und deren Analyse sorgt dafür, dass wir uns selber unter Kontrolle bringen und »sachliche« Entscheidungen treffen können, die nicht von den Emotionen diktiert werden. Außerdem können wir auf diesem Wege am ehesten ermitteln, was uns Spaß macht und damit motiviert, und so unseren zukünftigen Lebensweg erkennen. Insofern sollte jeder Mensch zumindest über grundlegende Fähigkeiten auf diesem Gebiet verfügen. Ein Beispiel hierfür kann aus verständlichen Gründen nicht angegeben werden. Jedoch sollten auch Sie sich bemühen, es auf diesem Gebiet zur Meisterschaft zu bringen, denn es ist die Voraussetzung dafür, selbst die richtige Balance und damit den Bezug zum Leben herzustellen.

Nur mit genügend **Einfühlungsvermögen** kann eine gesunde, konfliktfreie Zusammenarbeit entstehen. Wer unterschiedliche Temperamente und Stimmungen versteht, kann andere auch viel leichter überzeugen und zur Realisierung eigener Ideen einspannen. Denn damit ist ein angepasstes Verhalten möglich. Politische und religiöse Führer aber auch Psychiater profitieren insbesondere von entsprechenden Kenntnissen.

Beispiel

Agnes Gonxha Bojayhio, auch Mutter Teresa genannt, wurde am 27.8.1910 in der albanischen Stadt Skopje geboren. Ihr Vater war Bauunternehmer, sodass Sie in vergleichsweise wohlhabenden Verhältnissen aufwuchs. Mit 18 Jahren reiste sie nach Irland und trat als Nonne den Schwestern von Loreto bei. Im Mai 1931 nahm sie ihren Ordensnamen Teresa zu Ehren der heiligen Teresa von Ávila an. Nach einem Studium in Dublin und Darjeeling bekam sie eine Stelle als Direktorin einer Missionsschule in Kalkutta. Das erlebte Elend beeindruckte sie so stark, dass sie ihren Job 1948 an den Nagel hängte. Fortan wollte sie sich nur noch den Waisen und Kranken widmen. Dazu gründete sie 1950 in Kalkutta den Orden »Missionaries of Charity« (Missionarinnen der Nächstenliebe) und zwölf Jahre später auch die Leprakolonie »Shanti Nagar« (Stadt des Friedens). 1965 wurde ihr Orden der päpstlichen Kontrolle unterstellt. Heute umfasst er ca. 5000 Mitglieder in 115 Ländern und mehr als 550 Gebäude wie Kliniken, Schulen und Waisenhäuser. Jedes Mitglied verpflichtet sich zu einem Leben in Armut, Ehelosigkeit, zum Gehorsam gegenüber Gott und zum Dienst an allen Hilfsbedürftigen. Mutter Teresa erhielt für ihre selbstlose Tätigkeit 1971 den erstmals verliehenen Friedenspreis des Papstes und 1979 auch den Friedensnobelpreis. Ebenso hoch zu bewerten ist aber auch der vom amerikanischen Kongress 1996 verliehene Ehrenbürgertitel, mit dem sich nur sehr wenige Menschen schmücken dürfen. Im März 1997 erkrankte sie schwer und gab die Leitung des Ordens ab; am 5.9.1997 starb sie in Kalkutta.

Später fügte Gardner dann noch zwei Punkte hinzu:

- Die **naturalistische Intelligenz** bezeichnet das Erkennen und Kategorisieren von Objekten und ist insbesondere für Naturwissenschaftler notwendig.
- Die **existentielle Intelligenz** bewegt sich im Bereich der Philosophie und sollte ebenfalls nicht vernachlässigt werden. Menschen, die über Dinge wie Glaube, Leben und Tod usw. nachdenken, sind auf Ihrem Gebiet ebenfalls als Kapazitäten einzustufen.

Bei den letzten beiden Punkten ist allerdings noch zu ergründen, inwiefern es sich um eigenständige Aspekte handelt bzw. ob nicht vielleicht die sieben erstgenannten Punkte ausreichen. Denn es gibt eine Reihe von Merkmalen, die laut Gardner erfüllt sein müssen:

- Die Entwicklung der Fähigkeit sollte bei allen Menschen in einer festen Rei-

henfolge ablaufen. Kleinkinder beginnen beispielsweise nicht sofort mit dem Laufen, sondern zunächst zu robben und danach zu krabbeln.
- Die spezielle Fähigkeit sollte einer bestimmten Hirnregion zugeordnet sein. Es soll also Schädelverletzungen geben, die nur diese außer Kraft setzen, ohne andere zu beeinflussen. Das trifft z. B. auf die körperlich-kinästhetische Intelligenz zu. Ein Schlaganfall kann zu einem Ausfall gewisser motorischer Möglichkeiten führen, ohne dass die Person in anderer Weise beeinträchtigt wird.
- Es muss Genies auf jedem der Gebiete geben, die in anderen Bereichen maximal durchschnittlich abschneiden. Tatsächlich gibt es mathematisch besonders begabte Menschen, die unglaublich schnell komplizierte Berechnungen durchführen können, sonst aber als schwachsinnig einzustufen sind (die sogenannten »Idiot-Savants«). Auch einige Musiker und Sportler sind eher einseitig orientiert.
- Natürlich muss auch mit Aufgaben aus diesem abgegrenzten Gebiet statistisch nachgewiesen werden können, dass es deutliche Leistungsunterschiede zwischen verschiedenen Personen gibt.

Generell wird Intelligenz in kristallisierte und flüssige Intelligenz unterteilt. Außerdem gibt es noch die bereits erwähnte emotionale Intelligenz. Aus Vergleichsgründen hat man hierzu auch den Intelligenzquotienten (IQ) und den emotionalen Quotienten (EQ) entwickelt. Künstliche Intelligenz (KI) nimmt eine Sonderstellung ein und wird in diesem Buch nicht näher betrachtet.

Kristallisierte Intelligenz
beinhaltet alle Erfahrungen und Erkenntnisse, die der Mensch bis zu dem spezifizierten Zeitpunkt in seinem Leben gesammelt hat. Ebenso trägt auch der Wortschatz, erworbenes Wissen und dessen Verständnis zur kristallisierten Intelligenz bei. Aber erst durch deren Anwendung beweist man wahre kristallisierte Intelligenz. Daran sollte sich jegliche Form von Bildung orientieren.

Kristallisierte Intelligenz erwirbt man durch die Auseinandersetzung mit (neuartigen) Problemen und Herausforderungen. Die dabei entwickelten Fertigkeiten und Strategien sind ein wichtiger Bestandteil von ihr.

Kristallisierte Intelligenz ergibt sich aus den Lernerfahrungen des Einzelnen in seiner Umwelt. Ansonsten ist sie von außen kaum beeinflussbar. Selbst Drogen und Medikamente bewirken keine merkliche Verringerung. Auch im Alter bleibt sie weitgehend erhalten; wenn die entsprechende Person geistig rege bleibt, steigt sie sogar oft noch an. Allerdings lässt sie sich kaum trainieren. Wer ein aufregendes und abwechslungsreiches Leben führt, wird im Laufe der Zeit aber immer wieder neue Erkenntnisse gewinnen können.

Flüssige Intelligenz
besteht aus den Komponenten Geschwindigkeit des Erfassens und Lernens, Gegenwartsdauer und Gedächtniszugriff bzw. Verarbeitungsgeschwindigkeit. Auch abstraktes und inhaltsübergreifendes Denken fällt in diese Kategorie. Somit hängt der gesamte Entscheidungsprozess, auch unter Druck, und der flexible Umgang mit ungewohnten Situationen von ihr ab. Dazu ist es notwendig, auch schnell auf gespeicherte (gelernte) Informationen zurückzugreifen und diese flott und effizient zu verarbeiten. Auch hier müssen Sie danach aber erst mal ins Handeln kommen!

Flüssige Intelligenz ist eine wesentliche Voraussetzung für den Erwerb kristallisierter Intelligenz. Insofern sollte diese auf keinen Fall vernachlässigt werden. Jedoch ist sie zum Teil auch abhängig von genetischen Rahmenbedingungen, die wir nicht beeinflussen können. Da sie zudem äußerst störanfällig ist, ist ein sorgfältiger Umgang mit Alkohol und Medikamenten geboten.

Es wird oft behauptet, dass dieser Teil der Intelligenz im Alter abnimmt, was auch mit entsprechenden Studien belegt wird. Tatsächlich tritt dieser Effekt jedoch außer bei gesundheitlichen Störungen und Gehirnerkrankungen nur dann auf, wenn nicht mehr genügend Anregungen und Herausforderungen vorhanden sind.

Dem kann durch regelmäßiges Training, wie mit den Aufgaben in diesem Buch, vorgebeugt werden. Oft ist dadurch sogar eine Verbesserung um 10 bis 15 Punkte in IQ-Tests in wenigen Wochen möglich. Auch lautes Sprechen und Bewegung bei denkintensiven Prozessen tragen in ähnlichem Maße zur Intelligenzsteigerung bei. (Sie sollten allerdings nicht erwarten, dass sich alle drei Dinge einfach addieren lassen; Sie dann also von »Otto-Normaldenker« zum Genie werden!) Und natürlich sollten wir eine gesunde Lebensweise beibehalten bzw. entwickeln und unsere Energie sinnvoll einsetzen.

Emotionale Intelligenz
basiert nicht direkt auf dem Gehirnleistungsvermögen. Daher wird sie oft vernachlässigt. Ebenso wichtig im Leben, wie schlau zu sein, ist es aber auch, seine Ideen verständlich und überzeugend zum Ausdruck bringen zu können. Hierzu ist neben der Bereitschaft zur Kommunikation auch ausreichendes Einfühlungsvermögen und soziale Kompetenz notwendig, um die Gedanken und Gefühle sowie Motive und Absichten anderer besser zu erkennen und zu durchschauen. Persönlichkeit, Auftreten, Charisma und Durchsetzungsvermögen fallen gleichfalls in den Bereich emotionale Intelligenz. Motivation, Geduld, diszipliniertes

und beherrschtes Vorgehen sowie Belastbarkeit tragen das Ihre dazu bei. Ebenso müssen Enttäuschungen überwunden und die eigene Stimmung kontrolliert werden, um handlungsfähig zu bleiben. Denn auch rationale Entscheidungen basieren zu einem viel größeren Teil auf Gefühlen, als man zunächst denkt. Ohne Emotionen fehlt hingegen die Grundlage, welcher Weg der richtige ist. Selbständiges, unbeeinflusstes Handeln ist somit nicht mehr möglich. Dies erkannte bereits 1920 Edward Thorndike, der von »sozialer Intelligenz« sprach. Inzwischen stellte man fest, dass ein großer Zusammenhang zwischen dieser und der »verbalen Intelligenz« besteht, wie sie in »herkömmlichen« IQ-Tests gemessen wird. Ein großer Wortschatz trägt eben im Allgemeinen auch dazu bei, sich besser und verständlicher ausdrücken zu können.

Eine Einteilung dieser vielen Punkte haben bereits die »Erfinder« des Begriffs »emotionale Intelligenz«, Peter Salovey und John Mayer, 1990 vorgenommen:

- Die Kenntnis der eigenen Emotionen ist die wesentliche Grundlage. Nur wenn wir diese wahrnehmen, können wir auch darauf reagieren und behutsam steuernd eingreifen.
- Auch müssen wir lernen, mit unseren Emotionen umzugehen. Gerade auf negative Gefühle wie Schmerz, Trauer und Angst sollten wir gezielt Einfluss nehmen können. Wir dürfen uns von diesen keinesfalls überwältigen lassen.
- Gefühle sollten wir auch ausleben und nicht verstecken. Sie geben uns die Kraft dazu, aktiv zu werden, und vieles in die Tat umzusetzen. Auch unsere Motivation lässt sich über sie besser aufrechterhalten.
- Unter Empathie versteht man das Vermögen, sich auch in fremde Personen einfühlen zu können. Sie erkennen dann anhand versteckter Signale eher, ob es jemand gut mit Ihnen meint und ob er die Wahrheit spricht. Ein guter Teil der Menschenkenntnis ergibt sich über diesen Weg.
- Dauerhafte Beziehungen basieren auf dem vorhergehenden Punkt, denn ohne gegenseitiges Verständnis wird es kaum dazu kommen. Auch langjährige Geschäftspartner verstehen sich oft ohne viele Worte.

In Firmen wird bei der Besetzung von Führungspositionen inzwischen viel mehr auf »Assessment-Centers« zurückgegriffen als auf das rein persönliche Gespräch. Hier testet man das Verhältnis zu Chefs wie zu Untergebenen und auch Initiative und Zusammenarbeit sowie Teamfähigkeit. Auch müssen unterschiedlichste Aufgaben unter Zeitdruck gelöst werden. Wer sich dann nicht im Griff hat, gerät unter Stress, was sein Urteilsvermögen beeinträchtigt. Führungsfähigkeiten und Durchsetzungsvermögen werden ebenfalls positiv vermerkt. Manager und alle in hohen Positionen befindlichen Personen werden bei vielen Unternehmen zudem regelmäßig geschult, um im Umgang mit Geschäftspartnern eine gute Figur abzugeben und die Interessen ihres Arbeitgebers auch vertreten zu können. Selbständige und Freiberufler sind dazu angehalten dasselbe zu tun. Die dadurch erworbene Sozialkompetenz hilft auch privat, insbesondere bei der Vermeidung von Missverständnissen, weiter.

Nur wenn wir in der Lage sind, unsere Gefühle im Zaum zu halten, können wir auf Dauer erfolgreich sein! Voraussetzung dafür ist jedoch erst einmal, die eigenen Emotionen richtig wahrzunehmen. Negative Empfindungen wie Sorgen, Angst, Ärger oder Wut sollten nicht die Überhand gewinnen. Das befähigt uns dann zunächst, uns selbst zu erkennen. Damit sind wir auch in der Lage, sensibel und kommunikationsfreudig mit anderen umzugehen. Diese Eigenschaften lassen sich bereits in der Kindheit entwickeln und trainieren, wenn die Eltern genügend Freiräume zulassen und das Selbstbewusstsein ihrer Sprösslinge stärken. Sie bleiben dann im Allgemeinen auch im Erwachsenenalter erhalten.

Nicht jeder Mensch kommt aber mit genügend Offenheit auf die Welt oder entwickelt diese, um sich in andere hineinzuversetzen. Er erkennt dann oft nicht, welches die Motive für das Handeln anderer Personen sind. Deren Absichten und Gefühle bleiben ihm völlig verborgen. Dann passiert es nicht selten, dass er sich in den sprichwörtlichen Fettnapf begibt und andere vor den Kopf stößt. Auch mangelt es ihm an der nötigen Rücksicht.

Ebenso gibt es auch Personen, die schon häufig unliebsame Erfahrungen mit Mitmenschen gesammelt haben und sich daher lieber in ihre Höhle zurückziehen, in der sie sich sicher fühlen. Sie haben oft Angst, mit Fremden in längerwährende Beziehungen, egal ob beruflicher oder privater Natur, zu treten. Daraus ergibt sich dann ein allgemeines Desinteresse an anderen.

Was kann man in solchen Fällen tun?

Es macht keinen Sinn, einen Menschen komplett umformen zu wollen. Er wirkt dann nicht mehr authentisch und wird unglücklich. Lassen Sie ihm seine Sichtweise und helfen Sie ihm lieber dabei, etwaige Kontaktschwierigkeiten zu beseitigen. Drängen Sie ihn aber nicht sofort dazu, sich vollständig zu öffnen, weil ihn das eher abschrecken wird. Gehen Sie behutsam vor, um die neuen Fähigkeiten langsam und vorsichtig zu entwickeln. Denn es gibt grundsätzlich zwei Typen von Menschen:

- Der **Extrovertierte** kommt gerne aus sich heraus und misst anderen einen hohen Grad an Bedeutung zu. So kommt er natürlich auch schnell zu einem vielversprechenden Kontakt.

- Der **Introvertierte** dagegen orientiert sich stark an seinem eigenen Denken und Fühlen. Er betrachtet seine Weltanschauung als objektiv und ist daher weniger an der Meinung anderer interessiert. Das stempelt ihn aber noch lange nicht zum Egoisten ab. Meistens ist ihm sein Verhalten, welches von anderen oft auch als arrogant betrachtet wird, eben gar nicht bewusst.

Dass der Begriff »Intelligenz« im Bereich des Sozialen und Emotionalen nicht ganz von der Hand zu weisen ist, beweisen Untersuchungen von Hirnforschern an Unfallopfern. Gerade wenn der vordere Bereich des Gehirns betroffen war, erlitten sie einen starken Persönlichkeitswandel. Ihr Bezug zu sich selbst, aber auch ihr Verhalten änderte sich radikal. Nicht selten reagierten sie auf alltägliche Ereignisse aggressiv oder euphorisch oder verfielen in unangebrachte Hektik. Im Gegensatz dazu stehen die Fälle, welche sich abkapselten, jegliches Interesse verloren und apathisch vor sich hin dämmerten. Hirnerkrankungen wie Alzheimer beeinträchtigen dagegen sehr schnell sprachliche und logische Fähigkeiten, lassen den Menschen aber sozial unverändert. Offenbar gibt es also auch für Emotionen und Gefühle einen Sektor im Gehirn, der diese verarbeitet und auswertet. Somit handelt es sich also auch um einen Aspekt der Intelligenz.

Nichtsdestotrotz bedeutet ein hohes Maß an emotionaler Intelligenz nicht automatisch, dass eine entsprechend befähigte Person auch moralisch hochstehend handelt. Es kann durchaus vorkommen, dass ihr Wertesystem nicht dem entspricht, was wir als positiv betrachten.

Sexuelle Intelligenz

Dieser Begriff wurde bereits Anfang der Achtziger geprägt, ist aber seit kurzem verstärkt in die Schlagzeilen gerückt. Dabei geht es grundsätzlich um das Vermögen, eine erfüllte Beziehung zu führen.

Hierbei stellt sich die Frage, ob das wirklich etwas mit Intelligenz zu tun hat, ja, vielleicht sogar ein eigener Intelligenzfaktor ist. Der Begriff Sexuelle Intelligenz stammt aus den USA. Dort wird sogar ein sogenannter SIQ (Sex-Intelligenzquotient) ermittelt, mit dem der Grad an sexueller Befriedigung gemessen werden soll. Doch dieser ist stark von den persönlichen Meinungen und Vorlieben des jeweiligen Konstrukteurs abhängig. Außerdem gibt es einen monatlich erscheinenden Newsletter zu diesem Thema. Typisch amerikanisch, könnte man sagen. Kaum rückt die Intelligenz mal wieder in den Mittelpunkt des Interesses, muss natürlich alles auf diese Weise erklärt werden.

Die Autoren des Buchs »How to boost your Sex IQ«, die beiden Psychologieprofessoren Sheree Conrad und Michael Milburn aus Boston, sehen als Grundvoraussetzung eine ausgewogene Kombination von Wissen, Kenntnis der eigenen, oft versteckten, Wünsche und Erwartungen sowie der Fähigkeit, diese auch kommunizieren zu können. Um herauszufinden, ob sich eine Partnerschaft lohnt, sollten zunächst einige Punkte geklärt werden. Dazu gehört u. a., wie ehrlich und realistisch ich die Situation einschätze, ob sie wirklich meinen Wünschen und Vorstellungen entspricht und ob ich durch sie nicht mehr kaputt mache als aufbaue. Nur dann kann sie mich auf Dauer befriedigen. Doch viele langwährende Beziehungen basieren gar nicht auf Sex, sondern mehr auf Zuneigung und Respekt für den anderen. Und zwischen Theorie und Praxis klafft gerade beim Sexualverhalten eine riesige Lücke. Intelligenz ist aber immer das Verhalten bzw. die Anwendung erfolgversprechender Strategien und nie allein graue Theorie.

Sexprobleme gibt es allerdings wirklich genug. Viele basieren auf organischen Ursachen, doch manchmal macht auch die persönliche Einstellung Schwierigkeiten. Psychotherapeuten auf der ganzen Welt befassen sich mit diesem Komplex.

Aus diesem Grund soll jeder, der gewisse Tipps beherzigt, schneller seine persönliche Erfüllung finden. Doch wird hier nicht einfach wieder einmal etwas Selbstverständliches und Altbekanntes in neue Worte verpackt, um besser verkauft werden zu können? Haben wir das nicht alles schon früher gewusst? Lassen sich Gefühle wirklich von Verstand und Vorschriften kontrollieren? Ist Liebe eine Sache der Intellektualität? Gerade intelligente Menschen scheinen damit die größten Probleme zu haben. Spontanität siegt über zu langes Nachdenken. Oder, wie vom Anglistikprofessor und Buchautor Dietrich Schwanitz völlig zurecht erwähnt: »Sexuell intelligent ist es, die Intelligenz auch mal vergessen zu können.«

Es scheint wesentlich wichtiger zu sein, eine vernünftige sexuelle Aufklärung zu betreiben (in Deutschland wird seit 1968 Sexualkunde unterrichtet) und für mehr Offenheit und Toleranz in diesen Dingen zu plädieren, als zu versuchen, aus irgendwelchen Statistiken althergebrachte Vorurteile und allgemeingültige Regeln zu folgern. So individuell, wie dieses Gebiet ist, so unterschiedlich wird auch der Erfolg bei deren Anwendung ausfallen. Viel aussichtsreicher sind da schon die Komponenten der emotionalen Intelligenz wie z. B. Einfühlungsvermögen, die auch in anderen Lebensbereichen zum Tragen kommen.

Als Hauptargument dafür, dass es sich bei der sexuellen Intelligenz um einen eigenständigen Aspekt handelt, wird angeführt, dass erfolgversprechendes Verhalten erlernt werden kann. Doch ist Intelligenz zwar trainierbar, aber in ihren Grundzügen bereits in jedem Menschen vorhanden. Das trifft auf sexuelle Intelligenz nicht zu; hier soll alles von der Pike auf erlernt werden, was nichts anderes bedeuten würde, als dass eine glückliche Beziehung schwerpunktmäßig von feststehenden Regeln abhängig ist. Eine in unserer westlichen Welt angemessene sexuelle Verhaltensweise kann aber in einem anderen Kulturraum völlig missverstanden werden. Daher halte ich es für etwas vermessen, hier von Intelligenz zu sprechen.

INTELLIGENZFAKTOREN

Neben den verschiedenen Bereichen menschlicher Intelligenz kann man auch noch eine ganz andere Aufteilung vornehmen: Die nach Faktoren, den »Bausteinen« der Intelligenz. Ohne Anspruch auf Vollständigkeit erheben zu wollen, sind die folgenden Punkte sicherlich unverzichtbare Bestandteile:

- **Lernen und Gedächtnis:** Der ganz überwiegende Anteil der kristallisierten Intelligenz ergibt sich erst im Laufe des Lebens. Ständig Neues dazuzulernen ist daher eine wesentliche Grundvoraussetzung für hohe Intelligenz.

Tipp
Am einfachsten kann man sich natürlich Dinge merken, zu denen man einen persönlichen Bezug hat. Abstrakte Begriffe sollten daher erst in einen sinnvollen Zusammenhang zu Bekanntem gebracht werden.

!

- **Erinnern:** Was nützt es, sich Unmengen von Informationen einzuprägen, wenn man im Bedarfsfall nicht darauf zugreifen kann? Für die in jedem Gehirn teilweise bewusst und teilweise unbewusst ablaufenden Verarbeitungsvorgänge ist ein schneller Zugriff unabdingbar.

Tipp
Das Abrufen von Informationen fällt dann am leichtesten, wenn schon beim Einprägen darauf geachtet wurde, möglichst viele Bezugspunkte zu setzen. Mithilfe von Assoziationen findet man dann schnell das Gesuchte.

!

- **Informationsverarbeitungsgeschwindigkeit:** Je schneller, gerade in unvorhergesehenen Situationen, das Gehirn eingehende Reize mit Bekanntem vergleichen und daraus Schlüsse ziehen kann, desto größer ist die geistige Leistungsfähigkeit.

!

Tipp
Hier hilft nur trainieren, trainieren und nochmals trainieren! Aufgaben dazu finden Sie an anderer Stelle in diesem Buch.

↬ **Konzentration und geistige Ausdauer:** Diese beiden Begriffe sind sehr eng miteinander verbunden. Konzentration bedeutet, sich ganz in eine Sache zu versenken und sich von nichts ablenken zu lassen. Konzentration allein reicht jedoch nicht aus, wenn man sie nicht über längere Zeit aufrechterhalten kann. Daher ist geistige Ausdauer mindestens genauso wichtig.

!

Tipp
Auch hier macht das Training sehr viel aus. Neben geistiger Beschäftigung darf aber auch die Entspannung nicht zu kurz kommen!

↬ **Logische Analyse:** Die besten Ergebnisse erzielt, wer sich nicht Hals über Kopf ins kalte Wasser stürzt, sondern erst einmal abwägt, welche Lösungsmöglichkeiten für ein Problem in Frage kommen. Im Endeffekt spart man dadurch viel Zeit.

!

Tipp
»Erst denken, dann handeln!« sollte auch Ihre Maxime sein.

↬ **Organisation, Vorgehensweise und Strategie:** Nach der Analyse sollte man in das Ergebnis erst eine Struktur bringen. Die weiteren Tätigkeiten ergeben sich dann oft zwangsläufig. Wenn Sie einige Ansatzpunkte haben, können Sie oftmals auch eine zumindest ungefähre Richtung einschlagen. Wenn nicht, haben Sie immerhin etwas Neues dazu gelernt und wissen beim nächsten Mal, was Sie zu tun haben.

!

Tipp
Auch wenn Sie die Lösung für ein Problem kennen, sollten Sie zunächst den weiteren Ablauf festlegen!

- **Kreativität und Originalität:** Wo kämen wir hin, wenn immer nur dieselben Gedanken und Ideen auftauchen würden? Eine Weiterentwicklung wäre unter diesen Umständen nicht vorstellbar! Und so ist es vordringlichste Aufgabe unseres Gehirns, aus der Kombination von Bekanntem immer wieder Neues zu erschaffen.

> *Tipp*
> **Kreativität und Originalität entstehen am ehesten, wenn Sie auch im Alltagsleben dazu bereit sind, vieles einmal anders zu tun als gewohnt.**

!

Kreativität ist dabei eher als die Fähigkeit anzusehen, etwas völlig Neues zu erfinden, während Originalität sich auch in Variationen bei der Verwendung bekannter Objekte ausdrückt. Der im Gehirn dazu jeweils ablaufende Prozess ist jedoch vergleichbar.

Geschlechtsspezifische Unterschiede

Wahrscheinlich hat er nirgendwo mehr seine Berechtigung, als bei der Frage des Denkens und der Intelligenz: Der Spruch von den Unterschieden zwischen Mann und Frau. Gerade bei der Lösung abstrakter Aufgaben findet man hier deutliche Differenzen, die auch durch wissenschaftliche Studien sowie durch Untersuchungen an Hochschulen bestätigt wurden. Dabei kann man keinesfalls sagen, dass nun Frauen oder Männer generell intelligenter sind. Vor noch gar nicht so langer Zeit war es allerdings gang und gäbe, dass Frauen aufgrund ihrer emotionaleren Natur als deutlich unterlegen bezeichnet und teilweise sogar als Tiere betrachtet wurden. Inzwischen weiß man, dass beide Geschlechter über unterschiedliche Stärken und Schwächen verfügen, die in der Gesamtbewertung, dem IQ, untergehen. Sie können sich in besonderen Fähigkeiten und Fertigkeiten äußern.

Zwar ist das Gehirn der Frauen im Schnitt kleiner und leichter als das der Männer, dafür weist es aber mehr Querverbindungen auf. Diese Unterschiede entstehen durch hormonelle Differenzen bereits vor der Geburt und sind daher schon im frühesten Kindesalter nachweisbar.

Stärken von Männern

- Männer besitzen meistens das bessere räumliche Vorstellungsvermögen. Insbesondere Aufgaben, bei denen Sie im Geist einen Gegenstand drehen oder spiegeln müssen, gehen ihnen leichter von der Hand. Auch die Auswirkungen von Löchern oder Schnitten in ein gefaltetes Blatt Papier können Sie besser ermitteln. Ebenso werden zweidimensionale Pläne schneller von ihnen überblickt. Dabei hilft es ihnen sicher auch, dass sie Formen und Figuren in einer Vielzahl überlagerter Strukturen schneller erkennen.
- Auch mathematisches Schlussfolgern und höhere Mathematik ist eher eine Domäne der Männer. Man vergleiche zudem den Anteil männlicher Mathematikprofessoren, der sich sicher nicht allein auf Gleichberechtigungsprobleme zurückführen lässt.
- Männer können sich besser orientieren und sich unter Zuhilfenahme eines Plans den Verlauf eines Wegs einprägen. In diesem Zusammenhang lernen Sie auch schneller, d. h. sie produzieren trotz einer geringeren Anzahl von Lerndurchläufen weniger Fehler. Das könnte damit im Zusammenhang stehen, dass sie schneller einfache Formen aus einer Vielzahl von Mustern herausfinden.
- Letztendlich sind auch die motorischen Fähigkeiten bei Männern besser ausgeprägt, wie sie oft bei Sport und Spiel zum Ausdruck kommen. Das Werfen oder Auffangen von Gegenständen fällt in diese Kategorie. Sie haben auch bessere Koordinationsfähigkeiten.
- Die Gehirnstruktur von Männern erlaubt es ihnen auch, sich besser zu konzentrieren. So lassen sie sich nicht so schnell ablenken.
- Männer haben ein kleineres Gesichtsfeld, sehen aber besser in der Tiefe und sind auf Gegenstände fixiert. Auch bei Tageslicht haben sie Vorteile. Die Augen sind ihr bevorzugtes Sinnesorgan.
- Männer sind schmerzunempfindlicher. Dafür nehmen sie aber auch weniger über den Tastsinn wahr.
- Männer sind für Tätigkeiten im technischen Bereich prädestiniert. Auch arbeiten sie gerne allein, z. B. am Computer. In Gruppen wollen sie gerne eine Führungsrolle übernehmen. Das Streben nach Macht beeinflusst dabei ihr Denken.

Stärken von Frauen

- Frauen haben eine insgesamt höhere Wahrnehmungsgeschwindigkeit. Auch erkennen Sie zusammenpassende Objekte wie Bildpaare (Memory) besser.
- Frauen sind sprachgewandter und schlagfertiger (auch wenn viele das nicht wahrhaben wollen – Trauen Sie sich mehr zu, meine Damen!). Das zeigt sich auch,

wenn sie Wörter mit einer bestimmten Eigenschaft, z. B. einem speziellen Anfangsbuchstaben, suchen sollen. Auch in Rechtschreibung und Grammatik verfügen Sie über die besseren Kenntnisse. Sie können sowohl besser und schneller lesen als auch flüssiger reden.
- Frauen rechnen schneller.
- Auch wenn Frauen die schlechtere Orientierung besitzen, können sie sich dafür besser an einzelne markante Punkte erinnern. Fehlende oder neu hinzugekommene Gegenstände werden eher entdeckt. Diese Vorgehensweise bewährt sich auch im Alltag, da sie sich ebenfalls sehr genau merken, wo und in welcher Lage sich ein bestimmter Gegenstand befindet.
- Feinmotorische Aufgaben, die eine hohe Präzision erfordern, können von Frauen besser bewältigt werden, wie etwa das Einstecken von Stiften in die Löcher eines Bretts.
- Frauen sind ausdauernder. Sie erledigen ihre Aufgaben auch genauer.
- Frauen sind feinfühliger und sensibler. Ihre Wahrnehmungen in Bezug auf andere Menschen sind detaillierter und werden besser im Gedächtnis behalten. Um es sich mit anderen nicht zu verderben, reagieren sie toleranter. Sie lächeln oft, auch wenn ihnen nicht dazu zumute ist und sind freundlich auch zu Menschen, die sie eigentlich nicht mögen. Ihre Verbindungen sind intensiver und auf mehr vertrauensvoller Basis. Sie sprechen daher auch eher über persönliche Dinge.
- Frauen haben mehr Fotorezeptoren und sehen daher besser in der Breite (peripher), wobei sie auf Lebewesen fixiert sind. Bei schlechten Lichtverhältnissen sind sie im Vorteil. Dennoch spielen bei ihnen die Ohren eine wichtige Rolle, mit denen sie mehr aus einem Gespräch oder einer Unterhaltung heraushören können.
- Frauen sind empfindsamer; reagieren dafür aber auch heftiger auf Schmerzen.
- Frauen eignen sich besonders für Berufe im sozialen Bereich, in denen sie direkt mit anderen Menschen zusammen kommen. Sie arbeiten lieber gemeinsam und nutzen das Team auch für zwischenmenschliche Kontakte. Beziehungen stehen hierbei im Vordergrund.

Ergänzend möchte ich noch auf zwei Tests eingehen, die mit Personen unterschiedlichen Geschlechts durchgeführt wurden.

Beispiel

Ein auf einer Karte eingezeichneter Weg musste eingeprägt werden. Das ging bei Männern schneller und sie machten auch bei der Überprüfung weniger Fehler. Die Frauen erinnerten sich allerdings im Anschluss an mehr

Details entlang der Wegstrecke. Sie schienen sich also mehr an markanten Punkten zu orientieren als die Männer, die wohl eher an Richtungsänderungen dachten.
Bei dem Versuch, sich Gegenstände und deren Anordnung in einem Raum zu merken, schnitten die Frauen besser ab. Sie konnten im Nachhinein eher erkennen, was versetzt worden war und was nicht. Ebenso konnten sie eine einmal gesehene Anordnung besser nachbauen.

Entwicklung von Mann und Frau

Wenn auch die oben angeführten Unterschiede in frühester Jugend noch nicht so erkannt werden, so sind sie doch bereits vorhanden. Eine Untersuchung von dreijährigen Mädchen und Jungen brachte zum Vorschein, dass auch in diesem Alter das männliche Geschlecht beim spielerischen Treffen eines Ziels dominiert. Dieses Ergebnis ließ sich auch nicht etwa auf besseres Training zurückführen. Und auch bei der (in Gedanken vorgenommenen) Drehung von Objekten konnten bereits vor der Geschlechtsreife eklatante Unterschiede festgestellt werden.

Wann beginnt diese Entwicklung und Ausbildung der Unterschiede? Schon vor der Geburt bei der Entwicklung des Kindes im Mutterleib treten erste hormonelle Differenzen durch den Einfluss von Östrogenen und Androgenen, den weiblichen und männlichen Sexualhormonen, auf. Der Embryo an sich ist mit je zwei Wolffschen und zwei Müllerschen Gängen zunächst einmal geschlechtsneutral angelegt und seine Geschlechtsorgane bilden sich erst in einer späteren Phase der Entwicklung heraus.

Der wesentliche genetische Unterschied zwischen Mann und Frau besteht darin, dass Erstgenannter über ein X- und ein Y-Chromosom verfügt, während es bei Letzterer zwei X-Chromosomen sind. Beim männlichen Embryo bilden sich dann im Verlauf des zweiten Monats die Hoden heraus, der erste maßgebliche Schritt zum Mann. Die Hoden beginnen dann sofort mit der Produktion männlicher Hormone. So führt das ausgeschüttete Testosteron zur Umwandlung der Wolffschen Gänge in Samenleiter und -blase. Nachdem es dann in Dihydrotestosteron umgewandelt wurde, trägt es außerdem noch zur Entstehung von Hodensack und Penis bei. Dagegen bewirkt das Anti-Müller-Hormon eine Rückbildung der Müllerschen Gänge, die sich ansonsten zu Eileiter und Gebärmutter entwickelt hätten. Die Grundform des menschlichen Körpers ist ansonsten der weibliche Organismus, der sich herausbildet, wenn männliche Hormone fehlen oder nicht in ausreichendem Maß zur Wirkung kommen. Dieses Prinzip gilt auch für andere Säugetiere.

Die Sexualhormone haben aber auch einen starken Einfluss auf die Entwicklung des Gehirns und damit indirekt auch auf die damit verbundenen Verhaltensweisen. Direkte Versuche am Menschen verbieten sich selbstverständlich; aber Ratten mit männlichen Geschlechtsteilen, bei denen man bereits kurz nach der Geburt die Ausschüttung von Androgenen durch Kastration oder Gegenmittel stoppte, zeigten weniger männliche, dafür aber mehr weibliche Verhaltensweisen.

Während unter normalen Bedingungen beim Männchen die Herausbildung männlicher Geschlechtsmerkmale größtenteils schon vor der Geburt stattfindet, werden die weiblichen erst nach der Geburt zurückgebildet. Beim zuletzt genannten Prozess verrichtet ausgerechnet das »weibliche« Hormon Östrogen die Hauptarbeit. Das Weibchen selber schützt sich wohl mit einer Alpha-Fetoprotein genannten Substanz vor den Auswirkungen. Ist die Maskulinisierung oder Feminisierung dann abgeschlossen, erzielt die Verabreichung von Hormonen keine entsprechende Wirkung mehr.

Beim männlichen Gehirn sind beim Menschen übrigens einige Teile des Thalamus vergrößert. Bei Homosexuellen fällt der Größenunterschied zu Frauen dagegen geringer aus. Bekommen wir somit ein Grundmuster sexueller Vorlieben schon als Fötus mit? Vieles spricht dafür, was eine ganz neue Sichtweise aufwirft. Diese Erkenntnisse belegen mehr als deutlich, dass es grundsätzlich keine Verurteilung Homosexueller geben darf.

Unterzieht man Hetero- und Homosexuelle verschiedenen Tests, erhält man übrigens Ergebnisse, die darauf hinweisen, dass auch weitere Unterschiede zum typisch männlichen Gehirn bestehen. So schneiden sie beim räumlichen Vorstellungsvermögen und auch bei der Zielsicherheit und Koordination deutlich schlechter ab. Dafür erwiesen sie sich aber als sprachgewandter. Also eher Frau als Mann? Vieles deutet darauf hin, dass es eigentlich vier verschiedene Geschlechter gibt:

- »typische« Männer
- Männer mit hormonell bedingten eher weiblichen Eigenschaften
- Frauen mit hormonell bedingten eher männlichen Eigenschaften
- »typische« Frauen

Es spielen nun mal nicht nur unsere Erbanlagen bei der Entwicklung eine Rolle, mindestens ebenso entscheidend ist das Vorhandensein oder eben Nichtvorhandensein bestimmter Hormone. Und ob selbst diese Aufteilung ausreicht, kann man nicht genau sagen. Denn auch in der Pubertät dürfen die Hormone dann wieder einiges an Arbeit verrichten. So kann selbst der »typische« Mann oder die »typische«

Frau sich innerlich nochmals komplett wandeln, wenn er von den »falschen« durchströmt wird. Organisch bleibt zwar das ursprüngliche Geschlecht vorhanden, doch fühlt sich der Betroffene plötzlich »anders«. Eine Geschlechtsumwandlung kann heutzutage in solch einem Fall weiterhelfen, doch ist nicht jeder zu dieser einschneidenden Entscheidung bereit. Heute Frau, morgen Mann oder umgekehrt; da kann man meistens nicht verhindern, dass man von den unterschiedlichsten Seiten schief angesehen wird. Dennoch lebt es sich meist leichter.

Würde man übrigens eine Stichprobe aus willkürlich ausgewählten Menschen untersuchen, würde man viele nicht »reinrassige« Typen finden. Vielleicht haben Sie ja auch in den beiden Listen weiter vorne mit den Stärken der beiden ursprünglichen Geschlechter auf Sie zutreffende Punkte in beiden Kategorien gefunden. Darüber müssen Sie sich also keine tiefschürfenden Gedanken machen.

Auch bei Tieren konnte man eine Veränderung des geschlechtstypischen Verhaltens durch Verabreichung oder Entzug der verantwortlichen Hormone erreichen. In den Siebzigern gab es einige Fälle von Schwangeren, denen synthetische Steroide verabreicht wurden, wodurch besonders viel Androgene produziert wurden. Zwar konnten männliche Geschlechtsmerkmale bei Mädchen operativ korrigiert bzw. beseitigt werden und auch die Androgenproduktion reguliert werden, doch die Veränderungen, die das Gehirn bereits vor der Geburt erlitten hatte, konnten natürlich nicht mehr rückgängig gemacht werden. Diese Kinder reagierten später ausgesprochen wild und aggressiv. Objektiver einstufen kann man die Erkenntnisse der beiden kalifornischen Forscher Sheri Berenbaum und Melissa Hines von der Universität in Los Angeles. Sie stellten fest, dass die Mädchen auch bei der Spielzeugauswahl eindeutig die »männlichen« und eher technischen Objekte wählten; statt Puppen also beispielsweise eher Autos. Und auch im räumlichen Denken waren ihre Leistungen mit denen des anderen Geschlechts vergleichbar. Einen Zusammenhang mit dem Elternhaus und der Erziehung konnte man nicht finden.

Das legte wiederum Forschungen nahe, die sich mit den Auswirkungen männlicher und weiblicher Sexualhormone auf verschiedene kognitive Leistungen beschäftigten. Sollte etwa Gehirndoping durch deren Einnahme möglich sein?

Die Ergebnisse vermittelten ein etwas uneinheitliches Bild. Um das Vorstellungsvermögen zu verbessern, wurde sowohl Studentinnen als auch Studenten das »männliche« Androgen verabreicht. Der Gehalt im Blut wurde vor und nach der Behandlung gemessen. Bei den Frauen steigerte sich die Leistung wirklich mit der Menge an aufgenommenem Androgen, aber bei Männern war es gerade umgekehrt! Sie schnitten wesentlich schlechter ab. Das deutet auf einen optimalen Androgenwert hin, der sich im unteren Bereich des bei Männern üblichen bewegt.

Zum Vergleich wurde auch eine Studie mit dem »weiblichen« Testosteron durchgeführt. Sie kam zu demselben Schluss. Frauen profitierten von der Einnahme und erzielten Zugewinne im räumlichen Denken, während die Männer zunehmend »ausgebremst« wurden. Hieraus erklären sich auch die besseren Resultate von Männern im Frühling, denn dann liegt der Testosteronspiegel bei Männern jahreszeitbedingt deutlich niedriger.

Warum es diese Unterschiede zwischen Mann und Frau gibt, bleibt zu klären. Vermutlich sind sie ein Überbleibsel aus ferner Vergangenheit und haben sich im Laufe der Evolution so entwickelt, um den unterschiedlichen Tätigkeiten der beiden Geschlechter gerecht zu werden. Der Mann ging eher auf die Jagd und war viel unterwegs; dazu benötigte er besonders ausgeprägte Fähigkeiten zur Orientierung und musste das Lager auch aus größerer Entfernung und unterschiedlichen Blickwinkeln erkennen. Die benötigten Waffen und Werkzeuge, auch zur Verteidigung gegen wilde Tiere, stellte er größtenteils selber her. Beim Erlegen der Beute war eine treffsichere Hand sicher von Vorteil. Die Frauen sammelten in der Zwischenzeit Nahrung in der unmittelbaren Umgebung, bereiteten diese auch zu und kümmerten sich um den Nachwuchs. Außerdem stellten sie Kleidungsstücke, Töpfe usw. her. Sie mussten sich also ihr Umfeld merken können, wo sie z. B. was finden konnten. Ihre feinmotorischen Fähigkeiten waren überall im »Haushalt« gefragt. Beim Aufpassen auf die Kinder kam es auf ein flinkes Auge an. Der evolutionäre Prozess wurde dann bei beiden Geschlechtern noch durch die natürliche Auslese verstärkt und ist bis heute erhalten geblieben. Die Besetzung unterschiedlicher Berufspositionen hängt also nicht nur mit mangelnder Gleichberechtigung und fehlender Emanzipation zusammen, sondern ergibt sich naturgemäß auch aus den unterschiedlichen Fähigkeiten und Fertigkeiten von Mann und Frau. Eine Gleichbesetzung in allen Bereichen kann somit nicht das Ziel sein, sondern jeder sollte sich dort einsetzen dürfen, wo es ihn hinzieht und wo er sich am besten einbringen kann.

Sicher ein interessantes Forschungsgebiet, bei dem man noch relativ am Anfang steht und das uns daher noch lange Zeit beschäftigen wird.

Entwicklung der Intelligenz

Mit diesem Thema beschäftigte sich zeitlebens der Schweizer Psychologe Jean Piaget. Er arbeitete in jungen Jahren in einem Labor von Binet, welcher erste Intelligenztests entwickelte (s. u.). Dabei interessierte er sich besonders dafür, welche Aufgabentypen von Kindern welchen Alters bereits gelöst werden konnten und welche nicht. Mit welchen Problemen also konnte ein Kind bestimmten Alters bereits konfrontiert werden, ohne damit überfordert zu sein? Daraus ermittelte er mehrere Abschnitte in der menschlichen Intelligenzentwicklung:

Sensomotorische Periode (0–2 Jahre)

Im ersten Monat nach der Geburt werden angeborene Reflexe wie z. B. Saugen und Schlucken trainiert. Schon hier stellt man fest, dass das Baby in der Lage ist, sich seiner Umwelt anzupassen. Der Saugreflex tritt zunächst nämlich auch noch an den verschiedensten Gegenständen auf, bis der Säugling gelernt hat, seine Flasche oder die Brust der Mutter davon zu unterscheiden.

In den nächsten drei Monaten dehnt das Kind seinen Handlungsspielraum dann immer weiter aus. Aktionen, mit denen es positive Erfahrungen sammeln konnte, werden wiederholt. Auch zeigen sich erste Ansätze sinnvoller Koordination beim Greifen. Noch müssen jedoch sowohl die Hand als auch der ausgewählte Gegenstand gleichzeitig gesehen werden.

Bis zum achten Monat verbessert sich dieses Verhalten weiter. Das Greifen erfolgt oft schon ohne direkten Blickkontakt. Ein momentan nicht sichtbares Objekt wird schlicht »vermutet«. Findet es dieses nicht sofort, beginnt es, danach zu suchen. Damit einher geht beim Baby ein stärkeres Interesse für seine Umwelt. Dies ist der richtige Zeitpunkt, Mobiles, geräuscherzeugende Objekte u. Ä. in sein Umfeld zu bringen. Erste Zusammenhänge zwischen dem Tun und dem Resultat werden vom Säugling erkannt. Dabei stehen wiederum Wiederholungen im Vordergrund.

Bis das Kind dann ein Jahr alt ist, hat es seine Koordination fast perfektioniert. Mit plangerichtetem Vorgehen versteht es elementare Ziele zu erreichen. So kann es jetzt auch Hindernisse vor dem Objekt seiner Begierde entfernen. Ebenso versteht es sich auf die Verwendung einfacher Hilfsmittel wie Stöcke o. Ä.

Die folgenden sechs Monate stehen im Zeichen eines starken Experimentiertriebs. Neben Wiederholungen treten jetzt oft Variationen in der Durchführung einer Operation auf. Das Kleinkind findet auf diese Weise spielerisch immer neue Möglichkeiten, zum angestrebten Ergebnis zu kommen. Auch der Gebrauch verschiedener Gegenstände wird optimiert.

Mit anderthalb bis zwei Jahren ist ein Ausprobieren nicht mehr nötig. Der Sprössling weiß nun im voraus, welches das Resultat seiner Bemühungen sein wird. Er kann sich Handlungen im Kopf vorstellen. Damit ist er reif für das Erlernen von Sprache, denn diese bezieht sich im ersten Stadium oft auf Objekte, die nicht da sind. Das Gedächtnis ist nun in der Lage, Erlebnisse länger zu speichern. Das erkennt man daran, dass Gesehenes oft erst viel später wiederholt wird.

Voroperatives Denken (2–7 Jahre)

Diese langandauernde Phase ist geprägt vom Planen aufeinanderfolgender Handlungen. Dabei lässt das Kind aber noch einiges an Flexibilität vermissen. Auch ist es oft auf einen einzigen Aspekt fixiert. In von Piaget durchgeführten Versuchen erkannte es z. B. nicht, dass sich eine Wassermenge nicht ändert, wenn man sie von einem schmalen in ein breites Glas füllt. Es war der Meinung, dass aufgrund der Höhe des Wasserspiegels im schmalen Glas mehr drin war. Ältere Kinder fallen darauf nicht mehr herein. Sie begründen ihr Urteil auch damit, dass man das Wasser ja wieder zurückschütten könnte und sich somit nichts geändert haben kann.

Quantitative Betrachtungen scheinen die Hauptrolle im Urteil der Kleinkinder zu spielen. So wird Alter auch oft mit Größe assoziiert. Größere Menschen sind dann automatisch auch immer älter.

Bereits zu Anfang dieser Entwicklung wird im Spiegel nun auch die eigene Person erkannt. Sieht das Kind dagegen ein verzögertes Bild oder eine Videoaufnahme, ist es unsicher. Wohl erkennt es übereinstimmende Details, doch der Bezug zu sich selbst ist verlorengegangen. Ein ähnlicher Effekt zeigt sich, wenn es gebeten wird, sich ein Bild aus einem anderen Blickwinkel oder von einer anderen Person aus vorzustellen. Es ist nicht in der Lage, zu verstehen, dass die Perspektive nun eine ganz andere ist.

Konkret-operatives Denken (7–11 Jahre)

In diesem Zeitraum entfallen viele der Einschränkungen, die zuvor noch Gültigkeit besessen haben. Das Kind bezieht mehr und mehr Einzelheiten in seine Entscheidungen mit ein. Auch kann es besser zwischen Realität und Anschein unterscheiden. Objekte werden nun anhand verschiedener Merkmale klassifiziert. In jüngerem Alter antwortet ein Kind eher in beschreibender Weise auf eine Frage, nun kann es auch Beispiele nennen. Schlüsse, wie a => b und b => c impliziert a => c, werden richtig gezogen. Dazu benötigt man bereits einiges an Vorstellungskraft. Auch können mehrere Gegenstände nach einem vorgegebenen Kriterium sortiert werden.

Formal-operatives Denken (11 Jahre – unendlich)

Mit elf Jahren kann der Verstand als erwachsen betrachtet werden. Abstraktes Denken stellt nun auch keine unüberwindliche Hürde mehr da. Pläne können zielgerichtet zusammengeführt und die Chancen des Gelingens abgeschätzt werden. Dabei werden auch weniger konkrete Situationen berücksichtigt. Aus vorhandenen Informationen werden durch Kombination neue Erkenntnisse gewonnen, so dass man nun also auch kreativ ist. Die weitere Entwicklung ergibt sich nun hauptsächlich durch Lernen und das Gewinnen neuer Erfahrungen und Erkenntnisse.

Das Modell von Piaget findet auch noch heute Anerkennung. Was allerdings etwas zu kurz kommt, ist der Einfluss der Umwelt. Man weiß heute, dass frühzeitiges gezieltes Training den Reifungsprozess beschleunigen kann. Umgekehrt kann ein vernachlässigtes Kind eventuell die einzelnen Stufen erst verspätet durchlaufen. Selbst manche Erwachsene haben im Bereich des formal-operativen Denkens noch Defizite. Man sollte die Jahresangaben also nicht allzu wörtlich nehmen. Die Übergänge sind zudem fließend.

Natürlich ist es auch nicht ganz richtig, zu behaupten, der Mensch sei geistig schon als Teenager ausgereift. Vielmehr handelt es sich um einen lebenslangen Prozess. Mögen auch einige Verarbeitungsprozesse im Gehirn mit zunehmendem Alter langsamer vonstatten gehen, so gleichen die Erfahrungen das oft mehr als aus (s. a. »Kristallisierte Intelligenz« und »Flüssige Intelligenz« in diesem Kapitel). So können oft doch hervorragende Ratschläge ohne langes Nachdenken erteilt werden. Die praktische und soziale Intelligenz älterer Menschen ist eben meist höher. Gerade diese Kombination macht den entscheidenden Unterschied. Leider wird dies in unserer Gesellschaft nicht immer ausreichend gewürdigt.

Was zeichnet intelligente Menschen aus?

Unabhängig von aller Theorie wurden vom Allensbacher Institut Umfragen durchgeführt, über welche Eigenschaften ein kluger Kopf verfügt. Heraus kam, dass Selbstsicherheit und -bewusstsein an erster Stelle stehen. Auch ist er erfolgsorientiert, ehrgeizig und ausdauernd. Dazu kommt, dass er Probleme selbständig lösen kann. Er kann sich gut mit anderen unterhalten, ist verhandlungssicher und schlagfertig. Er darf durchaus Fehler machen, sollte dann aber aus diesen lernen. Da dem Durchsetzungsvermögen, Ehrgeiz und den kommunikativen Fähigkeiten auch nachgesagt wird, sie seien für den beruflichen Erfolg mitausschlaggebend, wird Intelligenz wohl aber auch oft mit Erfolg verwechselt oder gleichgesetzt.

Im Anschluss wurde auch gefragt, welche Punkte eher bei Frauen oder Männern anzutreffen sind. Dabei traut man dem weiblichen Geschlecht offenbar eher ein selbstsicheres und zielstrebiges Auftreten zu. Dazu passt auch ihr ausgeprägtes Verantwortungsbewusstsein und ihre planvolle Vorgehensweise. Auch im Umgang mit der Sprache sind Frauen gewandter und einfühlsamer. Sie übernehmen schneller die Verantwortung, auch in für sie neuen Situationen. Allerdings werden intelligenten und erfolgreichen Frauen gerade auch solche Eigenschaften abgesprochen, die man ansonsten mit ihnen assoziiert: So wird ihnen eine gewisse Gefühlskälte, Arroganz und Überheblichkeit nachgesagt.

Doch auch die männliche »Intelligenzbestie« muss Abstriche in Kauf nehmen. Sie sei in starkem Maße karriereorientiert, was sie aber gerade auch interessant macht. Allerdings ist sie auch eher bereit zur Kooperation. Ein intelligenter Mann ist auch oft unattraktiv, ja sogar gefühlsarm. Seine Erfolge verdankt er oft Tricks und Gerissenheit. Weltfremdheit ist wohl ebenfalls eher eine maskuline Eigenschaft.

Wie man sieht, zeichnen diese Informationen teilweise ein völlig anderes Bild auf als die zuvor genannten Aspekte. Demnach kann Intelligenz wohl nicht isoliert betrachtet werden. Nicht das, was Testergebnisse oder eine Zahl wie der IQ aussagen, ist maßgebend, sondern vielmehr, was der Einzelne daraus macht und wie dies bei seinen Mitmenschen ankommt. Für persönlichen Erfolg als wichtig erachtet wurden sowohl Durchsetzungsvermögen als auch Ehrgeiz, aber auch die (Allgemein-)Bildung und spezielles (Fach-)Wissen dürfen nicht vernachlässigt werden. Selbstbewusstes und optimistisches Auftreten folgen im Anschluss. Intelligenz als isolierter Punkt folgt weit abgeschlagen. Offenbar wird diesem abstrakten Begriff weniger Bedeutung zugemessen als einigen daraus resultierenden Komponenten.

Was zeichnet ein cleveres Gehirn aus?

Kann man dem Gehirn eines Menschen ansehen, wie schlau sein Besitzer ist? In irgendeiner Form muss die Intelligenz schließlich vom Denkapparat abhängig sein.

Die Größe oder das Volumen des Gehirns kann dabei wohl nicht die entscheidende Größe sein. Viele helle Köpfe aus jüngerer Vergangenheit besaßen kein übermäßig großes. Einer der Vorfahren des modernen Menschen, der Neandertaler, hatte dagegen ein größeres Gehirn. Das bewahrte ihn jedoch nicht davor, vor etwa 30 000 Jahren von der Bildfläche zu verschwinden und den Platz für den Homo sapiens sapiens zu räumen.

Damit scheidet auch die Anzahl von Gehirnzellen als ursächlicher Faktor aus. Heutzutage weiß man auch, dass gut die Hälfte aller im Embryonalstadium produzierten Zellen bereits nach kurzer Zeit wieder absterben. Es handelt sich dabei keinesfalls um eine Erkrankung; vielmehr werden fehlerhafte Platzierungen und Verbindungen auf diese Weise wieder beseitigt. Deswegen ist die frühe

Kindesphase nach der Geburt auch so wichtig dafür, welches Potential ein Mensch entwickelt, denn zu diesem Zeitpunkt werden die Weichen für seine Zukunft gestellt. Eine abwechslungsreiche und anregende Umgebung trägt das Ihre dazu bei. Dann bleibt auch die Zahl der Synapsen, die Verbindungen zwischen den einzelnen Gehirnzellen, die im zweiten bis dritten Lebensjahr ein Maximum erreicht, weitgehend bis ins hohe Alter erhalten. Nicht genutzte Bahnen werden nämlich wieder entfernt. Mit der Verringerung der Anzahl von Zellen und Verknüpfungen strukturiert und organisiert sich das Gehirn quasi selbst. Dies ist heute noch von zumindest gleich großer Wichtigkeit wie beim Urmenschen, der sich auf diese Weise an eine sich andauernd verändernde Umwelt anpassen konnte. Trotzdem sind ständige Herausforderungen und geistige Betätigung notwendig, um das Nervengeflecht leistungsfähig zu halten. Auch hier gilt das gleiche Prinzip wie beim Körper: Was wir nicht verwenden, das verkümmert!

Bei Mäusen konnte in Labortests durch eine gentechnische Veränderung erreicht werden, dass dieses frühe Zellsterben weitgehend ausblieb. Ihre Gehirne und damit auch ihre Köpfe wurden viel größer als bei unbehandelten Artgenossen. Doch intelligenter wurden sie dadurch nicht. Im Gegenteil, in Lernversuchen schnitten die normalen Exemplare signifikant besser ab. Auch hatten die hochgezüchteten Exemplare Probleme mit der Motorik und beim Halten des Gleichgewichts.

Unter Menschen mit Vergrößerungen im Bereich des Kleinhirns fanden sich dann auch keine besonderen Kapazitäten, sondern vielmehr Personen mit Verhaltensstörungen. Inwieweit dies auch zu Schizophrenie führen kann, ist derzeit noch umstritten.

Das Gehirn eines der wohl größten Genies des 20. Jahrhunderts, Albert Einstein, wurde nach seinem Tod konserviert. Erst vor relativ kurzer Zeit, 1999, hat ein Wissenschaftlerteam um Sandra Witelson von der McMaster University in Hamilton, Kanada, verschiedene Bereiche vermessen und mit denen »normaler« Gehirne verglichen.

Dabei wurde u. a. festgestellt, dass die Scheitellappen, die auf beiden Seiten knapp hinter den Ohren zu finden sind, bei Einsteins Gehirn ungewöhnlich groß waren. Insgesamt wies es dadurch ein um 15 Prozent höheres Volumen als der Durchschnitt auf.

Nach neuen Erkenntnissen, die auf der Untersuchung der Aktivität in verschiedenen Gehirnregionen basieren, spielen die Scheitellappen die Hauptrolle beim räumlichen Vorstellungsvermögen und auch beim abstrakten und mathematischen Denken. Man geht davon aus, dass durch deren Vergrößerung auch mehr Informationen (gleichzeitig) verarbeitet werden konnten.

Bei Einsteins Gehirn war zudem der untere Bereich der Scheitellappen nicht durch eine Furche getrennt. Dieses Merkmal wurde bei keinem der untersuchten Vergleichsgehirne festgestellt. Somit waren linke und rechte Gehirnhälfte besser miteinander verknüpft und konnten gemeinsam agieren. Die Umsetzung seiner Vorstellungen in entsprechende Konzepte könnte ihm dadurch leichter gefallen sein.

In der nächsten Zeit wird man sicher noch genauer und spezifischer nach Unterschieden in den Köpfen von hochintelligenten Menschen gegenüber dem Durchschnitt suchen. Bis zum kompletten Verständnis dessen, was Intelligenz letztendlich ausmacht und wo sie genau lokalisiert ist, wird aber mit Sicherheit noch viel Zeit verstreichen. Und auch, wenn man den Grundlagen schließlich auf die Schliche gekommen ist, heißt das noch lange nicht, dass wir unsere Intelligenz in großem Stil beeinflussen können. Solange aber muss jeder mit dem auskommen, was ihm in die Wiege gelegt worden ist. Dieses Buch kann aber immerhin dazu beitragen, dass Sie die Ihnen innewohnenden Fähigkeiten entdecken und gezielt ausbauen sowie Schwachpunkte ausmerzen können.

Was für ein flexibles und anpassungsfähiges Organ unser Gehirn ist, bestätigen im Übrigen jüngste Forschungsergebnisse. War man früher davon ausgegangen, dass zumindest die physische Entwicklung bereits im Kindesalter abgeschlossen ist und sich danach an der »Verdrahtung« der einzelnen Zellen untereinander nichts mehr ändert, ist man heute um einiges schlauer. Denn inzwischen weiß man mehr davon, wie das Gehirn auf (neue) Reize reagiert und Lernprozesse funktionieren. Nicht unwesentlich dazu beigetragen haben moderne molekularbiologische Verfahren, die uns interessante Einblicke bescheren.

Wie wird man zum Experten? Wohl nur durch das Sammeln von Informationen und deren späterer Differenzierung. Die Neurobiologin Isabel Gauthier von der Vanderbilt University in Nashville/Tennessee untersuchte hierzu das verhältnismäßig kleine Gesichtsareal im Gehirn. Dieses ist, wie der Name schon vermuten lässt, im Wesentlichen für die Unterscheidung von Gesichtern zuständig. Vogel- und Autoliebhaber zeigten unter dem Kernspintomographen aber auch, dass sich die Aktivität in diesem Bereich bei der Erkennung von Vogelarten bzw. Automodellen erhöht. Ihr Gehirn hat sich offenbar ihren Interessen angepasst. Auch andere Gehirnregionen lassen offenbar eine Spezialisierung zu. Hierzu einige Beispiele:

Beispiel

Christof Pantev von der Uni Münster stellte bei Violinisten und Cellisten Veränderungen im Gehirn fest. So nahm bei Rechtshändern der für die

linke Hand zuständige Gehirnbereich eine bis zu 30 % größere Fläche ein. Er vermutet daher, dass für die Koordination der Finger mehr Nervenzellen verwendet werden. Eine besonders ausgeprägte Vergrößerung kam übrigens bei schon im jungen Alter aktiven Musikern vor.

Beispiel
Taxifahrer weisen dagegen im für das Ortsgedächtnis zuständigen Teil einige Erweiterungen auf. Das bewies eine Londoner Studie. Je länger sie bereits ihren Job verrichteten und je mehr Zeit sie dabei im Auto verbrachten, umso deutlicher wurde dieser Eindruck.

Beispiel
Bei Blinden benutzt das Gehirn clevererweise dieselben Kortexfelder zum Erkennen der Blindenschrift wie beim Gesunden zum Sehen. Auch Taubstumme weisen eine Umstrukturierung in der Funktionsweise auf. Auch das beweist die immense Anpassungsfähigkeit unseres Gehirns.

Dennoch spielt sich weiterhin die Hauptentwicklungsphase in der frühesten Kindheit ab. Wer in den ersten drei Jahren nicht sprechen lernt, packt es später oft gar nicht mehr. Nur ist eben der Schluss falsch, dass damit schon die komplette Entwicklung des Gehirns abgeschlossen ist. Wer sein ganzes Leben über neugierig bleibt und dabei alle seine Sinne einsetzt, kann zu einem weiteren Schub beitragen. Vertane Chancen gibt es also nicht! Sie können in jedem Alter etwas Neues dazulernen. Das Gehirn ist immer in der Lage, neue Verbindungen auszubilden. Je dichter dieses Netz ist, umso flexibler können auch wir reagieren.

Eine besondere Überraschung für viele Forscher stellte allerdings die Erkenntnis dar, dass sich im Gehirn immer wieder neue Neuronen bilden können. Die Ansicht, dass wir mit der Geburt unseren Lebensvorrat an Nervenzellen erhalten, der dann beständig abnimmt, ist also schlichtweg falsch! Das ergab die Untersuchung verstorbener Krebspatienten. Vor allem im Hippocampus, einer Hauptschaltzentrale für eingehende Reize, passiert das sehr häufig. Hier ist der Bedarf wohl am größten. Aber auch in der Nase und im Riechzentrum soll ein ständiger Austausch stattfinden. Diese Erscheinung war dann am stärksten, wenn sich die Versuchsperson in einer anregenden Umgebung befand und abwechslungsreichen Tätigkeiten nachging. Auch Sport hat offenbar einen positiven Einfluss. Die Bildung neuer Blutgefäße auch im Gehirn verbessert dessen Nährstoffversorgung und regt zur Bildung neuer Zellen an.

Fazit
Sie haben weit mehr Möglichkeiten, Ihr Gehirn zu dem zu machen, was Sie benötigen. Damit öffnen sich ganz neue Türen in der Persönlichkeitsentwicklung.

Hochbegabung
ist auch heute noch ein großes Rätsel. Gerade, wenn die Intelligenz eines Kindes deutlich über der seiner Eltern liegt, kann sie weder erbtechnisch noch über die Umwelt erklärt werden. Dennoch gibt es genug Beispiele dafür. Man vermutet zwischenzeitlich, dass eine besonders günstige Kombination unterschiedlicher Merkmale der Eltern das erstaunliche Ergebnis hervorruft. Schließlich ist es nur in Ausnahmefällen eine einzelne, isolierte Eigenschaft, die einen zum Genie macht.

Zum Zeitpunkt der Geburt verfügt ein Baby über etwa 100.000.000.000 Gehirnzellen. Einige haben sich schon miteinander verbunden. Die meisten tun dies aber erst in dem Maße, in welchem der Säugling dazulernt, aus Erfahrungen Gewohnheiten entwickelt und sein Wissen umsetzen kann (s. a. »Entwicklung der Intelligenz« weiter vorne). Dies ist die Grundlage dafür, wie leistungsfähig sein Gehirn letztendlich wird. Und je besser alles vernetzt ist, um so weniger Schaden kann auch eine Krankheit oder ein Unfall verursachen, denn es bleiben immer noch genügend Zugangswege offen.

Intelligenztests

Intelligenztests orientieren sich am Prinzip der Faktoranalyse. Dabei wird eine Vielzahl von Eigenschaften gemessen, gewichtet und bewertet. Von dem Gesamtergebnis erhofft man sich dann Rückschlüsse auf die allgemeine Intelligenz. Ansätze, die Intelligenz als einheitlichen Messwert ohne weitere Unterscheidung betrachten, gelten heute als veraltet. Mit ihnen können keine spezifischen Aussagen getroffen werden. Man erkannte außerdem bereits gegen Anfang des 20. Jahrhunderts, dass es eine Reihe von Fähigkeiten gibt, die relativ unabhängig von der »allgemeinen« Intelligenz sind. Diesen musste durch weitere Aufgliederung Rechnung getragen werden.

Ursprünglich erhoffte man sich von der Faktoranalyse auch die Reduktion auf einige wenige voneinander unabhängige Elemente. Man hätte die Intelligenz dann anhand dieser definieren können. Leider hat sich diese Erwartung nicht erfüllt. Im Gegenteil, die Anzahl der Faktoren hat sich sogar immer weiter erhöht. Insofern ist man der Antwort auf die Frage, was den Kern der Intelligenz ausmacht, bisher nicht näher gekommen.

Können Intelligenztests Intelligenz wirklich messen?

Sie sind, wie schon mehrfach dargelegt, relativ umstritten. Zwar ist der Versuch, die verschiedenen Fähigkeiten und Fertigkeiten messtechnisch zu erfassen, zu loben; jedoch ist deren genaue Gewichtung unklar. Kann man Intelligenz also überhaupt ermitteln? Je nach kultureller und sozialer Herkunft, Tätigkeit usw. des Betroffenen kann auch eine andere Verteilung erfolgversprechender sein. Dies wird jedoch fast nie berücksichtigt, da die Fragen oft regionalen Bezug haben, so dass die Ergebnisse meist verzerrt werden und wenig Aussagekraft besitzen. Auch die Vorbildung wirkt sich entscheidend aus. Daher sollen in den USA beispielsweise Schwarze durch die Bank weniger intelligent als Weiße sein, was dem Rassismus Tür und Tor öffnet. Zurückzuführen ist dieses Resultat auf die Tatsache, dass Schwarze bis heute in der amerikanischen Gesellschaft keinen gleichberechtigten Zugang zum Schulsystem haben. Schwarze oder farbige Kinder, die in weißen Familien aufwachsen zeigen hier kein Defizit. Somit kann man genetisch bedingte Unterschiede ausschließen. Mit einer einfachen Übersetzung von Intelligenztests für andere Kulturen ist es somit wohl nicht getan. Man muss schon die kulturspezifischen Besonderheiten berücksichtigen. Aber selbst dann bedeutet eine höhere Intelligenz ja nicht automatisch, dass der entsprechende Mensch dadurch wertvoller ist als ein weniger kluges Mitglied der Gesellschaft. Leider wird dies immer noch oft ignoriert.

In Deutschland wurde bereits 1888 von Rieger ein Verfahren beschrieben, welches verschiedene Fähigkeiten wie Wahrnehmung und Identifizierung, Auffassungsgabe, Gedächtnis und auch Sprache berücksichtigte. Eine weitere Vorform von Intelligenztests entwickelte der Amerikaner James McKeen Cattell. Er vertrat die Ansicht, dass insbesondere die Wahrnehmung, aber auch motorische Fähigkeiten die Basis der Intelligenz bilden. Daher testete er Studenten z. B. damit, von zwei Gewichten das leichtere durch Hochheben zu ermitteln, oder er maß die Reaktionszeit auf ein Signal. 1890 veröffentlichte er über diese Verfahren einen Artikel. Enttäuschenderweise konnte er allerdings keine Korrelation zwischen den Testergebnissen und den Studienleistungen herstellen.

Die erste »echte« Methode zur Intelligenzmessung wurde dann im Jahre 1900 vom französischen Psychologen Alfred Binet entwickelt, die **Binet-Skala**, wenn zunächst auch nur zur Vorhersage von schulischen Leistungen bei Kindern, um diese speziell fördern zu können, falls Probleme zu erwarten waren. Leider wurde sie von französischen Behörden auch dafür verwendet, Minderbemittelte in Sonderschulen zu verfrachten. Für tiefergehende Aussagen war sie aber nicht gedacht. Gemessen wurden insgesamt elf verschiedene Faktoren, u.a. Gedächtnis, visuelle Fähigkeiten, Wortschatz und Sprache sowie das Herstellen von Beziehungen unterschiedlicher Objekte. Auch Abstraktes wie Beeinflussbarkeit, Willensstärke und Moral zählten damals dazu. Louis Terman passte den Test an amerikanische Verhältnisse an. Er konnte nun auch für Erwachsene verwendet werden.

1939 kam dann die nach dem Psychologen David Wechsler benannte **Wechsler-Intelligenz-Skala**. Er ging bereits von einer Standardverteilung der Intelligenz mit einem Mittelwert von 100 und einer Standardabweichung von 15 aus. Diese Voraussetzungen muss auch heute noch jeder Intelligenztest erfüllen, obwohl Ergebnisse gerade die Standardabweichung in Frage stellen, da es mehr Personen als erwartet mit extremen Werten gibt. Tests dieser Art erfassen auch nur einen Teil der weiter oben aufgeführten Aspekte. So wird im Allgemeinen die Sprache und die logisch-mathematische Intelligenz überprüft. Dazu müssen u. a. logische Schlüsse gezogen, Zahlenreihen fortgesetzt oder Bilder verglichen werden. Problemlösungsvorgänge, die sowohl angesammeltes Wissen als auch Organisation und Kreativität benötigen, gehen darin nicht ein. Auch sind die meisten Aufgabensammlungen nicht normiert. Berücksichtigt man zudem noch die Tagesform und eventuelle Prüfungsängste, ist die Frage berechtigt, was der IQ denn noch aussagt. Aus dem Testergebnis wird dann über eine Vergleichstabelle (Intelligenzalter zu Lebensalter bzw. einer entsprechenden Altersgruppe; 1911 konzipiert vom deutschen Psychologen William Stern) der IQ ermittelt. Aus den oben geschilderten Gründen sagt jedoch eine isolierte Betrachtung dieser Zahl wenig aus. Schaut man sich zudem ein wenig die statistische Entwicklung an, so stellt man fest, dass der gemessene Mittelwert in den letzten fünf Jahrzehnten um jeweils ca. drei Punkte gestiegen ist (der nach seinem neuseeländischen Entdecker James R. Flynn benannte Flynn-Effekt). Sind wir aber wirklich schlauer geworden? Da sich unser Gehirn in dieser kurzen Zeitspanne wohl kaum groß geändert haben kann, geht man eher davon aus, dass unsere moderne Umwelt die Vertrautheit mit den in Intelligenztests vorkommenden Aufgabenstellungen erhöht hat. Dazu trägt sicher auch bei, dass die Testbatterien nur relativ selten aktualisiert werden.

Bei Erwachsenen stellt sich bereits das Problem, wie deren intellektuelle Entwicklung zu bewerten ist. Diese erreichen nämlich oft nach einiger Zeit eine Phase vergleichsweise hoher Stabilität. Daher ist nicht zu erwarten, dass ein 60-Jähriger dreimal so intelligent wie ein 20-Jähriger ist. Man versucht daher durch einen Abweichungswert in diesem Fall zu ermitteln, wie seine geistige Leistungsfähigkeit in Bezug zu Personen aus seiner eigenen Altersgruppe aussieht. Der Durchschnitt beträgt wieder 100.

Auch bei Kindern und Jugendlichen steht ein hoher IQ nicht automatisch für besonders gute Schulnoten. Nur etwa zu 25 Prozent ist hier ein Einfluss festzustellen, am meisten in Fächern wie Mathematik oder Deutsch. Der Rest ergibt sich offensichtlich aus anderen Faktoren. Je älter eine Person im Übrigen wird, um so geringer wird die Korrelation zur Intelligenz. Was jemand später einmal beruflich erreicht und was er verdient, hat dann fast gar nichts mehr mit seiner (gemessenen) Intelligenz zu tun. Hier sind noch ganz andere Fähigkeiten gefragt, insbesondere bei handwerklichen Tätigkeiten. Auch bei an die Realität angelehnten Planspielen konnte keine eindeutige Korrelation zwischen IQ und Testergebnis hergestellt werden. Hier gibt es keine eindeutige Lösung. Im Allgemeinen schnitten selbstsichere Personen hierbei besser ab. Dennoch waren die Problemstellungen zu komplex, als dass ein Versuchskandidat mehr als nur einen Bruchteil der Informationen verarbeiten und darauf reagieren konnte. Es kommt also auch noch auf eine vernünftige Selektion an. Dieser Aspekt wird bisher jedoch noch gar nicht berücksichtigt, ebenso wenig wie sich einen Überblick zu verschaffen und sinnvolles Vorausplanen. Dadurch sind die Zweifel an der Aussagekraft klassischer IQ-Tests weiter gewachsen.

Intelligenztests lassen sich trainieren. Wer regelmäßig entsprechende Aufgaben absolviert, schneidet im Endeffekt besser ab, als ihm von Natur aus zusteht. Es kommt kein objektives Ergebnis zustande. Dasselbe trifft in umgekehrtem Sinne auf Personen zu, die eine extreme einseitige Begabung aufweisen. Natürlich werden sie insgesamt eher unterdurchschnittlich abschneiden. Wenn sie sich aber in ihrem Leben auf diese Fähigkeit konzentrieren können, werden sie andere dennoch beeindrucken können.

Auch darf der IQ nicht als statischer Wert betrachtet werden. Jeder Mensch ist in der Lage hinzuzulernen. Ob er von diesem Potential Gebrauch macht, ist seine Sache. Also darf man doch niemanden aufgrund seines IQ beurteilen, denn man weiß ja nicht, was aus solch einer Person mal wird. In einem Folgetest einige Jahre später schneidet er womöglich viel besser ab. Aus diesem Grund wurde schon mehrmals der Vorschlag gemacht, auch das Lernvermögen und die Umwelt, in der jemand lebt, mitzubeurteilen. Dabei stößt man jedoch schnell auf neue Probleme.

Trotz allem kommt Intelligenztests in unserem Zeitalter immer noch eine große Bedeutung zu. So wird durch das Ermitteln einer Maßzahl der Eindruck von Präzision und Genauigkeit vermittelt, welcher aber oft täuscht. Hat man keinen Vergleichsfaktor, so wird der IQ auch gerne zur Werbung von (Hoch-)Schulen und Universitäten verwendet. In den USA muss zudem jeder Besucher eines College oder höheren Schule eine Eignungsprüfung ablegen, den SAT (Scholastic Assessment Test), der sich eng an übliche Intelligenztests anlehnt. Hat man dann erst einmal festgelegt, dass nur Probanden mit einem Wert über einer bestimmten Schwelle geeignet sind, wird meistens gar nicht mehr das Gegenteil überprüft. Schüler mit einem schlechten Ergebnis erhalten somit keine weitere Chance.

Aber auch wenn die Aussagekraft von IQ-Tests begrenzt ist, helfen sie einem dabei, die persönlichen Stärken und Schwächen zu ermitteln. Daher finden Sie eine entsprechende Aufgabensammlung auch in diesem Buch. Mit den daraus gewonnenen Erkenntnissen werden Sie dann noch genauer wissen, wo Sie am besten ansetzen können.

In Deutschland heutzutage am gebräuchlichsten ist übrigens der **Hamburg-Wechsler-Intelligenztest**, den es sowohl in einer Version für Kinder als auch für Erwachsene gibt. Er misst elf verschiedene Eigenschaften, von denen sechs im verbalen Bereich angesiedelt sind. Dabei handelt es sich um

- Allgemeines Wissen,
- Zahlen nachsprechen,
- Wortschatz-Test,
- Rechnerisches Denken,
- Allgemeines Verständnis und
- Gemeinsamkeiten finden.

Zum Handlungsteil gehören dagegen

- Bilder ergänzen,
- Bilder ordnen,
- Mosaik-Test,
- Figuren legen und
- Zahlen-Symbol-Test.

Als Ergebnis erhält man sowohl den IQ, aber auch Aussagen zu den einzelnen Bereichen. Und auch altersbedingte Unterschiede können ausgemacht werden.

Noch aktueller ist der **Berliner Intelligenzstruktur-Test**. Er wurde von Professor Adolf Jäger in Zusammenarbeit mit einigen Kollegen entwickelt. Hier geht man davon aus, dass jede intelligente Verhaltensweise aus einer wissensgebundenen Komponente und aus einer handlungsgebundenen Komponente besteht. Zur erstgenannten zählen seiner Meinung nach numerische (Zahlen), verbale (Wörter) und figurale (Bilder) (Gedächtnis-)Inhalte. Um diese Kenntnisse zum Einsatz zu bringen, benötigen wir jedoch noch die zweite Hälfte, die aus Gedächtnis, Verarbeitungskapazität und Bearbeitungsgeschwindigkeit besteht. Sämtliche 45

Aufgaben bestehen daher aus einer der drei mal vier gleich zwölf Komponenten. Sie sind jeweils in einer bestimmten Zeit zu bearbeiten. Beispielsweise kommen beim Anstreichen von zwei gleichen hintereinander stehenden Buchstaben sowohl das verbale Element als auch die Bearbeitungsgeschwindigkeit zum Zuge. Auch diese Methode liefert recht detaillierte Erkenntnisse über eine Person.

Mehr Erfolg mit mehr Intelligenz?

Sind nun überdurchschnittlich intelligente Menschen erfolgreicher in Beruf und Privatleben?

Immer wieder tauchen Untersuchungsergebnisse auf, die eine Abhängigkeit schulischer und beruflicher Leistungen von der Intelligenz festzustellen glauben. Werden die Begabungen eines Kindes frühzeitig erkannt und gefördert, kann sich hier auch durchaus einiges entwickeln. Unser Schulsystem trägt dazu leider nur in unzureichendem Maße bei, da selten eine individuelle Betreuung möglich ist. Hier sind also die Eltern gefordert.

Im Prinzip sind intelligente Menschen aber genauso erfolgreich und glücklich wie »dümmere«. Denn das Ergebnis eines IQ-Tests sagt nichts darüber aus, wie es um Motivation, Ausdauer oder andere Fähigkeiten und Kenntnisse bestellt ist.

Möglicherweise liegt das Problem aber auch darin, dass man nicht genau weiß, was man messen soll. Die ermittelten abstrakten Größen weisen offenbar keinen rechten Bezug zum »wahren Leben« auf.

Auch müsste man je nach kulturellem Hintergrund unterschiedliche Maßstäbe anlegen. Welche Bedeutung hat es für einen Aborigine, eine mathematische Reihe fortzusetzen? Ist er deswegen blöder? Dementsprechend ergeben sich große Leistungsunterschiede, für die der Einzelne nichts kann.

Ein Intelligenztest stellt zudem immer nur eine Momentaufnahme dar. Beim Ergebnis spielt sicher auch eine große Rolle, in welcher Verfassung sich der Proband gerade befand. Entwicklungsmöglichkeiten werden gleichfalls nicht berücksichtigt. Jemand, der in der Lage ist, neue Informationen schneller aufzunehmen und sinnvoller auszuwerten, kann einen eventuell vorhandenen Rückstand schnell wieder aufholen.

Ein wichtiger Erfolgsfaktor ist auch die Fähigkeit, schnell eine Entscheidung zu treffen. Hier haben es weniger intelligente Menschen oft leichter, denn sie beziehen in ihre Entscheidung nicht so viel unterschiedliche Kriterien ein. »Intelligenzbestien« neigen dafür weniger zu vorschnellen Entscheidungen. Außerdem sind ihnen die zugrundeliegenden Motive oft klarer. Erfolg ist jedoch auch immer eine gefühlsmäßige Sache, und deswegen sind Entscheidungen »aus dem Bauch heraus« nicht immer die schlechteren.

Last, but not least sollten wir auch gerade die soziale Kompetenz nicht vergessen (s. »Emotionale Intelligenz«).

Gerade im Beruf spielt heutzutage nicht mehr unbedingt das Fachwissen die entscheidende Rolle, sondern Persönlichkeit und die Fähigkeit, zu führen und gleichzeitig mit anderen zusammenzuarbeiten. Daher werden die Bewerber immer seltener reinen Intelligenztests oder Fachfragen unterzogen, sondern müssen in sogenannten Assessmentcentern in verschiedene Rollen schlüpfen. Dabei werden sie dann Verhaltenstests und unternehmensspezifischen Aufgaben unterworfen. Kriterien sind oft Führungsstil, Durchsetzungs- aber auch Einfühlungsvermögen und Kommunikation. Die hierdurch gewonnenen Erkenntnisse besitzen eine höhere und tiefergehende Aussagekraft, wenn sie natürlich auch nicht so »objektiv« wie der rein quantitative IQ sind, sondern von der Wahrnehmung des Prüfers abhängen.

Ein Intelligenztest misst auch keine Eigenschaften wie Ehrgeiz oder Ausdauer. Es ist aber auch wichtig, eine Aufgabe zum Ende bringen zu können.

Auch Selbstvertrauen und der Glaube an das eigene Leistungsvermögen dürfen nicht unterschätzt werden.

Wer nicht in der Lage ist, schnell Beziehungen zum Gegenüber aufzubauen, wird auch keinen Erfolg ernten. Einem Verkäufer mit solch einer Einstellung ist der Kunde egal. Kunden wollen aber nicht einfach Produkte, sondern auch Entgegenkommen, Freundlichkeit, Service usw.

Auch ist die Gedankenwelt von Genies ist keinesfalls so logisch und analytisch durchstrukturiert, wie im Allgemeinen angenommen wird. Viele von ihnen bezogen ihre Ideen und Geistesblitze aus vagen Bildern oder Vorstellungen, die aus ihrem Inneren kamen.

Gefühle kommen auch bei unserem Gedächtnis zu tragen. Erinnern wir uns nicht viel einfacher an Dinge, die mit starken Gefühlen verbunden waren? Solche Informationen finden auch viel eher Platz in unserem Speicher.

Wer keinen Zugang zu seinem Gefühlsleben hat, schleppt also ein nicht zu unterschätzendes Handicap mit sich herum. Nur wenn Sie Ihre Emotionen verstehen und steuern können, um z. B. Unlust in Lust zu verwandeln, gelangen Sie auf die Siegerstraße. Es geht also darum, störende Gefühle zu akzeptieren und nicht, sie zu unterdrücken.

Wahren Erfolg erlangen Sie nur durch die Kombination Ihres Verstandes mit Ihren Gefühlen!Weitere Tipps und Anregungen zur optimalen Ausnutzung Ihrer geistigen Ressourcen erhalten Sie im Kapitel »Umsetzung«.

GEDÄCHTNIS, INFORMATIONSAUFNAHME UND LERNEN

»Nichts können ist keine Schande, aber nichts lernen.«
(Deutsches Sprichwort)

»Lernen ist wie das Rudern gegen den Strom; sobald man aufhört, treibt man zurück.«
(Chinesische Wahrheit)

Definition

Unter Gedächtnis versteht man alles, was mit der Speicherung und dem Abruf von Informationen im Gehirn zu tun hat. Psychologen haben zur weiteren Unterteilung folgende Kategorien eingeführt:

- Reproduzieren von Ereignissen und einzelnen Fakten über Stichworte und Begriffe, die als Erinnerungshilfe bzw. Assoziation fungieren
- Wiedervergegenwärtigung von etwas Zurückliegendem
- Wiedererkennen von etwas Bekanntem; unabhängig davon, ob es sich um eine Information oder eine Wahrnehmung handelt
- Wiedererlernen zum leichteren Einprägen bereits bekannter Daten

Was aber ist Lernen? Die Entwicklung dieses Begriffs reicht bis in die Antike zu Sokrates, Platon und Aristoteles zurück. Im Allgemeinen geht es um das Aneignen von Kenntnissen und Fähigkeiten. Dabei kommt es auch zu einer erfahrungsbedingten Veränderung des Verhaltens. Lernen verursacht Modifikationen im Gedächtnis, ebenso wie das Nachdenken. Zwischen den einzelnen Gehirnzellen werden neue Verbindungen (Synapsen) angelegt und verstärkt. Nur auf diese Weise können unsere Erkenntnisse abgespeichert werden. Und das ist die Grundlage von Intelligenz.

- Beim Lernen ist zu unterscheiden zwischen zielorientiertem Lernen, z. B. in der Schule oder Ausbildung, um eine Prüfung zu bestehen, und unbeabsichtigtem Lernen, was alles betrifft, das man quasi nebenher aufnimmt.
- Lernen kann durch äußere Einflüsse begünstigt, aber auch verhindert werden. Motivation, Interesse und Emotionen wirken sich dabei überwiegend positiv aus. Viele Informationen gehen nämlich verloren, wenn der Empfänger diese nicht

als relevant für sich einstuft. Auch fehlt es ihm dann oft an der notwendigen Konzentration.

- Lernen ist meistens an Vorkenntnisse gebunden, denn neue Kenntnisse werden mit alten Gedächtnisinhalten verknüpft. Ein grundlegendes Verständnis der neu zu erlernenden Materie ist daher unabdingbar. Eine abwechslungs- und erlebnisreiche Kindheit kann bereits wichtige Grundsteine legen.
- Lernen findet erfolgsorientiert statt. Verhaltensweisen, die in der Vergangenheit Erfolg versprechend waren, werden beibehalten und somit zur Routine, während Misserfolge negativ gewertet und die entsprechenden Muster »ausradiert« werden. Zur Bewertung zieht unser Gehirn die damit verbundenen Gefühle heran. Lust wird also maximiert und Unlust minimiert.
- Lernen an sich mag nicht unbedingt als Intelligenzfaktor durchgehen. Dass man aber mit mehr Wissen, das man auch zur Anwendung bringt, bessere Ergebnisse erzielen kann, ist unbestritten. Insofern lohnt es sich, diesem Gebiet die gebührende Aufmerksamkeit zu widmen.

Kurz- und Langzeitgedächtnis

Können Sie sich ein Leben ohne Gedächtnis vorstellen? Wohl kaum. Ohne etwas zu lernen und zu behalten, könnten Sie viele Dinge, die Ihnen jetzt gar nicht mehr bewusst werden, überhaupt nicht ausführen. Sie könnten weder Lesen noch Schreiben und sich auch keine Bewegungsabläufe merken. Auch hätten Sie keine Chance, von einmal gemachten Fehlern zu profitieren.

Nach dem aktuellen Stand der Wissenschaft wird zwischen Ultra-Kurzzeitgedächtnis oder sensorischem Gedächtnis, Kurzzeitgedächtnis und Langzeitgedächtnis unterschieden. Damit eine Information ins Langzeitgedächtnis gelangt, muss sie zunächst die beiden vorgelagerten Stufen passieren.

Das **Ultra-Kurzzeitgedächtnis** speichert jeden Sinneseindruck, egal ob wir etwas gesehen, gehört oder gerochen haben, zwischen einer Zehntel und zwanzig Sekunden lang. Danach wird er entweder verworfen oder aber ans Kurzzeitgedächtnis weitergegeben. Die Chance dazu ist natürlich um so größer, je mehr »Kanäle« etwas wahrgenommen haben. Das Ultra-Kurzzeitgedächtnis dient somit als wirkungsvoller Schutz gegen Reizüberflutung, Informationsflut und automatisch ablaufende Vorgänge, die uns nicht belasten sollen.

Ins **Kurzzeitgedächtnis** gelangt eine Information nur, wenn Sie entweder bereits eine Reaktion hervorgerufen hat oder aber mit starken Gefühlen verbunden ist. Möchten Sie sich etwas einprägen, müssen Sie sich zumindest 20 Sekunden lang damit beschäftigen, damit die (zeitlichen) Grenzen des Ultra-Kurzzeitgedächtnisses überschritten werden. Im Kurzzeitgedächtnis hat die Information dann etwa eine Verweildauer von 20 Minuten. Soll auch diese Barriere überschritten werden, ist Wiederholen angesagt. Lediglich besonders wichtige Nachrichten wandern sofort ins Langzeitgedächtnis. Im Kurzzeitgedächtnis fällt also die endgültige Entscheidung darüber, was wir uns letztendlich merken.

Der Inhalt unseres Kurzzeitgedächtnisses ist uns immer bewusst. Dafür hat es allerdings nur eine Kapazität von etwa sieben unabhängigen Informationen. So können Sie sich eine Telefonnummer meist noch relativ problemlos merken, bis Sie Stift und Notizblock zur Hand haben. Mit Vorwahl wird es für die meisten Menschen schon zu schwierig. Insofern ist es sinnvoll, zusammengehörige Daten zu gliedern und zusammenzufassen. So haben Sie die Möglichkeit, Ihre Ressourcen optimal zu nutzen.

Eine ganze Reihe von Psychologen sind übrigens der Meinung, dass das oben beschriebene Szenario nicht ganz stimmt. Sie gehen davon aus, dass sich der Mensch alles, auch jede noch so unwichtige Nebensächlichkeit, merkt. Das Problem sehen Sie eher im Abruf. Wenn wir keinen passenden Schlüssel, quasi den Zugangscode zu unserem Gedächtnisinhalt, haben, kommen wir an die abgespeicherten Informationen nämlich nicht mehr heran. Tatsächlich gibt es ja den Effekt, dass wir uns aktiv an ein Ereignis nicht erinnern können, aber kaum taucht eine entsprechende Assoziation auf, sehen wir alles wieder glasklar vor uns.

Im Endeffekt ist es ziemlich egal, welches von diesen beiden Modellen stimmt, denn die Strategien, um sich etwas einzuprägen und später wieder darauf zurückgreifen zu können, bleiben dennoch gleich.

Wenn wir etwas lernen wollen oder müssen, möchten wir im Allgemeinen, dass die entsprechenden Daten im **Langzeitgedächtnis** abgelegt werden und wir sie jederzeit abrufen können. Bei der Vielzahl dort abgespeicherten Informationen haben wir jedoch nicht immer alles spontan parat. Daher müssen wir wie bereits oben erwähnt unsere Erkenntnisse mit bekanntem Hintergrundwissen verknüpfen oder neue Geschichten konstruieren. Sie sollten auf jeden Fall das zu Lernende untereinander verweben. Auch merken wir uns Dinge einfacher, welche mit einer Vielzahl von Sinneseindrücken einhergehen. Je mehr Verbindungen im Gehirn hergestellt werden können, um so mehr Kanäle zum Abruf stehen uns letztendlich zur Verfügung. Selbst ein vager Eindruck oder ein unbestimmtes Gefühl kann dann bei uns bereits altes Wissen hervortreten lassen. Um uns ein Geschehen wieder ins Gedächtnis zurückzurufen, müssen wir uns dann oft nur noch an den Veranstaltungsort erinnern.

Fazit

Aus dem oben Beschriebenen lässt sich ableiten, dass Neues um so leichter eingeprägt werden kann, je mehr Sie auch Ihr Vorstellungsvermögen daran beteiligen und je intensiver Sie das Erlebte wahrnehmen. Lernen ist also nicht einfach ein passiver Prozess; Sie müssen sich auch selbst miteinbringen, um den gewünschten Erfolg zu erzielen. Und natürlich sollten Sie das Gelernte dann in der Praxis anwenden.

Das Langzeitgedächtnis lässt sich nochmals weiter unterteilen:

- Im **deklarativen** oder **expliziten Gedächtnis** befinden sich Inhalte, die wir auch erklären können. Es enthält sowohl einzelne Fakten als auch umfangreiche Geschehnisse. Diese Informationen sind uns jederzeit zugänglich, können aber auch wieder »vergessen« werden. Das explizite Gedächtnis befindet sich im Hippocampus und der angrenzenden Großhirnrinde.
- Im **nicht-deklarativen** bzw. **impliziten Gedächtnis** finden sich Dinge wie althergebrachte Gewohnheiten, Emotionen und auch motorische Fähigkeiten. So können wir lernen, auf etwas, das zunächst einen unbewussten Reflex auslöst, gar nicht mehr oder in veränderter Weise zu reagieren. Radfahren oder ein Musikinstrument zu spielen, ohne bewusst darüber nachdenken zu müssen, fallen in die gleiche Kategorie. Diese Fähigkeiten verlernen wir dann nie wieder. Ein Großteil unserer Persönlichkeit ergibt sich aus dem, was im impliziten Gedächtnis angesammelt ist. Es ist in der Hirnrinde und dem Streifenkörper lokalisiert.

Eine weitere Aufsplittung wäre möglich. Diese an dieser Stelle auszuführen würde in diesem Rahmen zu weit führen. Entsprechende wissenschaftliche Literatur finden Sie im Handel.

Daneben gibt es auch noch ein **Arbeitsgedächtnis**, das einerseits aktuelle Daten beinhaltet, die noch nicht verarbeitet wurden, aber auch auf das Langzeitgedächtnis zurückgreift. Länger als eine Stunde bleibt uns sein Inhalt aber nicht erhalten. Kreativität ist wohl schwerpunktmäßig in diesem Bereich angesiedelt, denn neue Ideen entstehen immer aus der Verknüpfung bereits erfasster und verstandener Informationen. Was uns davon wichtig und bedeutend erscheint wandert anschließend ins Langzeitgedächtnis. Näheres dazu erfahren Sie im Kapitel »Kreativität und Originalität«.

Tipp

!

Konzentrieren Sie sich auf die vielen (kleinen) positiven Dinge in Ihrem Leben! Dann werden diese auch in Ihrem Gedächtnis überwiegen und Sie immer wieder vorantreiben, auch wenn einmal nicht alles optimal verlaufen sollte. Säubern Sie Ihr Gehirn von negativen Gedanken und sammeln Sie in Zukunft erst gar nicht mehr so viel »Müll« an.

Festigung von Gedächtnisinhalten im Schlaf

Wie bereits oben dargelegt, ist es mit der reinen Informationsaufnahme nicht getan, wenn die Fakten dauerhaft erhalten bleiben sollen. Nur wenn sie vernünftig eingeordnet und mit anderen Inhalten verknüpft werden können, fällt uns später der Abruf leicht. Das erfordert jedoch Zeit, die wir unserem Gehirn in der Hektik des Alltags oft nicht gönnen.

Können Sie sich noch an Situationen erinnern, z. B. in der Schulzeit, wo Sie am Abend dringend noch etwas wie beispielsweise ein Gedicht auswendig lernen mussten? Oft waren Sie schon sehr müde und unkonzentriert, so dass Sie den Lernstoff nicht ohne Hilfestellung wiedergeben konnten. Sie haben sich dann ins Bett gelegt, und als Sie am nächsten Morgen aufwachten, war plötzlich alles da, ohne dass Sie nochmals ins Lehrbuch schauen mussten. Was ist hier in der Nacht passiert? Diese Frage haben sich auch viele Schlafforscher gestellt und dabei einen Zusammenhang mit der im ersten Abschnitt aufgestellten These gefunden. Die Verarbeitung der im Laufe eines langen, ereignisreichen Tages gesammelten Eindrücke findet nämlich im Schlaf statt! Erst wenn das Gehirn zur Ruhe kommt, kann sich der Stoff setzen. Der Schlaf spielt also eine ganz entscheidende Rolle für die Konsistenz unserer Erinnerungen.

Der REM-Schlaf

Eine Vielzahl bestätigender Forschungsergebnisse findet man zum REM-Schlaf. REM steht für »rapid eye movement«, also die Phase, in der sich unsere Augäpfel besonders intensiv bewegen. Dies ist gleichzeitig auch die Traumphase. Schaut man sich die dabei produzierten Gehirnströme an, ähneln diese stark dem eines wachen Menschen.

Aus Tierversuchen weiß man, dass einerseits komplizierte Testanordnungen weniger gut eingeprägt wurden, wenn man die Versuchskandidaten daran hinderte, in den REM-Schlaf zu fallen. Andererseits führten aber solche Tests bei Tieren, die man ausschlafen ließ, zu einer Verlängerung der Traumphase. Nachdem das Tier dann alles »begriffen« hatte und die Aufgaben routinemäßig lösen konnte, ging der Anteil wieder auf den Normalwert zurück.

Der Delta-Schlaf

Aber auch bei Menschen wurden verschiedene Versuche angestellt. Dabei fand man heraus, dass viel vom Erlebten im REM-Schlaf noch ein oder mehrere Male durchgespielt wird, bis sich die entsprechende Bindung gefestigt hat. Der israelische Neurobiologe Avi Karni zeigte seinen Probanden abends komplizierte Schaubilder, die diese auseinander halten mussten. Hierzu benötigten sie im Wachzustand oft mehrere Hundert Durchgänge. Das beste Ergebnis erzielten sie dabei nicht direkt im Anschluss an das Lernen, sondern erst am nächsten Morgen, nachdem sie die Nacht geschlafen hatten. Wurden sie aber jedes Mal aus Ihrem REM-Schlaf gerissen, stellte sich keine Verbesserung ein. Dagegen konnte die Ausschaltung des Tiefschlafs den Lernerfolg nicht beeinträchtigen.

Von mehreren Seiten wurde zudem bestätigt, dass es wirklich der neue Lernstoff ist, mit dem man sich im REM-Schlaf beschäftigt. Macht man die Stoffwechselprozesse während des Lernvorgangs im Gehirn nämlich sichtbar, zeigt es sich, dass dieselben Zellverbände auch während dieser Schlafphase besonders aktiv sind. Ja, zu bestehenden Verbindungen werden sogar oft neue zwischen den einzelnen Nervenzellen hergestellt. Was im einzelnen dabei alles passiert, ist Untersuchungsgegenstand der aktuellen Forschung.

Aber auch der Delta-Schlaf, der mit tiefer Entspannung und tranceartigen Zuständen assoziiert wird, ist offenbar an der Gedächtnisbildung beteiligt. Delta-Wellen besitzen eine niedrige Frequenz, dafür aber eine große Amplitude. Während dieser Schlafphase sind Augenbewegungen und auch Träume weitgehend ausgeschaltet.

Im Delta-Schlaf werden im Hippocampus wieder die Zellen aktiv, die bereits beim Lernvorgang beteiligt gewesen waren. Auf jeden neuen Signalreiz aber erhöht sich die Reaktion der beteiligten Nervenbahnen. Dieser Vorgang wird auch als Langzeitpotenzierung bezeichnet, und er scheint wesentlich für das Erinnerungsvermögen zu sein. Man weiß aus Untersuchungen von Gehirnverletzten, dass Menschen ohne oder mit beschädigtem Hippocampus Probleme haben, sich an kurz zurückliegende Ereignisse zu erinnern. Sie sind dadurch auch schwerlich in der Lage, Neues hinzuzulernen. Aktuelle Geschehnisse, Gesichter, Telefonnummern usw. gehen fast unmittelbar wieder verloren.

Beispiel
An der Universität Lübeck ging man der Frage auf den Grund, ob das rein zufällig ist oder sich ein ursächlicher Zusammenhang feststellen lässt. Da man wusste, dass der Delta-Schlaf bereits am Abend kurz nach dem Einschlafen auftritt und der REM-Schlaf eher gegen Ende am frühen Morgen, konnten interessante Vergleiche in Bezug auf unterschiedliche Einschlaf- und Weckzeiten angestellt werden. Wer erst sehr spät zu Bett ging, musste weitgehend auf seine Delta-Phasen verzichten. Mitten in der Nacht Geweckte bekamen dafür eine vergleichbar geringe Menge an REM-Schlaf mit.
Ähnlich wie in Israel wurde mit komplizierten Darstellungen gearbeitet, die erkannt und unterschieden werden mussten. Dazu war ein vergleichbarer Lernaufwand vonnöten. Eine Gruppe absolvierte ihr Pensum am Abend und durfte früh zu Bett, wurde aber bereits nach wenigen Stunden Schlaf wieder geweckt. Sie hatten also bereits eine gehörige Portion Delta-Schlaf, aber nur wenig REM-Schlaf hinter sich. Die zweite Gruppe bekam ihre Aufgaben erst in der Nacht gestellt und durfte genauso lange schlafen. In diesem Fall war es umgekehrt: Der REM-Schlaf dominierte bei diesen Versuchskandidaten eindeutig gegenüber dem Delta-Schlaf. Zu guter Letzt gab es auch noch eine Vergleichsgruppe, die wie die erste ebenfalls am Abend übte, die Nacht aber komplett durchschlafen durfte.
Erwartungsgemäß schnitten Letztgenannte insgesamt am besten ab. Dann jedoch ergab sich eine kleine Überraschung: Nicht etwa die REM-Schläfer folgten an zweiter Stelle; sie wurden deutlich von den Delta-Schläfern hinter sich gelassen, die recht gut mit den Aufgaben zurecht kamen. Der REM-Schlaf allein hatte also gar nicht so viel gebracht.

Nach neuesten Erkenntnissen geht man daher davon aus, dass die Gedächtnisbildung in zwei Phasen stattfindet. Man benötigt sowohl den Delta- als auch den REM-Schlaf. Und hierzu ist es eben erforderlich, dass der Mensch insgesamt genug Schlaf bekommt. Besonders die erste Nacht nach dem Lernvorgang stellte sich als entscheidend heraus. Probanden, denen hier der gesamte Schlaf verwehrt wurde, schnitten am schlechtesten ab. Die Folgenächte trugen jedoch bei den Personen, welche auch in der ersten Nacht schlafen durften, noch zur weiteren Festigung der Daten bei.

Dass neues Wissen etwas Zeit benötigt, um sich zu setzen, erkennt man übrigens auch an der Tatsache, dass Menschen mit einer schweren Gehirnerschütterung sich oft nicht mehr an die auslösende Situation erinnern können. Dagegen ist ihre Erinnerung an weiter zurückliegende Geschehnisse meist unbeeinträchtigt.

Fazit
Ohne Schlaf funktioniert unser Gedächtnis kaum. Nur wenn Sie sich regelmäßig eine ausreichende Portion davon gönnen, können Sie wirkungsvoll Erinnerungslücken vorbeugen.

Gedächtnistraining

Wie wir wissen, lässt sich die Gedächtnisleistung steigern, sich also niemand mit einem »schlechten« Gedächtnis abfinden muss, es sei denn, es hat eine krankheitsbedingte Ursache. Und wer sich im Alter ausreichend geistig betätigt, wird kaum an Leistungsvermögen einbüßen. Wie anpassungsfähig unser Gehirn ist, belegen Schlaganfallpatienten, bei denen andere Gehirnregionen die Funktion des geschädigten oder ausgefallenen Bereichs übernehmen. Auch in hohem Alter können immer noch neue Zellen produziert und neue Verbindungen hergestellt werden.

Vielleicht kennen Sie ja auch Menschen, die behaupten, ein schlechtes Gedächtnis zu besitzen, obwohl sie im Bereich ihrer Hobbys wahre Experten sind, die Ihnen jede noch so nebensächliche Frage beantworten können. Das weist wiederum darauf hin, wie wichtig es ist, sich für das zu interessieren, was man lernen möchte. Es gibt kein besseres »Gehirndoping« als Motivation und fest an die damit verbundene Verwirklichung seiner Ziele zu glauben!

Was aber ist zu tun, wenn Sie gezwungen sind, sich mit etwas zu beschäftigen, was Sie überhaupt nicht interessiert oder gar abstößt? Wie können Sie sich dann in einen möglichst vielversprechenden Zustand bringen?

Natürlich können Sie sich die Konsequenzen in den schlimmsten Farben ausmalen, die entstehen, wenn Sie Ihrer Pflicht nicht nachkommen. Doch auf die Dauer ist das nicht die ideale Lösung, wie man in der modernen Pädagogik und Psychologie erkannt hat. Strafen wie körperliche Züchtigung in der Schule sind schon länger bei uns abgeschafft. Schaffen Sie sich lieber positive Anreize.

Diese erhalten Sie unter anderem aus der Befriedigung, die Sie befällt, wenn Sie die Aufgabe erfolgreich abgeschlossen haben oder am Ziel Ihrer Wünsche angekommen sind. Doch zuvor sollten Sie einige Vorkehrungen treffen, um besser mit den unliebsamen Dingen zurecht zu kommen:

- Hilfreich kann dabei beispielsweise sein, den zu lernenden Stoff in mehrere kleinere Pakete aufzuteilen. So gelangt man auch schneller zu einem Erfolgserlebnis. Das gibt einem dann genügend Schwung, um den nächsten Teil anzugehen.

Wenn sich dann erst einmal die nötige Routine eingestellt hat, wird Ihnen alles leichter von der Hand gehen. Um Ihre Motivation aufrecht zu erhalten, dürfen Sie sich nach geglücktem Abschluss einer Einheit auch mal eine Belohnung gönnen – z.B. ein gutes Essen, einen Theaterbesuch, einen Ausflug o. Ä. Falls das eine zu große Unterbrechung Ihrer Tätigkeit darstellt, legen Sie zumindest eine kurze Ruhe- und Entspannungspause ein, um wieder »fit« zu werden.
Machen Sie es sich aber auch nicht zu einfach! Sonst verfallen Sie schnell in Selbstzufriedenheit und vernachlässigen Ihre Aufgaben. Schließlich wollen Sie den gelungenen Einstieg ja nicht als Grund zum Faulenzen betrachten.

- Jedem für Sie im Vorhinein noch so abschreckenden Gebiet lassen sich auch positive Aspekte abgewinnen! Suchen Sie daher nach interessanten Fakten. Wenn Sie dies aktiv betreiben, werden Sie ganz nebenher auch eine Menge »uninteressanter« Informationen mitbekommen. Wenn es Ihnen dann auch noch gelingt, diese in Bezug zu den erstgenannten Punkten zu setzen, werden Sie sie nicht so schnell vergessen.
  Betrachten Sie neue Daten auch nie rein isoliert. Wo sehen Sie Anknüpfungspunkte in Bereichen, denen Sie mehr abgewinnen können? So machen Sie sich einerseits gleich Gedanken, was zum Verständnis und zur besseren Aufnahme beiträgt. Außerdem gewinnen Sie nebenbei auch eine Reihe neuer Erkenntnisse, von denen Sie direkt profitieren können.

Vermeiden Sie dagegen folgendes:

- »Aufschieberitis« ist ein schlimmes Übel, wenn Sie um etwas nicht herum kommen. Nicht nur, dass Ihnen die Zeit davon läuft und Sie immer mehr unter Druck geraten; wenn Sie etwas immer nur vor sich herschieben, werden Sie sich auch so lange nicht gut fühlen, wie Sie dieses Problem endlich vom Tisch haben. Reißen Sie sich also am Riemen! Mit den zuvor gegebenen Tipps sollte es eigentlich möglich sein, gelassen und gelöst an die Bewältigung Ihrer Aufgaben heranzugehen.
- Häufig werden auch andere unwichtige »Alibitätigkeiten« vorgeschoben, nur um sich berechtigt drücken zu können. Damit schaden Sie sich aber doch nur selbst! Wer nicht in der Lage ist, Prioritäten richtig zu setzen, wird anderen immer nur hinterherlaufen. Werden Sie sich also klar darüber, was Ihnen wirklich wichtig ist, und lassen Sie sich dann von den sich daraus ergebenden Konsequenzen nicht abhalten, endlich aktiv zu werden. Wenn Sie dies erreichen, kommt der Rest oft von selbst!
- Lassen Sie sich andererseits aber auch zu nichts drängen, was Sie nicht selbst wol-

len. Fragen Sie sich von Zeit zu Zeit, für was oder wen Sie dies eigentlich tun. Wenn es Ihnen gar keinen Spaß macht und für Sie nur eine lästige Pflicht darstellt, sollten Sie auf Abhilfe sinnen. Vielleicht ist es ja gar nicht nötig, dass Sie diese Aufgabe erledigen. Welche Auswirkungen hat das Einstellen der Tätigkeit? Wenn der Nutzen gering bleibt, aber viel Aufwand erfordert, ist es möglicherweise sinnvoller, anderen lohnenderen Dingen nachzugehen.

- Laufen Sie auch nicht in die Falle, sich nur mit einem Thema zu beschäftigen, weil es »alle anderen« ja auch tun. Die Menge kann selten als Maßstab betrachtet werden, da hier nur sehr wenige Menschen die Richtung bestimmen und der Rest alles Mitläufer sind.

Wie kann ich nun aber feststellen, ob mir diese Tipps weitergeholfen haben? Es gibt eine Reihe von Möglichkeiten, das Erinnerungsvermögen zu testen. Als erstes ist hierzu die freie Wiedergabe des Gelernten zu zählen. Wenn etwas nicht vollständig gelernt wurde, hinkt ein entsprechender Vergleich allerdings etwas. Dann sollte eine Reproduktion eher anhand von Vorgaben, etwa einem Multiple-Choice-Test erfolgen. Auch wenn Sie etwas nicht auswendig parat haben, hat es nämlich oft Spuren im Gedächtnis hinterlassen, die wieder aktiviert werden können. Zu nennen ist hier beispielsweise auch der Deja-vu-Effekt, wenn einem etwas bekannt vorkommt, man aber nicht mehr weiß, woher. Dieses Wissen ist also zumindest passiv vorhanden.

Wenn Sie Stoff für eine Prüfung o. Ä. lernen müssen, gehen Sie am besten wie folgt vor:

- Bringen Sie sich zunächst in die richtige Stimmung. Wenn Sie keine Lust zum Lernen haben, werden Sie auch kein Interesse für die Materie mitbringen. Sie schweifen dann öfters ab, steigen nirgends tiefer ein und veranschaulichen sich nichts. Das Gehirn findet daher auch wenig Anknüpfungspunkte und sieht die Informationen als unbedeutend an.
- Zu einer positiven Atmosphäre beitragen kann sicherlich der Ort, den Sie zum Studieren aufsuchen. Zwar sollten Sie alle Arbeitsmittel zur Hand haben; andererseits darf er aber nicht überladen wirken. Denn dann muss sich Ihre Konzentration auf zu viele Nebensächlichkeiten aufteilen.
- Werden Sie sich auch über Ihr Motiv/Ihren Grund im Klaren. Nur wenn Sie Ihr Ziel kennen, kann sich die Aufmerksamkeit und Konzentration auf die entsprechenden Stellen richten. So erkennen Sie schnell das Wesentliche und werden nicht »erschlagen«. Hilfreich ist es daher auch, sich zu Beginn gleich im Geiste die Fragen zu stellen, auf die man eine Antwort erhofft.

- Aus dem Kapitel über Ernährung wissen Sie auch bereits, dass Sie viel (Wasser, Säfte und Tee) trinken sollten. Stellen Sie sich daher ein Getränk griffbereit auf den Tisch. Auch an einen kleinen, leichten Snack, etwa frisches Obst, ein mageres Joghurt usw. sollten Sie immer denken.
- Bevor Sie mit dem eigentlichen Lernen beginnen, müssen Sie erst einmal verstanden haben, worum es geht. Stures Auswendiglernen führt spätestens dann zu Problemen, wenn Sie eine gebietsübergreifende Antwort geben müssen. Aber auch nicht explizit enthaltene Informationen aus dem selben Fachbereich werden Sie nicht wiedergeben können.
  Andererseits werden Sie feststellen, dass Sie, nachdem Sie alles verstanden haben, gar nicht mehr so viel lernen müssen. Sie haben sich nämlich schon ausführlich mit dem Thema beschäftigt, was auch in Ihrem Gedächtnis Spuren hinterlassen hat. Die Bahnen sind also bereits angelegt und müssen nur nochmals gefüllt werden.
  Verschaffen Sie sich zunächst einen Überblick über den Stoff, bevor Sie ins Detail gehen. Hilfreich können dazu bei einem Buch z. B. das Inhaltsverzeichnis, Umschlagtexte oder Zusammenfassungen von Kapiteln sein. Auch hervorgehobene Texte oder Begriffserklärungen stellen einen guten Einstieg dar.
  Zum Abschluss fassen Sie nochmals alles kurz zusammen, worüber Sie neue Erkenntnisse gewonnen haben. So sehen Sie schnell, wo noch Lücken und Verständnisschwierigkeiten existieren, und können diese gezielt angehen. Durch die Strukturierung wird auch Ihr Gehirn entlastet und kann das Gelernte besser einordnen. Der Lernerfolg ist dadurch nahezu garantiert.
- Wenn Sie sich längere Zeit nicht mehr mit einer Sache beschäftigt haben, lässt Ihr Wissen darüber langsam nach. Zwar vergessen Sie es nicht, aber es wird mehr und mehr von jüngeren und intensiveren Eindrücken überlagert.
  Wenn Sie immer noch problemlos darauf zugreifen wollen, müssen Sie Gelerntes daher in regelmäßigen Abständen wiederholen. Dabei genügt oft ein einmaliges Durchlesen zur Auffrischung. Haben Sie dennoch einmal etwas völlig vergessen, dann müssen Sie sich nämlich noch einmal genauer mit der Materie beschäftigen. Das grundlegende Verständnis sollte noch vorhanden sein, so dass Sie auf jeden Fall weniger Zeit als beim ersten Mal benötigen. Schauen Sie sich auch aktuelle Informationen an! Diese ergänzen nicht nur Ihr Wissen, sondern helfen auch bei der Zuordnung des Bekannten.
- Zu neuen Erkenntnissen gelangen Sie auch, indem Sie Ihr Wissen praktisch anwenden. Die hinzukommenden Erfahrungswerte zeigen Ihnen, ob Sie auf dem richtigen Weg sind. Ist Ihr Stand bereits überholt oder benötigen Sie weitere Details? Dann sollten Sie sich um eine Vertiefung bemühen.

Wenn wir mal etwas vom Schulwissen o. Ä. abschweifen, sind Bewegungsabläufe ein bestätigendes Beispiel. Laufen, Radfahren oder Schwimmen lernt man eben nur dadurch, dass man es tut. Sie können zwar auch aus der Theorie erfahren, wie es funktionieren sollte, doch sind Sie dann noch weit davon entfernt, es zu können. Dafür bleiben auf dem praktischen Weg erlernte Fähigkeiten dann ein Leben lang erhalten.

- Beschäftigen Sie sich auch immer wieder mit den erzielten Ergebnissen. Wo haben Sie persönliche Defizite? In welchen der oben beschriebenen Bereiche können Sie noch effektiver werden? Gibt es grundsätzliche Dinge, die Sie noch ändern müssen?

Mehrere kurze Lernzeiten bringen mehr als alles en bloc einhämmern zu wollen. Also immer wieder kleine Verschnaufpausen einlegen und für etwas Abwechslung sorgen. Bleiben Sie nicht zu lange bei einem Thema, sondern variieren Sie! So kann sich der Stoff setzen. Berücksichtigen Sie zudem auch den Wiederholeffekt und rufen Sie sich die wesentlichen Punkte der letzten Lerneinheit ins Gedächtnis.

Tipp
Medikamente, Tabak, Alkohol und andere Rauschmittel können im Übrigen Ihre Gedächtnisleistung negativ beeinflussen. Sie sollten Sie daher weitestgehend meiden.

!

Grundregeln

Es folgen nun einige weitere Tipps, mit denen Sie auch einzelne, losgelöste Informationen besser verinnerlichen können. Der Grundgedanke dabei ist immer, durch Assoziationen (bildhafte Vorstellungen) und den Einsatz unserer Fantasie soviel Emotionen zu erzeugen, dass die Botschaft von unserem Gehirn als wichtig eingestuft und daher sorgfältig abgelegt wird.

- Je verrückter, skurriler und grotesker Ihre Vorstellungen sind, desto eher öffnet sich die Pforte zum Langzeitgedächtnis. Sie dürfen also ruhig übertreiben! Erarbeiten Sie sich Ihre ganz persönliche Geschichte. Und sparen Sie dabei bloß nicht an Bildern. Diese können wir uns nämlich besonders leicht merken.

- Auch wenn etwas absolut neu für Sie ist, fällt es Ihnen aufgrund des gesteigerten Interesses viel leichter, sich dieses zu merken. Nun können Sie sich zwar nicht ständig mit etwas anderem beschäftigen, aber doch immer wieder neuartige Aspekte miteinbringen. So erweitern Sie einerseits Ihr Wissen, kommen aber andererseits auch besser mit »langweiligen« Dingen zurande.

Beispiel
Erinnern Sie sich übrigens noch, wann Sie zum letzten Mal Rad gefahren sind? Nein? Aber höchstwahrscheinlich fallen Ihnen noch Ihre ersten kläglichen Versuche als Kind ein. Das ist viel länger her, aber damals waren Sie eben voll bei der Sache, weil es neu und ungewohnt war. Später wurde es dann zur Routine und daher nicht mehr im selben Maß wahrgenommen. Wenn Sie wieder mit den staunenden Augen eines kleinen Kindes die Welt betrachten, werden auch Sie wieder mehr über das Alltägliche hinausgehende Eindrücke gewinnen.

- Stellen Sie sich ein Objekt nicht einfach flach, sondern in seiner dreidimensionalen Gestalt vor. Bringen Sie auch Farbe(n) und möglichst viele Details mit ein!
- Beziehen Sie außer dem Gesichtssinn auch die Ohren, Nase und den Tastsinn mit ein. Was für Geräusche oder Musik hören Sie? Welcher Geruch liegt in der Luft? Wie fühlt sich das Objekt bzw. dessen Oberfläche an? Je mehr Eindrücke Sie aufnehmen und verknüpfen können, desto leichter wird Ihnen später das Abrufen der Informationen fallen.
- Bewegung beflügelt Ihre Vorstellungskraft und gestaltet alles lebendiger. Und je plastischer das Geschehen auf Sie wirkt, um so eher wird es vom Gehirn als Tatsache akzeptiert und abgespeichert.
- Bleiben Sie im Hier und Jetzt! Ganz entscheidend zum Einprägen ist Ihre Wahrnehmung. Beobachten Sie daher genau und bewusst. Um nicht abzuschweifen, sollten Sie auch die Ratschläge im Kapitel »Aufmerksamkeit, Konzentration und geistige Ausdauer« berücksichtigen. Nur wenn Sie bei der Sache bleiben, wird Ihnen nichts Wichtiges entgehen.
- Last, but not least das vielleicht Wichtigste: Welche Empfindungen steigen in Ihnen hoch, wenn Sie das Ganze betrachten? Diese sind sehr nützlich bei der Einordnung der neuen Information. Und bringen Sie auch immer Freude am Lernen mit. Nur mit der entsprechenden Bereitschaft und dem Glauben an den Erfolg werden Sie Ihr Ziel auch erreichen.

Regelmäßige Wiederholungen gerade in den ersten Tagen halten die Erinnerung frisch und lebendig und lassen Sie mehr Einzelheiten im Gedächtnis behalten. Auch wenn Sie zusätzliche Gedächtnisstützen benützen wie Notizen machen oder Aufzeichnungen verwenden, wird allein durch die Beschäftigung mit dem Stoff Ihr Erinnerungsvermögen verbessert. Wenn Ihnen dabei neue Gesichtspunkte einfallen, um so besser! So signalisieren Sie Ihrem Gehirn, dass die Information wirklich von Bedeutung für Sie ist.

Mnemonik-Systeme

Mnemonik oder Mnemotechnik ist ein Begriff aus dem Griechischen. Er wurde abgeleitet von Mnemosyne, der Göttin des Gedächtnisses und der Erinnerung. Sie gehörte zu den vorolympischen Titanen und war eines der Kinder des Himmelsgottes Uranos und der Erdgöttin Gaia. Sie zeugte zusammen mit Zeus die neun Musen.

Unter Mnemonik versteht man daher logischerweise die Lehre von der Gedächtniskunst. Geht es nämlich darum, sich gleich ein ganzes Bündel von Informationen einzuprägen, etwa den Terminkalender, eine Einkaufsliste o. Ä., wären die weiter oben beschriebenen Tricks zu aufwendig und ineffektiv. Hier haben sich einige andere Methoden bewährt:

Die Aufhänger-Methode

Finden Sie zu jeder Zahl zwischen 1 und 10 entweder einen Begriff, der sich darauf reimt oder ein Objekt, das dieser Zahl ähnlich sieht. Die 1 als langer Strich könnte einer Kerze entsprechen, die gekrümmte 2 einem Schwan, die 3 einem doppelten Haken usw.

Diese Zuordnungen müssen Sie dann erst einmal auswendig lernen. Aufgrund der hergestellten Verbindungen sollte das aber nicht besonders schwer fallen.

Nun können Sie immer dann, wenn Sie sich mehrere Dinge zu merken haben, diese mit der entsprechenden Zahl und so mit dem gelernten Begriff oder Objekt verknüpfen. Fangen Sie mit zunächst mit wenigen Sachen an und steigern Sie sich allmählich. Reichen Ihnen dann, was sehr schnell passieren kann, die zehn Zahlen nicht mehr, können Sie jeweils zwei miteinander kombinieren. Die 10 fungiert dann auch als 0. Diese Methode besitzt mehrere Vorteile:

- Sie knüpfen an bereits Gelerntes an, so dass die neue Information nicht in der Luft hängt.
- Sie werden zu einer bildhaften Vorstellung gezwungen.

Aufgrund der immer wieder verwendeten gleichen »Haken« ist allerdings damit zu rechnen, dass das Gelernte schnell wieder »überschrieben« wird. Für kurzfristig benötigtes Wissen ist es aber ein sehr geeignetes Verfahren. Insbesondere lässt sich dieses nach einiger Übung auch wahllos durcheinander abrufen, da Sie sich nur an die entsprechende Zahl erinnern müssen.
Übrigens: Wenn Sie bereits über eine Liste mit passenden Begriffen verfügen, wird es noch einfacher. Sie müssen dann erst gar nicht die »Aufhänger« auswendig lernen.

Die Loci-Methode

(von lat. *locus* = Ort) Die »Technik der Orte« ähnelt der oben beschriebenen Aufhänger-Methode. Wieder wird neu aufzunehmendes Wissen mit einer bildhaften Vorstellung assoziiert. Auch hier hilft also ein Training der Visualisierung, denn diese ist eine wichtige Voraussetzung. Übungen dazu finden Sie am Ende dieses Kapitels.

Diesmal sind es entweder Orte oder Gegenstände in einem bekannten Raum, die Sie in einer festen Reihenfolge durchgehen. Wenn Sie an Ihr Wohnzimmer denken, fallen Ihnen sicher eine Menge Dinge ein, die sich dort befinden wie Couch, Tisch, Teppich usw. Auch diese können als »Aufhänger« benutzt werden. Der Vorteil dabei ist, dass Sie diese nicht erst lernen müssen. Dafür müssen Sie aber erst eine Ordnung hineinbringen, um Informationen in beliebiger Reihenfolge abrufen zu können. Ansonsten könnte es passieren, dass Ihnen der Teppich, den Sie mit einem anderen Objekt verknüpft haben, gar nicht mehr einfällt. Damit wäre auch die weitere Information verloren.

Letzten Endes ist es genauso eine Strategie des Ablegens und Einsammelns wie die vorher betrachtete. Wie Vergleiche ergeben haben, ist sie herkömmlichen Techniken des Auswendig-Lernens deutlich überlegen. In Versuchsreihen konnten Personen bereits nach fünf Wochen Training von 25 memorierten Begriffen gut 80 Prozent richtig wiedergeben. In einer Vergleichsgruppe waren es nur 36 Prozent.

Am besten probieren Sie selber einmal aus, was Ihnen mehr liegt. Ich möchte nur noch kurz ein Beispiel für beide Methoden geben:

Beispiel
Sie wollen Wasser, Milch und Brot einkaufen.
Im ersten Fall stellen Sie sich dann beispielsweise eine Kerze vor, die von einem Wasserstrahl gelöscht wird, einen Schwan mit einer Milchflasche auf dem Rücken und einen Doppelhaken, an dem ein Brot hängt.

Bei der zweiten Variante verwenden Sie einen Wasserkasten auf der Couch, verschüttete Milch auf dem Tisch und Brotscheiben, die auf dem Teppich verteilt sind. Spinnen Sie ruhig etwas herum, denn Sie wissen ja, dass sich die Informationen dann besser merken lassen.

Parallellernen

Parallellernen ist zwar keine Methode, etwas besser zu lernen, wohl aber schneller, da Sie sich mit mehreren Dingen gleichzeitig beschäftigen können. Wie funktioniert es? Bereits vor längerer Zeit wurde festgestellt, dass sich durch den richtigen »Hintergrund« Konzentration und Lernvermögen erheblich steigern lassen. So sagt man dies z. B. ruhiger klassischer Musik nach.

Haben Sie auch schon einmal versucht, zwei Fernsehsendungen gleichzeitig zu sehen? Sie können entweder in regelmäßigen Abständen zwischen zwei Kanälen hin- und herschalten, oder aber in den Werbepausen einen Film von Video ansehen. In diesem Fall hätten Sie beides (weitgehend) komplett; jedenfalls wenn Sie wieder rechtzeitig zurückschalten.

Vielleicht sind Sie ja etwas skeptisch in Bezug darauf, dass Sie sich davon etwas merken können. Oft wird aber der Informationsfluss keinesfalls unterbrochen, selbst wenn Ihnen Teile fehlen. Unser Gehirn ist nämlich ein recht guter Rekonstrukteur. Sie haben nun in weniger Zeit mehr aufgenommen.

In der Praxis funktioniert das Verfahren dann so, dass Sie sich vordergründig mit einer Tätigkeit beschäftigen wie einen Brief zu schreiben, Computerarbeit, Aufgaben lösen oder etwas Ähnlichem, dass Ihre volle Aufmerksamkeit in Anspruch nimmt. Im Hintergrund hören Sie dagegen (eventuell zuvor auf Band gesprochen) Ihren Lernstoff mit den Daten, die Sie verinnerlichen wollen.

Tipp

Versuchen Sie nicht, dem Text im Hintergrund bewusst zu folgen! Ihr Unterbewusstsein soll sich damit beschäftigen.

Wenn Sie die Kassette oder das Band später einmal bewusst anhören, werden Sie mit Erstaunen feststellen, wie viel Ihnen davon schon bekannt vorkommt. Oft wird es Ihnen sogar möglich sein, zu erraten, was als nächstes folgt. Die Bahnen ins Gehirn sind bereits angelegt, und das neue Wissen lässt sich nun besonders leicht mit Altbekanntem verknüpfen.

Probieren Sie es ruhig einmal aus, wenn Sie mir nicht glauben. Der Erfolg gibt dieser Methode recht. Weitere positive Aspekte sind u. a.:

- Auch in Alltagssituationen werden Sie nun eher einen kühlen Kopf bewahren und sich besser konzentrieren können.
- Wenn Sie mal wieder durch einen Telefonanruf, ein Klingeln an der Tür o. Ä. bei Ihrer aktuellen Tätigkeit unterbrochen werden, finden Sie schneller den Faden wieder. Sie können mit Ihren Gedanken sofort wieder Ihre zuvor angestellten Überlegungen fortsetzen.
- Ferner wird es Ihnen bald möglich sein, gleichzeitig auf mehreren Ebenen Betrachtungen zu einem Gebiet anzustellen. Auch so kommen Sie natürlich schneller zu einem befriedigenden Ergebnis.
- Ganz entscheidend wird sich aber Ihre Kommunikation verbessern. Viele Menschen haben Probleme damit, gleichzeitig zuzuhören und eigene Gedanken zu entwickeln. Ist Ihr Gesprächspartner dann am Ende angelangt, muss erst einmal eine Pause eingelegt werden, um das Aufgenommene zu verarbeiten. Erst dann kann man sich dazu äußern.

  Dies wird Ihnen in Zukunft nicht mehr passieren, da bereits während der Aufnahme eine Verarbeitung erfolgt und Sie sich im Anschluss sofort selber zu Wort melden können. So wirken Sie kompetenter und Ihre Kommunikation wird flüssiger. Eine wünschenswerte Eigenschaft, die Sie beruflich wie privat voranbringen wird!

Namen, Personen und Gesichter einprägen

Stellt man einer größeren Anzahl von Menschen die Frage, was Sie sich am schlechtesten merken können, so sind es oft Namen und die dazugehörigen Personen mit ihrem Aussehen. Aber auch hier gibt es natürlich eine Reihe von Kniffen und Tricks, mit denen dies leichter zu bewerkstelligen ist.

Jedes Gesicht hat seine Besonderheiten. Selbst bei eineiigen Zwillingen ist es nie zu 100 Prozent identisch.

Ihre Bekannten und Freunde werden Sie sicher einfach an ihrem Äußeren erkennen können. Wenn Sie aber in den Zoo gehen, werden Sie die einzelnen Exemplare einer Tierherde wesentlich schwerer auseinander halten können. Die Tiere selber aber auch ihr Pfleger haben damit wiederum kein Problem. Woran liegt das?

Es ist ganz einfach eine Frage, worauf wir uns konzentrieren. Da wir tagtäglich mit den unterschiedlichsten Menschen zu tun haben, kennen wir deren Unterscheidungsmerkmale natürlich ganz genau: Frisur, Augenfarbe, Brillen- und oder Bartträger, Kinnform usw. Bei anderen Lebewesen wissen wir aber zunächst nicht so genau, worauf wir achten sollen. Konzentrieren wir uns dagegen bewusst auf einige markante Merkmale, werden wir auch hier schnell Erfolg verbuchen.

Haben wir auch noch den Namen, scheint das im ersten Moment mehr zu sein, was wir uns merken müssen. Indem wir aber beide Informationen gezielt miteinander verknüpfen, fällt uns das Einprägen sogar leichter, denn jeder Name weckt doch bereits Assoziationen in uns: Herr Heller hat ein Gesicht wie eine Münze, Frau Kugel hat einen recht breiten Kopf usw. Auch zu Namen ohne offensichtliche Bedeutung lassen sich vielleicht (nach Zerlegen) ein oder mehrere ähnlich klingende Begriffe finden. So liefert Ihnen der Name gleichzeitig den Aufhänger für das Aussehen der entsprechenden Person.

Was aber ist zu tun, wenn Ihr Gesprächspartner am anderen Ende der Telefonleitung sitzt? Nun fehlen Ihnen jegliche optischen Anhaltspunkte, die zum Speichern des Namens beitragen könnten.

Wenn Sie jemand Neues kennen lernen, sollten Sie ihn als erstes nach seinem Namen fragen, wenn er diesen nicht von sich aus nennt. Scheuen Sie sich auch nicht zurückzufragen, wenn Sie nicht alles verstanden haben. Ihr Gegenüber wird dies positiv als Interesse an seiner Person werten. Begrüßen Sie ihn anschließend nochmals mit seinem Namen, etwa: »Schön, Herr Berger, dass Sie sich Zeit für diese Unterhaltung nehmen«. Während des weiteren Verlaufs können Sie den Namen dann immer wieder mit ins Gespräch einflechten. Durch diese Wiederholung wird er sich dauerhaft im Gehirn festsetzen.

Lernen Sie aber auch, besser, konzentrierter und aufmerksamer zu beobachten. Um so mehr Details werden Sie entdecken können, die Ihnen dann wieder bei flüchtigen Bekanntschaften weiterhelfen werden.

Fremdwörter und unbekannte Begriffe merken

Auch hier können Sie in den allermeisten Fällen das Wort in einzelne Bestandteile zerlegen, denen Sie jeweils eine Bedeutung zuordnen, welche Sie dann visualisieren. So erhöhen Sie gleichzeitig Ihr Verständnis für die unbekannte Materie. Und den größtmöglichen Lerneffekt erzielt man ja nicht durch stures Auswendiglernen, sondern durch die Anknüpfung an bereits bekannte Informationen.

Lesen und Zuhören

Ob wir eine Zeitung, Zeitschrift oder ein Buch lesen oder aber einen Vortrag anhören; immer wollen wir uns wesentliche Informationen einprägen. Andererseits soll auch ein gewisser Fluss eingehalten werden, und bei einem Vortrag können wir ohnehin selbst selten bestimmen, in welcher Geschwindigkeit dieser erfolgt.

Also müssen wir eine Möglichkeit finden, uns auf die Schwerpunkte zu konzentrieren. Als erstes sollten wir uns daher überlegen, mit welcher Zielsetzung wir an das Thema herangehen und was uns besonders interessiert. Dann richten wir unsere Aufmerksamkeit und Konzentration automatisch auf diese Dinge und werden daher mehr von dem behalten, was wir aufnehmen.

Wir haben zudem die Möglichkeit, uns im Geiste von dem Aufgenommenen eine genauere Vorstellung zu machen. Auch diese Assoziationen tragen in erheblichem Maße dazu bei, dass mehr hängen bleibt.

Machen Sie sich bei jedem Vortrag Notizen. Nicht nur, dass diese Gedächtnisstütze es Ihnen ermöglicht, später zumindest eine Zusammenfassung des Gehörten zu verfassen und zu erkennen, wo noch Lücken sind; viele der notierten Punkte werden Ihnen auch ohne »Spickzettel« wieder einfallen, da Sie sich bereits mit ihnen beschäftigt haben.

Haben Sie schriftliche Unterlagen zur Verfügung, können Sie während des Lesens Markierungen vornehmen, Stellen anstreichen und auch mit Kommentaren versehen. Viele Menschen scheuen sich davor, da Sie Ihre Bücher u. Ä. nicht »entwerten« wollen. Da Sie diese aber zunächst einmal für sich verwenden wollen, sollten sie Ihnen auch den größtmöglichen Nutzen bieten.

Zahlen merken

Telefonnummern, Kontonummern und Geheimzahlen, Preise und vieles mehr: Ständig geraten wir in die Situation, dass wir uns Zahlen einprägen müssen. Leider sind diese oft allzu schnell wieder »verlernt«. Was können wir gegen diese Form der Vergesslichkeit tun, wenn wir nicht ständig einen Stapel von Notizen, einen Organizer oder gar Computer mit uns herumschleppen wollen? Zunächst einmal sollten wir neu erhaltene Informationen aufschreiben; das ist auf keinen Fall verkehrt. Zwar wollen wir ja eigentlich von dieser Form des »Merkens« wegkommen, doch trägt allein das Aufzeichnen auch schon dazu bei, dass wir uns etwas merken.

Möglicherweise finden Sie auch eher eine sinnvolle Unterteilung bzw. Gliederung der Zahl, wenn Sie sie in voller Pracht vor sich sehen. Mehrere einzelne Zifferngruppen lassen sich nämlich leichter einprägen als der gesamte Wust. Unterteilen Sie daher eine Zahl in Blöcke, die eine Bedeutung für Sie haben, wie etwa Geburtsdatum, Alter, Postleitzahl, Hausnummer o. Ä. Fallen Ihnen hierzu noch weitere bekannte Zahlen ein? Dann können Sie diese ebenfalls mitverwenden.

Mit geübtem mathematischen Blick lassen sich zudem auch oft Regelmäßigkeiten und Reihen entdecken. So zerfällt dann beispielsweise 2481632 in 2, 4, 8, 16 und 32. Mit den Zweierpotenzen als Merkhilfe werden Sie sicher kein Problem haben, immer auf diese Zahl zurückzugreifen, wenn Sie sie wieder benötigen.

Der zerstreute Professor

Passiert es Ihnen öfters, dass Sie Ihren Schlüsselbund, Ihren Geldbeutel oder Ihr Handy nicht finden und nicht mehr wissen, wo Sie diese Gegenstände hingelegt haben? Damit sind Sie keinesfalls ein Einzelfall! Der Zeitdruck und Stress, unter dem viele Menschen zu leiden haben, führt oft zu hektischem Handeln, ohne bewusst über die Aktionen nachzudenken. Soll es uns da wundern, dass unser Gehirn diese Tätigkeiten als irrelevant einstuft und vergisst?

Natürlich können wir aber auch nicht jedes Mal über Routinetätigkeiten nachdenken. Wenn wir uns aber anfangs bemühen, einen Automatismus zu schaffen, indem wir z. B. feste Plätze für die Ablage schaffen, werden wir mit Sicherheit weniger Probleme beim Wiederauffinden haben. Ordnung ist eben doch das halbe Leben und entlastet zudem unser Gedächtnis! Auch wenn wir uns andere nutzbringende Angelegenheiten zu eigen machen und diese regelmäßig wiederholen, werden sie nach einiger Zeit wie von selbst ablaufen.

Bemühen sollten wir uns aber auch um einen bewussteren Lebensstil. Wir leben hier und heute, und wer sich in Gedanken immer in der Vergangenheit oder Zukunft aufhält, darf sich nicht wundern, wenn ihm vieles um ihn herum entgeht.

Lassen wir es auch zu keiner Überlastung kommen. Bei zu vielen Nebensächlichkeiten ist der leistungsfähigste Denkapparat überlastet. Konzentration auf das Wesentliche und ein geordneter Lebensablauf heißt das Zauberwort. Finden Sie also heraus, was für Sie entscheidend ist, und lassen Sie sich nicht ständig von anderen zu etwas überreden, was nicht in Ihrem Interesse liegt. Vielleicht müssen Sie auch ausgetretene Wege verlassen und alte Gewohnheiten aufgeben.

Wenn Sie an dem Punkt angelangt sind, dass sich Ihr Leben wesentlich vereinfacht hat, ist es dann gar nicht mehr so schwer, die Aufgaben und Dinge, die übrig bleiben, zu notieren, zu priorisieren und mit einer der zuvor beschriebenen Techniken auch im Gedächtnis zu verankern.

Übungen und Aufgaben

Postleitzahlen
Merken Sie sich in maximal 30 Sekunden die unten stehenden Kombinationen von Postleitzahl und Ort!

a 63939 Wörth
b 34639 Schwarzenborn
c 61479 Glashütten
d 17493 Greifswald

Blättern Sie dann zu S. 121.

Vorwahlen
Auch zum Einprägen der Vorwahlen sollten Sie nicht mehr als 30 Sekunden in Anspruch nehmen!

a Trabitz 09644
b Cunewalde 035877
c Wyhl 07642
d Tostedt 04182

Blättern Sie dann zu S. 121.

Zeichenketten
Prägen Sie sich die vier Zeichenketten wiederum nicht länger als eine halbe Minute ein!

FGGORL
JMFZIB
QPWJWR
QIMMQJ

Blättern Sie dann zu S. 121.

Zahlenschlange

Bitte decken Sie zunächst alle Zahlenreihen ab! Nun schauen Sie sich jede Reihe kurz einmal an, decken Sie dann aber wieder ab, bevor Sie sie auf den freien Platz schreiben. So können Sie die Kapazität Ihres Kurzzeitgedächtnisses ermitteln. Der Durchschnitt liegt wie bereits erwähnt bei sieben Ziffern.

a 9 2 5
b 9 1 0 0
c 1 8 0 2 8
d 1 1 3 8 3 0
e 1 9 8 3 1 8 6
f 9 8 7 9 7 3 4 7
g 8 5 3 3 0 1 4 6 8
h 3 1 6 5 9 6 1 2 4 2
i 7 8 3 5 2 0 4 1 6 4 5
j 7 6 4 8 6 6 6 8 5 8 6 9

Buchstabenschlange

Nun probieren Sie dasselbe nochmals mit Buchstaben. Was fällt Ihnen leichter?

a Y V P
b U P J T
c Y Z N E U
d L G X J H N
e Z Z J K J H K
f O N U V S Y W U
g T N V P T T M U E
h C X F H T J V T P E
i N E I W C V P Y N W U
j L R V G E R S H D T S X

Zahlenquadrat I
Nehmen Sie sich ca. 30 Sekunden Zeit und merken Sie sich bitte die Ziffern und Ihre Anordnung!

8	7	1
0	1	9
9	8	9

Blättern Sie dann zu S. 121.

Buchstabenquadrat
Auch hierfür haben Sie wiederum eine halbe Minute Zeit.

N	H	U
G	U	F
X	J	D

Blättern Sie dann zu S. 121.

Zahlenquadrat II
Hier wird es etwas schwieriger. Daher haben Sie diesmal eine Minute Zeit.
Tipp:
Achten Sie auf Regelmäßigkeiten!
Blättern Sie dann zu S. 122.

7	2	7	7
1	1	2	2
0	0	7	6
9	4	3	6

Ziffernliste
Prägen Sie sich die folgenden Zahlen ca. eine Minute lang ein:

192 502 1533 7790 71248 37674 133955 827596 2412383 2053242

Blättern Sie nun zu S. 122.

Buchstabenliste
Nun prägen Sie sich bitte die folgenden Zeichenketten ebenfalls ca. eine Minute lang ein:

ZXC VXP HKLV CSBZD TAINBC LSJCHH FUJRZUY NRAGSBI

Blättern Sie nun zu S. 122.

Zirkus

Auch dieser Artikel ist durch einmaliges Durchlesen zu verinnerlichen.

Im alten Rom bezeichnete man damit noch eine lang gezogene Pferde- oder Wagenrennbahn. Doch inzwischen versteht man darunter entweder die Arena für Artistikaufführungen und Tiervorstellungen oder aber das sie veranstaltende Unternehmen.
Der erste moderne Zirkus wurde 1768 von Philip Astley mit der berühmten Londoner Reitschule gegründet. Zunächst nur mit ehemaligen Offizieren der englischen Kavallerie bestückt, kamen schnell auch Musiker, Clowns und Akrobaten hinzu. Der Begriff Zirkus wurde jedoch von seinem Konkurrenten Charles Hughes erstmalig verwendet, nämlich für seinen 1782 gegründeten Royal Circus.
Die Vorstellungen fanden seinerzeit meist noch im Freien statt; Geld wurde von den Artisten persönlich eingesammelt. Zirkusgelände oder -gebäude mit festen Eintrittspreisen gab es erst später. Hier war wiederum Astley der Vorreiter, als er 1803 in London ein Theatergebäude errichtete. Auf seinen Spuren wandelte in Deutschland Ernst Jakob Renz, der Bauten in Berlin, Breslau, Bremen und Hamburg errichtete.
Die weitere Entwicklung führte in den zwanziger Jahren des 19. Jahrhunderts zur Entstehung von Zirkuszelten. Ab 1831 wurden auch Raubtierdressuren gezeigt; seit 1859 zählt das Trapez zu den wichtigsten Geräten.
Carl Hagenbeck machte gegen Ende des 19. Jahrhunderts seine Zuschauer auch mit exotischen Völkern und Tieren vertraut. Diese Völkerschauen dienten allerdings allein der Befriedigung des Bürgertums und würden heute so nicht mehr zugelassen werden.

Blättern Sie dann zu S. 123.

Tennis

Betrachten Sie sich diesen Ausschnitt aus einem Tennismatch etwa ein bis zwei Minuten lang.

Blättern Sie dann zu Seite 123.

Begriffe
Versuchen Sie sich möglichst viele der 20 Begriffe mit einer der zuvor beschriebenen Methoden zu merken. Eine Zeitvorgabe gibt es diesmal nicht.

Karate	Gurke	Unwetter	Faschingsumzug	Luftmatratze	Bleistift	
Runde	Bonbon	Öl	Katze	Gespräch	Beilage	Wahnsinn
Roboter	Fass	Niederlage	Schiff	Fleisch	Ohr	Pudding

Wiederholen Sie diese Übung regelmäßig mit anderen Wörtern zum Training!

Visualisierung
Da es in sehr vielen Fällen hilfreich ist, sich ein möglichst genaues Bild im Kopf zu erzeugen, um sich etwas besser merken zu können, hier nun ebenfalls eine Übung dazu. Zwei aufeinanderfolgende Begriffe sind dabei jeweils so miteinander zu verknüpfen, dass Sie sich komplett durch die gesamte Liste hangeln können. Bei 1 und 2 könnten Sie sich z. B. ausmalen, wie zwei Yetis aneinandergeraten. Probieren Sie es zunächst mit einigen wenigen Wörtern und steigern Sie sich dann allmählich.

Yeti	Kollision	Dezimeter	Markt	Ultraschall	Pfalz	Lage	Kreis	Iltis
Erde	Lappen	Podium	Zinsen	Treppe	Vorhang	Gemeinde	Licht	
Fehler	Zentner	Mitglied	Wut	Bühne	Zocker	Fundbüro	Killer	

Decken Sie dann die Liste ab und versuchen Sie die einzelnen Begriffe zunächst in auf- und dann in absteigender Reihenfolge wiederzugeben.
Weitere Versuche zum Abruf in beliebiger Reihenfolge können Sie dann auch mit der Aufhänger-Methode oder dem Loci-System durchführen.
Auch hier führt nur fleißiges Üben zum Erfolg!

Termine

Heute haben Sie einen besonders ausgefüllten Tag. Werfen Sie einen Blick auf den Terminkalender und prägen Sie sich die Daten gut ein. Auch hierzu können Sie gut eines der vorgestellten Mnemoniksysteme verwenden.

5:30	Aufstehen und Duschen
6:00	Frühstück mit Petra
7:00	Fahrt zur Arbeit; Zeitung und Getränk besorgen
8:00	Teambesprechung
9:00	Gespräch mit Chef über den Projektfortschritt
10:30	Telefonat mit Frau Becker wegen Geschäftsreise
11:00	Anlieferung neuer Büromöbel
12:00	Mittagspause; Treffen mit Bernhard
12:45	Installation von Software auf neuem Computer
14:00	Fahrt zum Flughafen im Firmenwagen
15:00	Einchecken an Schalter 27A
16:15	Abflug nach Rom
17:00	Finanzteil in der Zeitung lesen
18:00	Ankunft im Rom; Taxi zum Hotel nehmen
19:00	Telefonat mit den Kindern; Kleidung wechseln
20:00	Abendessen mit Luigi im Ristorante »Bella Italia“
21:30	Rückkehr ins Hotel; Nachrichten im Fernsehen anschauen
	Schlafen gehen

Blättern Sie nun zu S. 123.

Postleitzahlen
Ergänzen Sie den Ort zu der Postleitzahl!

a 61479 ________________ **b** 34639 ________________
c 63939 ________________ **d** 17493 ________________

Vorwahlen
Diesmal sollen Sie die fehlende Vorwahl eintragen!

a Tostedt ______________ **b** Wyhl ______________
c Cunewalde ______________ **d** Trabitz ______________

Zeichenketten
Ergänzen Sie hier die fehlenden Buchstaben.

FG_ _RL JMF_ _ _
QP_ _W_ Q_ _ _J

Zahlenquadrat I

	7	
0		9
	8	

Ergänzen Sie bitte die fehlenden Ziffern!

Buchstabenquadrat
Beantworten Sie nun die folgenden Fragen:

1 Kommt ein Buchstabe doppelt vor und wenn ja, welcher?
2 Welcher Buchstabe steht in der Mitte der dritten Zeile?
3 Wie viele Konsonanten gibt es insgesamt?
4 Welcher Buchstabe steht über dem X?
5 Welcher Buchstabe steht in der Mitte des Quadrats?
6 Kommt der Buchstabe B vor und wenn ja, wo?
7 Welche Vokale gibt es?

Zahlenquadrat II

7	2		7
1		2	
0	0		6
9		3	

Auch hier sollen Sie die fehlenden Ziffern ergänzen

Ziffernliste

In welchem Block befindet sich jeweils die gemerkte Zahl?

921	602	1533	7711	71256	37774	133955	827524	2412063	2053242
182	502	1599	7710	71128	36674	155933	824596	2412838	2052342
192	528	1663	7790	17248	37664	135953	827596	2412383	2052324
219	500	1537	7970	71248	37674	153935	825796	4212383	2553242

Zur Überprüfung schauen Sie einfach wieder vorne auf S. 116!

Buchstabenliste

Wo befindet sich jeweils die gemerkte Zeichenkette?

ZXC	XXP	VKLH	CBBID	DAINBC	LSJCHI	FUJRZUY	NRALSBI
ZWC	VVP	HAKL	CSBZO	TAINBC	LSJCHF	FURRZUI	NRAGSBL
ZCX	VXP	EKLV	CSSZD	TIANBC	LSJCHH	FUIZUY	NRAGSBI
XZC	VPX	HKLV	CSBZD	TAINCB	LSICHH	FUJRZIU	NRUGSBI

Zur Überprüfung schauen Sie einfach wieder vorne auf S. 116!

Zirkus

Beantworten Sie nun bitte die folgenden Fragen!

1 Seit wann zählt das Trapez zum Zirkusinventar?
2 Wo überall baute Ernst Jakob Renz Zirkusgebäude?
3 Wann und von wem wurde der erste moderne Zirkus gegründet?
4 Zählten Raubtierdressuren von Anfang an zum Programm?
5 Wie kamen die ersten Zirkusartisten zu ihrem Geld?
6 Wo wurde das erste Zirkusgebäude errichtet?
7 Welche Kritik ist aus heutiger Sicht an den von Carl Hagenbeck veranstalteten Vorführungen zu erheben?

Tennis

1 An welche Sponsorenwerbung können Sie sich erinnern?
2 Wo befindet sich der Tennisball?
3 Wie viele Balljungen sind zu erkennen?
4 Wo befindet sich die Anzeigetafel?
5 Tragen beide Spieler dunkle Trikots?
6 Haben alle Zuschauer Sitzplätze?
7 Was befindet sich hinter der Tennisanlage?

Termine

1 Wann wollen Sie Ihre Kinder anrufen?
2 Wo befinden Sie sich um 14:30 Uhr?
3 Wie heißt Ihr italienischer Geschäftspartner?
4 An welchem Schalter müssen Sie einchecken?
5 Was müssen Sie auf Ihrem neuen Computer machen und wann?
6 Was interessiert Sie besonders in der Zeitung?
7 Wie kommen Sie vom Flughafen zu Ihrem Hotel?

ERINNERUNG UND INFORMATIONSABRUF

»Gedächtnis ist das Tagebuch, das wir immer mit uns herumtragen.«
(Oscar Wilde)

Definition
Was ist eine Erinnerung? Die neuesten wissenschaftlichen Erkenntnisse besagen, dass es sich hierbei keinesfalls um eine 1:1-Wiedergabe einmal aufgenommener Informationen handelt. Vielmehr findet bei jedem Abruf aus dem Gedächtnis eine Rekonstruktion des ursprünglichen Geschehens auf Basis der aktuell vorhandenen Verknüpfungen statt. Im Laufe der Zeit werden diese aber häufig mit neuem Material »überschrieben«, so dass Erinnerungen verfälscht werden können. So kann es dann z.B. zum Streit zwischen zwei Personen kommen, die einen unterschiedlichen Kenntnisstand in bezug auf ein Ereignis haben.

Ein gut funktionierendes Gedächtnis ist eine wesentliche Voraussetzung dafür, die wachsenden Anforderungen im modernen Alltag zu bewältigen. Zwar gibt es auch Notizbücher, Terminkalender, Organizer u. Ä., doch entlasten uns diese allenfalls beim Merken von Informationen. Auf den Umgang mit der Vielzahl komplexer Geräte müssen wir uns aber immer wieder aufs Neue konzentrieren. Hier hilft es uns dann sehr, wenn wir die wichtigsten Eigenschaften und Funktionen bereits fest im Kopf haben.

Abrufen von Informationen

Während das vorhergehende Kapitel zeigte, wie Sie sich Dinge merken können, die Sie parat haben wollen, beschäftigen wir uns hier in der Folge mit der Frage, wie Sie wieder an Informationen herankommen, die Sie sich mit keiner bestimmten Technik eingeprägt haben.

Viele Menschen beklagen sich darüber, dass ihnen oft gerade dann Dinge nicht einfallen, wenn sie eine Information dringend benötigen. Andererseits sind eine Reihe von Gehirnforschern heute der Ansicht, dass der Mensch alles, was einmal ins Langzeitgedächtnis gelangt ist, auch dauerhaft behält. Lediglich Ultra-Kurzzeit- und Kurzzeitgedächtnis müssen wegen ihrer begrenzten Kapazität immer wieder geräumt werden.

Wie kommt es dann aber, dass man sich oft an vieles nicht mehr erinnert, obwohl es einem »auf der Zunge« liegt?

Zunächst sollte man eigentlich sogar froh sein, dass einem nicht ständig alles in den Sinn kommt. Wie viele nutzlose Informationen nimmt der Mensch doch Zeit seines Lebens auf! Und so zeigen Personen mit einem fotografischen Gedächtnis, die sich jede Einzelheit merken, weniger ein geniales als eher ein unkonzentriertes Verhalten. Sie verzetteln sich oft und sind nicht in der Lage, Prioritäten zu setzen. Die beschriebenen Filter in unserem Gedächtnis sollen daher eine solche Form der Informations- und Reizüberflutung verhindern.

Wenn man verschiedene Menschen nach ihrer Vergangenheit befragt, so zeigt sich, dass sich diese eher an positive als an negative Ereignisse erinnern können. Das ist ebenfalls gut so; trägt es doch letztendlich dazu bei, dass wir unangenehme Erfahrungen nicht überbewerten und sich diese nicht ständig in den Vordergrund drängen und uns zu einem Miesepeter und Schwarzseher machen. Selbst solche extremen Vorgänge wie Verdrängung traumatischer Erlebnisse sind also hilfreich, um uns vor uns selbst zu schützen und das Leben erträglich zu gestalten.

Was aber, wenn uns etwas eigentlich wichtig ist/war und wir nun aber auf dem Schlauch stehen? Wie kommen wir dann wieder an diese Daten heran?

Damit es gar nicht erst so weit kommt, sollten wir uns zunächst einmal darüber Gedanken machen, was wir eventuell beim Einprägen falsch gemacht haben. Hierbei verweise ich nochmals auf das vorhergehende Kapitel. Wenn Sie die dort angegebenen Ratschläge und Tipps berücksichtigen, sollten Sie auf jeden Fall viel weniger Gedächtnisprobleme haben. Regelmäßiges Training und geistige Betätigung tragen das Ihre dazu bei. Oft ist es aber gerade die aktuelle Situation, die uns den Abruf erschwert. Doch auch dagegen können wir etwas tun:

- Versuchen Sie nicht, eine Erinnerung zu erzwingen! Gerade das führt oft zu unnötigem Stress und einer Gehirnblockade. Beschäftigen Sie sich lieber in der Zwischenzeit mit etwas anderem. Ihr Unterbewusstsein hat seinen Suchauftrag nicht vergessen und wird Ihnen das Ergebnis zu einem für Sie vielleicht völlig überraschenden Zeitpunkt präsentieren. Auch das ist eine Form von Geistesblitzen.
- Entspannung zielt in die selbe Richtung. Unter Stress lassen unsere Gedächtnisleistungen nämlich auch erheblich nach! Gönnen wir unserem Gehirn also von Zeit zu Zeit eine Verschnaufpause. Im Kapitel »Voraussetzungen für geistige Fitness« finden Sie genügend Anregungen, wie Sie Ihre Ausgeglichenheit wiederherstellen können und Ihren Seelenfrieden finden. Beherzigen Sie diese und Sie werden sich in Zukunft kaum mehr darüber beklagen müssen, dass Sie Ihr Gedächtnis im Stich gelassen hat!

- Auch die anderen im Kapitel »Voraussetzungen für geistige Fitness« beschriebenen Voraussetzungen sollten Sie nicht außer Acht lassen. Durch regelmäßiges und gezieltes körperliches Training beschleunigen Sie den Abruf nämlich erheblich! Denken Sie auch an abwechslungsreiche Ernährung. Viele Menschen essen zuviel und dann noch nicht einmal das Richtige! So entsteht oft trotz Übergewicht eine qualitative Unterernährung. Der Vitamin- und Nährstoffmangel führt dann zu Unkonzentriertheit.
- Sehr negativ wirken sich Alkohol, Nikotin und jede andere Form von Drogen aus. Hier wird in übler Weise in den Körperstoffwechsel und die Gehirnfunktionen eingegriffen! Vermeiden Sie daher weitgehend diese Rauschmittel, insbesondere, wenn Sie geistig besonders beansprucht werden.
- Wenn Ihnen partout nicht einfällt, wohin Sie beispielsweise einen Gegenstand gelegt haben, hilft es oft, sich die Situation vorzustellen, in der Sie zum letzten Mal Kontakt damit hatten. Auch Namen und Gesichter von Personen lassen sich leichter zurückrufen, wenn Sie versuchen, sich an Ihr letztes Gespräch mit Ihnen zu erinnern. Wenn Sie den Kontext reaktivieren, fallen Ihnen fast immer Details und Aspekte zu dieser Situation ein. Mit diesen Schlüsseln fällt es dann viel leichter, sich auch den Rest des Geschehens und die gesuchte Information ins Gedächtnis zurückzurufen. Passiert es Ihnen allerdings öfters, dass ihnen bereits nach kurzer Zeit eine wichtige Information entfällt, sollten Sie auf jeden Fall auch die Vorschläge des vorhergehenden Kapitels berücksichtigen, damit Sie zumindest die Frequenz deutlich reduzieren können.
- Noch einfacher fällt die Erinnerung, wenn Sie sich an den Ort begeben können, mit dem Ihr Problem zu tun hat. Im bekannten Umfeld fallen Ihnen dann über Assoziationen wieder viele Einzelheiten ein, an die Sie gar nicht mehr gedacht haben. Vielleicht ist da ja auch das Gesuchte dabei!? Mehr Unterstützung kann Ihr Gehirn wohl kaum verlangen.

Unbewusste Erinnerungen

Wie Versuche gezeigt haben, ist das implizite Gedächtnis (s. vorhergehendes Kapitel) auch in der Lage, sich Dinge zu merken und zu lernen, die wir nicht bewusst wahrnehmen. Bei der Aufgabe, in einem Strichmuster zu erkennen, ob drei diagonale Schrägstriche über- oder nebeneinander stehen, benötigten Versuchspersonen zunächst etwa 180 Millisekunden für eine richtige Entscheidung (danach wurde das Monitorbild von einem Muster ohne Schrägstriche abgelöst). Nach zwei Wochen intensiven Trainings war diese Zeitspanne auf 50 Millisekunden gesunken. Diese ist nicht ausreichend für eine Verarbeitung der eingehenden Informationen. Dennoch betrug die Erfolgsquote fast 100 Prozent.

Der vorgestellte Effekt hat die Diskussion ausgelöst, ob es möglich ist, Menschen auf diese Weise zu manipulieren oder gar eine Form von hypnotischen Befehlen zu erteilen, indem man beispielsweise entsprechende Anweisungen wie »Trinkt XYZ Bier!« usw. kurz in Werbespots einblendet. Bisher hat man dafür allerdings – Gott sei Dank! – keine Anhaltspunkte gefunden.

Dass es unbewusste Wahrnehmungen gibt, stellte bereits 1977 Lawrence Weiskrantz von der Universität Oxford in Tests mit schlaganfallgeschädigten Patienten, die in einem Teil ihres Gesichtsfelds nichts mehr bewusst sehen konnten, deren Sehnerven aber unbeschädigt waren, fest. Sie sollten dabei auf einen plötzlich auftauchenden Lichtpunkt zeigen. Dies gelang ihnen auch an den Stellen, wo sie eigentlich nichts mehr wahrnehmen können sollten. Man spricht bei diesem Phänomen auch von »Blindsehen«.

In einem anderen Experiment wurde kurz ein Wort auf einem Bildschirm eingeblendet (es war wieder verschwunden, bevor man es lesen konnte) und danach ein zweites für längere Zeit. Dieses sollte so schnell wie möglich erkannt werden. Dabei kam heraus, dass dasselbe oder ein sehr ähnliches erstes Wort die Antwortzeit begünstigte. Dies funktionierte auch dann, wenn lediglich ein Bedeutungszusammenhang vorhanden war, wie z. B. bei Fenster und Scheibe. Wurde an zweiter Stelle wiederum das erste Wort, diesmal aber mit Lücken, eingeblendet, wurde es fast immer korrekt ergänzt, auch wenn es andere Lösungsmöglichkeiten gegeben hätte und man dem Testkandidaten vorher gesagt hatte, er solle davon eine auswählen.

Allerdings wirkt ein solcher Wiedererkennungseffekt nur sehr kurze Zeit, deutlich unter einer Sekunde, so dass eine längerfristige »Prägung« oder gar Persönlichkeitsveränderung auf diese Art und Weise nicht möglich ist. Auch ein mehrfaches Einspielen eines Wortes, einer Zahl oder einer Botschaft verstärkt diesen nicht. Geistige Beeinflussung ist auf diese Weise also nicht möglich.

Formen des Vergessens

Wenn wir von der im vorigen Kapitel beschriebenen Hypothese ausgehen, dass sich der Mensch alles merkt, gibt es dann so etwas wie Vergessen überhaupt? Oder genauer: Was wird denn eigentlich vergessen?

Eine erste Antwort auf diese Frage suchte im ausklingenden 19. Jahrhundert der Psychologe Hermann Ebbinghaus. In Selbstversuchen lernte er Listen mit unsinnigen Kunstsilben auswendig und probierte, diese nach unterschiedlich langer Zeit wieder aufzusagen. Dabei stellte er fest, dass anfänglich viele Silben relativ schnell vergessen werden, mit größerem Zeitabstand aber immer weniger. Die Vergessenskurve flacht also merklich ab.

Ein Zeitgenosse von Ebbinghaus, Sir Francis Galton, untersuchte Situationen, die wesentlich näher an der Praxis liegen. Unter Zuhilfenahme eines Stichworts sollte die Zielperson eine Erinnerung abrufen und sagen, aus welcher Zeit diese stammte. Das Ergebnis war, dass ältere Erinnerungen oft von solchen jüngeren Datums überlagert werden. Heute weiß man, dass es in den meisten Fällen nicht die ursprüngliche Information ist, die verloren geht. Ähnlich wie Sie manche Computerprogramme nicht ohne Eingabe eines Passworts starten können, benötigen Sie einen Schlüssel, um an den im Gehirn gelagerten Wissensbestand und Erfahrungsschatz heranzukommen. Daher ist es so wichtig, sich möglichst umfassend und aktiv mit neuen Dingen zu beschäftigen. Dann werden nämlich noch automatisch eine ganze Reihe unterschiedlichster Ersatzschlüssel angelegt. Die Chance, sich Ihre Kenntnisse »erschließen« zu können, wird somit erheblich größer.

So clever unser Gehirn beim Zusammenfassen ist, gibt es doch Situationen, in denen es mit erheblichen Schwierigkeiten zu kämpfen hat. Je ähnlicher zwei Informationen sind, um so eher tritt dabei eine Vermischung auf. Waren Sie kurz hintereinander auf zwei verschiedenen Geburtstagsfeiern mit fast denselben Leuten eingeladen, wissen Sie wahrscheinlich bald nicht mehr, wer denn nun nur auf einem und auf welchem der Geburtstage war. Hier macht das Vereinfachungsprinzip unseres Gehirns Fehler. Eine getrennte Speicherung wäre unter diesen Umständen geschickter gewesen. Dieses Phänomen bezeichnet man übrigens mit dem auch aus der Physik bekannten Begriff »Interferenz«. Dort können sich zwei Wellen, die sich phasenverschoben überlagern, gegenseitig auslöschen.

Des Weiteren gibt es noch die sogenannten proaktiven und retroaktiven Hemmungen. Im erstgenannten Fall fällt uns die Aufnahme einer neuen Information deshalb so schwer, weil schon etwas sehr ähnliches unser Gehirn blockiert. Statt neue Informationen abzuspeichern werden nun eher alte Daten abgerufen. Das führt zu einer »Kollision« von Gedächtnisinhalten, einer Art von Systemfehler in unserem Gehirn, welches die hinzugekommenen Eindrücke nicht verarbeiten kann. Es fällt uns dadurch sehr schwer, etwas Neues zu behalten.

Bei der retroaktiven Hemmung ist es gerade umgekehrt. Hier wird etwas bereits Gelerntes von etwas Neuem von seinem angestammten Platz verdrängt. Damit sind die älteren Erinnerungen aber nicht mehr abrufbar und bleiben in den Tiefen unseres Geistes verschollen. Diese Form des Vergessens ist sicher etwas schlimmer einzustufen als die andere, denn bis wir hier merken, was passiert ist, ist es meist schon zu spät. Die verlorengegangenen Daten müssen wir uns dann erst wiederbeschaffen, sofern wir uns noch daran erinnern können, um was es sich handelte.

Aber auch hier können wir vorbeugende Maßnahmen treffen. Je besser wir uns konzentrieren und je mehr Verknüpfungen wir zu jedem Gedächtnisinhalt bilden, um so eher finden wir nämlich auch noch in solch einem Fall ein Hintertürchen, ein Schlupfloch zum Wissen.

Sicher haben Sie es auch schon erlebt, dass sich zwei Menschen darüber streiten, wie etwas nun genau abgelaufen ist. Beide waren vor Ort dabei und haben dennoch unterschiedliche Erinnerungen in Bezug auf einzelne Details. Wie ist das möglich?

Die intensive Beschäftigung mit auf uns einströmenden Wahrnehmungen und Reizen führt leider auch dazu, dass unser Gehirn manchmal etwas hinzufügt, das nicht den Tatsachen entspricht. Dabei kommen oft persönliche Ansichten zum Tragen. Da unser Gehirn zum Vereinfachen neigt, merken wir uns vielleicht nur, dass Herr Müller, den wir vor längerer Zeit getroffen haben, »groß« ist. Nun mag groß für den einen 1,80 Meter und für einen anderen 2,10 Meter bedeuten. Haben Sie mit der Zeit Ihre Vorstellung davon geändert, erscheint Ihnen der »große« Herr Müller in Ihren Vorstellungen möglicherweise nur mit 1,80 Meter, obwohl es in Wirklichkeit 2,10 m sind. Je größer der Zeitabstand zwischen Aufnahme und Abruf ist, desto mehr Fehler werden sich in das fertige Bild einschleichen. Das Problem liegt darin, dass hier zwei »Datenpools«, einer mit allgemeinen Erfahrungen und einer mit speziellen Informationen, miteinander vernetzt werden und sich die Änderungen im einen als Rückkopplung beim anderen bemerkbar machen.

Hirnschäden und -Verletzungen

Hirnschäden allgemeiner Natur, wie sie von Unfällen verursacht werden können, führen teilweise zu einer retrograden Amnesie. Dabei sind die jüngeren Erinnerungen stärker der Gefahr des Vergessens ausgesetzt als ältere, gefestigtere. Bei letzteren spielt der vorgelagerte Hippocampus nicht mehr so die entscheidende Rolle beim Abruf. Die Informationen sind bereits in die Hirnrinde gewandert. Dieser Vorgang nimmt jedoch eine Reihe von Jahren in Anspruch.

Diese Vorstellung ist jedoch noch zu allgemeiner Natur. Wir müssen zunächst eine Ergänzung bzw. Unterteilung des expliziten Gedächtnisses einführen:

- Das **episodische Gedächtnis** enthält Ereignisse zusammen mit Informationen über die betrachtete Zeitspanne. Es ist eng mit der Biografie und Persönlichkeit eines Menschen verknüpft. Es ermöglicht uns mentale Zeitreisen.

- Das **semantische Gedächtnis** enthält lediglich isolierte Begriffe, die an keinen festen Zeitpunkt gebunden sind. Es trägt damit zwar zu unserem Verständnis, aber nicht zu dem Bild von uns selbst bei.

Überraschendes und Aufregendes findet meist relativ einfach einen Weg ins episodische Gedächtnis. So können Sie sich wahrscheinlich wesentlich besser an Ihre Heirat oder einen runden Geburtstag erinnern als an einen beliebigen Arbeitstag vor wenigen Wochen, obwohl dieser nicht so sehr in der Vergangenheit liegt. Auch die erlebten Emotionen und Gefühle kommen uns wieder in den Sinn. Diese tragen ja auch in besonderem Maße zum Behalten des Ereignisses bei.

Ein besonders detailliertes Modell des episodischen Gedächtnisses stammt von Martin Conway von der Universität Bristol. Er nimmt nochmals eine Einteilung in drei Ebenen vor:

1. Allgemeines Wissen über einen längeren Lebensabschnitt
2. Ereignisse im Zeitrahmen von maximal einigen Wochen oder wiederholt auftretende Geschehnisse
3. Einzelne Szenen mit einer Vielzahl von Details

Der normale Weg der Erinnerung läuft demnach von 1 bis 3, d. h. man gelangt vom Allgemeinen zum immer Spezielleren. In Einzelfällen kann ein spezifischer Reiz allerdings auch spontan zu einer Gedächtnisreaktion führen.

Dabei sollte man beachten, dass man niemals eine 1:1-Darstellung des Erlebten erhält. Vielmehr werden, wie bereits oben erwähnt, bei der Rekonstruktion immer aktuelle Aspekte berücksichtigt, was zu einer Verfälschung führen kann. Die ursprünglichen Verknüpfungen wurden zwischenzeitlich nämlich teilweise ersetzt.

Das episodische Gedächtnis nimmt in Form der von Ebbinghaus entdeckten Kurve ab. Nur wenige Erinnerungen besitzen wir auch an die Zeit vor unserem fünften bis sechsten Lebensjahr. Dafür ist das junge Erwachsenenalter meistens überrepräsentiert. Warum das so ist, darüber gibt es unterschiedliche Meinungen. Liegt es eher daran, dass wir uns die Dinge einfach leichter einprägen können, oder finden wir nur schneller wieder den Zugang zu den verschütteten Informationen? Als Tatsache kann jedenfalls gelten, dass es sich meist um eine Zeit größerer Veränderungen handelt.

Bei Amnesien ist meistens dieser Teil des Gedächtnisses betroffen. Das im semantischen Gedächtnis gespeicherte Allgemeinwissen kommt dagegen noch zur Anwendung. Patienten können somit noch folgerichtige Schlüsse ziehen, insbesondere wenn es sich um Routine- oder regelmäßig auftretende Ereignisse handelt wie z. B. den Sommerurlaub (»Ich fahre immer ans Meer.«) oder Weihnachten (»Verbringe ich im Kreis meiner Familie.«). Einzelheiten fallen ihnen jedoch nicht mehr ein und ihre Erzählungen klingen relativ gefühllos und unbeteiligt. Das episodische Gedächtnis ist also bei weitem nicht so stabil wie das semantische.

Erkrankungen des Gehirns

Leider gibt es auch eine ganze Reihe von oftmals altersbedingten Krankheiten, die unser Gehirn angreifen, und deren Folgen irreversibel sind.

Das Gehirn ist zunächst einmal lediglich der von den Knochen des Schädels umgebene Teil des Nervensystems, der zusammen mit dem Rückenmark das Zentralnervensystem bildet. Die entwicklungsgeschichtliche Gliederung spricht von jüngeren Teilen wie dem Groß- und dem Kleinhirn sowie dem älteren Hirnstamm. Über das verlängerte Mark wird die Verbindung zum Rückenmark hergestellt. Dem vegetativen Nervensystem fällt die immens wichtige Aufgabe zu, die inneren Organe vollautomatisch (ohne bewusstes Zutun des Menschen) zu steuern. Hierzu gehören Funktionen wie Atmung, Kreislauf und Verdauung.

Der Ausfall von Teilen des Großhirns führt zur Demenz. In manchen Fällen, wie bei Alzheimer, geht auch der Bezug zur eigenen Person verloren. Eine Heilung ist bislang nicht möglich. Auch epileptische Anfälle stehen in Zusammenhang mit Störungen des Großhirns. Eine ernsthafte degenerative Gehirnerkrankung ist die semantische Demenz, die vorrangig den äußeren Schläfenlappen betrifft. Im Unterschied zu der bereits erwähnten Amnesie, bei der hauptsächlich die jüngeren Erinnerungen betroffen sind, werden dadurch im Wesentlichen die älteren Informationen ausgelöscht bzw. verändert. Der Grad der Zerstörung richtet sich danach, wie lange ein Geschehen zurückliegt. Offenbar dient also der äußere Schläfenlappen als Speicher für weiter zurückliegende Ereignisse. Patienten, bei denen die Verbindung zwischen dem rechten Stirn- und Schläfenlappen gestört ist, konnten sich an überhaupt keine Erlebnisse mehr erinnern, ganz unabhängig davon, wann sich diese zugetragen hatten. Die rechte Seite des Großhirns ist dementsprechend maßgeblich am Auffinden episodischer Daten beteiligt, während sich die linke mehr um semantische Details zu kümmern hat. Von Alzheimer sind allein in Deutschland etwa 650 000 Personen betroffen.

1. In der ersten Phase tritt Gedächtnisschwund und ein vermindertes Lernvermögen auf.

2. Als nächstes leidet der Betroffene unter Sprachstörungen, Sinnestäuschungen und Orientierungslosigkeit. Damit wird er zum Pflegefall.

3. Im Endstadium gehen Sprache, Gedächtnis und auch die Kontrolle über den Körper völlig verloren. Schließlich tritt der Tod ein. Vom ersten Anzeichen bis hierhin vergehen etwa acht bis fünfzehn Jahre.

Über die Ursachen von Alzheimer ist man sich noch nicht ganz im Klaren. Die einen vermuten ein noch unbekanntes Virus, andere tippen auf Gehirnverletzungen oder Störungen im Hirnstoffwechsel, die durch Glucosemangel noch verstärkt werden. Tatsächlich lässt sich der Krankheitsverlauf durch die Einnahme von Traubenzucker verzögern. Viele Wissenschaftler erwarten in nächster Zeit einen bedeutenden Durchbruch. Insofern ist gerade für die sich noch im Frühstadium befindenden Betroffen das Prinzip Hoffnung angesagt.

Im Moment gibt es allerdings lediglich Medikamente, die das Fortschreiten der Krankheit maximal ein Jahr aufhalten können. Diese verbessern die Verständigung zwischen den einzelnen Gehirnzellen, sind aber gegen deren Absterben machtlos. Bis zum Tod büßt jeder Erkrankte etwa die Hälfte von ihnen ein. Außerdem finden sich in allen Fällen größere Ablagerungen von Beta-Amyloid, einer Eiweißverbindung, welche die Weiterleitung der Nervenimpulse unterbricht. Zudem geht eine größere Anzahl von Rezeptoren verloren. Man hofft jedoch, dass, falls es gelingen sollte, diesen Prozess zu stoppen, auch die Folgeschäden wesentlich geringer ausfallen. Daher arbeitet man derzeit (z. B. in Irland) auch an der Entwicklung eines Impfstoffs gegen Beta-Amyloid. Dieser soll zur Folge haben, dass es dem Körper selbst gelingt, schädliche Ablagerungen zu beseitigen. Die Marktreife wird in den nächsten Jahren erwartet. Nebeneffekt ist zudem offenbar eine verbesserte Merk- und Lernfähigkeit.

Eine weitere bekannte Erkrankung ist Parkinson, unter der etwa 1 Prozent der über 65-Jährigen leiden. Neben vegetativen Störungen kommt es auch zu psychischen Beeinträchtigungen wie schwankenden Stimmungen, Melancholie, einer Verlangsamung der Denkprozesse und zum Nachlassen der Sexualfunktionen.

Auch hier tappt man bei den kausalen Ursachen noch immer im Dunkeln. Immerhin gibt es eine Behandlungsmöglichkeit durch den Ersatz des fehlenden Neurotransmitters Dopamin. Allerdings muss dessen Dosis im Laufe der Zeit immer weiter erhöht werden, und einige Patienten sprechen darauf auch nicht an. Auch durch chirurgische Eingriffe versucht man Teile des lädierten Gehirns zu entfernen. Auf den weiteren Verlauf der Krankheit nimmt man dadurch aber keinen Einfluss. Last but not least werden auch elektrische Ströme zur »Besänftigung« überreaktiver Gehirnregionen eingesetzt.

Die Creutzfeldt-Jakob-Erkrankung kommt dagegen sehr selten vor. Neben einem schnellen Verlust geistiger Fähigkeiten bringt sie auch spastische Lähmungen und Muskelstarre mit sich. Da die anfänglichen Symptome wie Angstzustände, Depression, Schlafstörungen oder Vergesslichkeit auch andere Gründe haben können, werden sie oft ignoriert. Erst in der Folge wird der Verlust geistiger Fähigkeiten und der Muskelkontrolle offensichtlich. Bereits nach etwa einem halben Jahr tritt dann der Tod ein.

Weil man über die Entstehung der Krankheit bis heute wenig weiß, sind auch die Behandlungsmöglichkeiten äußerst beschränkt.

Übungen und Aufgaben

Zurückliegende Ereignisse rekonstruieren

Versuchen Sie sich an die folgenden Geschehnisse zu erinnern. Wenn Ihnen auf Anhieb nicht so viel dazu einfällt, probieren Sie es nach einiger Zeit noch einmal. Inzwischen hat Ihr Gehirn nämlich Zeit gehabt, tief verborgene Informationen »auszugraben«. Je mehr Anhaltspunkte Sie aber haben, um so schneller werden Ihnen wesentliche Dinge wieder einfallen. Schreiben Sie sich Ihre Erkenntnisse auch auf.

- Ihre Hochzeit
- Die letzte Geburtstagsfeier, zu der Sie eingeladen waren
- Ihr letzter Besuch einer Sportveranstaltung
- Ihre vorletzte Urlaubsreise
- Der Kauf Ihres Fernsehers, Kühlschranks usw.
- Als Sie mal richtig gefroren oder geschwitzt haben
- Als Sie einmal viel Glück hatten

Ihnen fallen sicher noch viel weitere Dinge ein. Versuchen Sie aber, sich auf die positiven zu konzentrieren, um auf diese Weise auch eine gesunde Einstellung zum Leben zu entwickeln. Schwarzseher gibt es schließlich genug!

Assoziationen

Die folgenden Begriffe sind diesmal in keine Geschichte einzubauen, sondern dienen als Anreger für Ihre Erinnerungen. Überlegen Sie also, was Ihnen jeweils dazu einfällt. Natürlich dürfen Sie auch Notizen machen, die Sie nach und nach ergänzen.

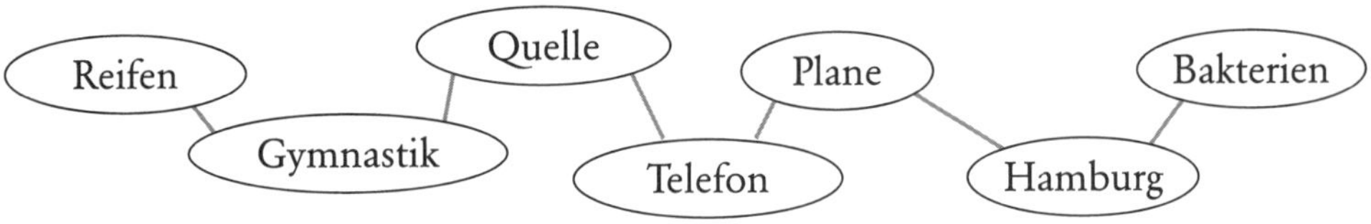

Diese Übung können und sollten Sie regelmäßig machen, wann immer Sie etwas Luft haben. Besonders anbieten tun sich Wartezeiten, etwa bei der Fahrt zur Arbeit, beim Arzt usw.

Geschichten erzählen
Erfinden Sie eine mehr oder weniger sinnvolle Kurzgeschichte, welche die unten angegebenen Wörter enthält. Sie müssen sich dabei nicht unbedingt an die vorgegebene Reihenfolge halten, aber das macht die Aufgabe anspruchsvoller.

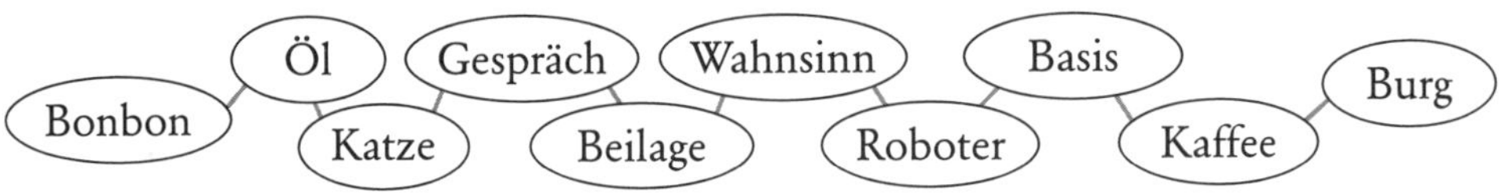

Visualisieren Sie nun die Geschichte. Testen Sie dann morgen oder in ein paar Tagen, inwieweit Sie diese aus dem Gedächtnis wiedergeben können. Versuchen Sie sich auch an die zugrundeliegenden Wörter zu erinnern.

Geschichten erzählen

Eine weitere Erzählung ist aus den unten angegebenen Stichpunkten zu erfinden.

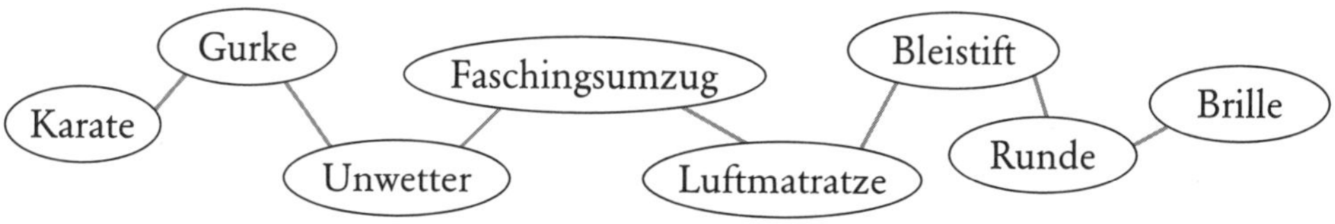

Visualisieren Sie auch diese Geschichte und prüfen Sie in den nächsten Tagen, ob Sie nichts vergessen haben.

AUFMERKSAMKEIT, KONZENTRATION UND GEISTIGE AUSDAUER

»Die Aufmerksamkeit ist der Meißel des Gedächtnisses.«
(Gaston Duc de Lévis)

»Aufmerksamkeit ist die höchste aller Fertigkeiten und Tugenden.«
(Johann Wolfgang von Goethe)

»Ausdauer ist konzentrierte Geduld.«
(Thomas Carlyle)

Definition

Aufmerksamkeit ist nichts anderes als ein Zustand der wachen Aufnahme- und Auffassungsbereitschaft. Sie ist in hohem Maß abhängig vom Grad der Begeisterung und Motivation. Alles, was uns spannend erscheint und uns voll in Anspruch nimmt, lenkt auch unsere Aufmerksamkeit auf sich. Wenn Sie sich für etwas dagegen überhaupt nicht interessieren, werden Sie nie ganz bei der Sache sein. Besonderes Merkmal von Aufmerksamkeit ist nämlich die fokussierte Wahrnehmung eines Gegenstands oder einer Sache.

Konzentration selbst ist nur solange möglich, wie die Aufmerksamkeit zentriert bleibt. Sobald uns andere Dinge aus der Umgebung zu interessieren beginnen, lässt die Konzentration spürbar nach, wir werden abgelenkt. Auch unser Gehirn verfügt nur über eine beschränkte Kapazität und muss diese dann auf verschiedene Vorgänge aufteilen. Als Folge sinkt die Leistung unserer vordergründigen Denkprozesse merklich. Wir vergessen, was wir eigentlich behalten wollten und merken uns unwichtige Sachen.

Konzentration wirkt wie ein Filter und schränkt den Blickwinkel durch das Aussperren momentan uninteressanter Dinge weiter ein. Andere Informationen können passieren. Sie haben dann mehr »Power« für die Dinge, mit denen Sie sich gerade befassen müssen. Und das führt im Endeffekt zu einem besseren Ergebnis. Insofern ist Konzentration ein wünschenswerter Zustand. Konzentration kann aber nur willentlich und mit einem gewissen Aufwand geistiger Energie erreicht werden. Dann gelangen Sie selbst nach einem Abschweifen schnell wieder zurück. Das gelingt z. B. gut mit einem mentalen Stopp-Befehl. Dieser kann auch mit einer körperlichen Reaktion verbunden sein. Hauen Sie mit der Faust auf den Tisch, wenn es niemanden stört. Wenn Sie das mehrmals getan haben, wird schon automatisch der Impuls zur Rückkehr ausgelöst. Sie können sich dann schneller wieder aktuellen Problemen widmen.

Auch Neugierde ist sicher hilfreich, um sich zu konzentrieren. Kinder gehen oft völlig in einer Sache auf und sind so vertieft, dass sie keine anderen Reize mehr wahrnehmen. Diese Erkenntnis sollten wir uns zunutze machen, um selbst völlig eins mit unserer Beschäftigung zu werden. Denn selbst im Alltäglichen lassen sich oft Spuren des Außergewöhnlichen finden, wenn wir nur gut genug hinschauen! Dieses Interesse lässt sich trainieren und trägt auch zu neuen Erkenntnissen bei. Es gibt absolut nichts, worüber sich nicht nachzudenken lohnt. Besorgen Sie sich daher auch einmal Informationen zu Themen, mit denen Sie sich bisher nicht beschäftigt haben!

Nur mit Konzentration ist es zudem möglich, trotz Störungen und Ablenkungen über einen längeren Zeitraum voll und ganz bei einer Sache zu bleiben. Das heißt aber nicht, dass sich die gesamte Aufmerksamkeit dabei immer auf einen Fixpunkt oder ein bestimmtes Detail zu richten hat. Konzentration ist nichts Statisches, sondern darf sich ruhig auch mit dem Gegenstand des Interesses bewegen. So erhalten wir den gewünschten Gesamtüberblick.

Kann man Konzentration erzwingen? Das wäre schön, doch leider möchte unser Gehirn nicht ständig über dasselbe nachdenken, sondern verlagert dynamisch seine Aufmerksamkeit. Wir können es ihm daher höchstens »schmackhaft« machen, sich länger mit der gewünschten Tätigkeit zu befassen. Das gelingt umso mehr, je mehr Lust und Interesse wir dabei verspüren.

Störend auf die Konzentration wirken sich innere wie äußere Reize aus. Auch eine Reizüberflutung sowie Desinteresse und damit einhergehende Ermüdungserscheinungen sind ihr abträglich. Dem kann durch Abwechslung und ausreichende Pausen entgegengewirkt werden. Dann fühlt man sich auch gleich viel ausgeglichener. Dazu später mehr.

Ist es auch möglich, sich auf mehrere Dinge gleichzeitig zu konzentrieren? Der Definition nach eigentlich nicht. Jedoch ist die Gabe nützlich, sich schnell nacheinander auf verschiedene Themen und Objekte zu einstellen zu können. »Sofortumschalter« haben es oft einfacher im Leben, weil sie schneller und flexibler auf eine sich ändernde Situation reagieren können.

Konzentration stellt eine wichtige Barriere beim Zugang zum Gehirn dar. Wenn wir alles, was um uns herum vorgeht, aktiv wahrnehmen würden, wäre es total überlastet. Andererseits lernt es sich erfahrungsgemäß einfacher, wenn man bei der Sache ist. Das Symptom »schlechtes Gedächtnis« beruht oft auf der Ursache »mangelnde Konzentration«, so dass wir in diesem Kapitel die Wurzel allen Übels angehen können.

Geistige Ausdauer ist lediglich eine andere Sichtweise der Konzentration. Schließlich nützt es uns nichts, wenn wir uns nur kurz auf eine Sache konzentrieren, diese aber nicht zum Abschluss bringen können. Nur wenn wir nicht ständig abschweifen, werden wir unsere Tätigkeiten effizient und zeitsparend ausführen können. Auch die Genauigkeit, mit der wir vorgehen, ergibt sich unmittelbar aus der geistigen Ausdauer.

Ähnlich wie Ausdauer im körperlichen Bereich ist jedoch auch hier ein regelmäßiges Training Grundvoraussetzung. Richten Sie Ihren Blick dazu ständig auf ein und die selbe Sache. Kehren Sie immer wieder dorthin zurück. Schon wenn Sie sich pro Tag nur wenige Minuten zum Üben reservieren, können Sie innerhalb kurzer Zeit erstaunliche Erfolge erzielen.

Was stört meine Konzentration?

Da Konzentration sich nicht erzwingen lässt, steht es ja wohl nicht in unserer Macht, diese zu verbessern, wenn wir mal »nicht gut drauf« sind, oder?

Die Lösung verbirgt sich in der Fragestellung direkt: Was heißt »nicht gut drauf« sein? Im Allgemeinen kann man hier davon ausgehen, dass es Ihnen einfach keinen Spaß macht. Es gibt jedoch eine ganze Reihe weiterer Widerstände, wenn es darum geht, die Konzentration aufrecht zu erhalten:

- **Unklare Ziele/mangelndes Interesse/fehlende Motivation**
  Das ist genau der oben beschriebene Punkt. Etwas machen zu müssen, aber eigentlich etwas anderes tun zu wollen löst einen inneren Konflikt aus, der zu einer Zweiteilung unserer Gedanken führt. Die Folge: Sie werden von Lustlosigkeit befallen und sind weder richtig bei der einen noch bei der anderen Sache.
  Stellen Sie sich aber einmal vor, um wie viel es Ihnen besser gehen wird, wenn Sie die unangenehme Arbeit erst einmal vom Tisch haben und sich wieder anderem zuwenden können! Wenn Sie den Grund dafür kennen, warum Sie etwas tun, fällt es Ihnen bedeutend leichter, Ihre Konzentration aufrecht zu erhalten. Je genauer Sie also wissen, was Sie erreichen wollen bzw. was Sie erwartet, um so eher bleiben Sie im Fluss. Auch verringert sich durch den gesetzten Betrachtungsfilter die Menge an Informationen, so dass Sie weniger geistige Energie benötigen. Sie bleiben demnach länger frisch.

- **Fehlende Abwechslung/falscher Rhythmus**
  Sie können sich noch so sehr für etwas begeistern: wenn es zu monoton wird, beginnt sich Ihr Geist mit etwas anderem zu beschäftigen. Daher sollten Sie für ausreichend Abwechslung sorgen. Sie haben dann immer wieder einen neuen Punkt, an dem Sie Ihre Aufmerksamkeit festmachen können.
  Wie lange Sie übrigens bei einem Thema bleiben können, ohne dass Sie es ermüdet, müssen Sie selber herausfinden. Der eine genehmigt sich erst nach einigen Stunden eine Verschnaufpause und schaltet ab bzw. um; der andere ist Freund vieler kleiner Unterbrechungen. Solange Sie im Endeffekt Ihre Arbeit in angemessener Zeit bewältigen, stellt die Vorgehensweise kein Problem dar. Nur sollten Sie die Pausen nicht dazu »nutzen«, sich zu verzetteln. Auch wenn Sie aus anderen Gründen Probleme haben, wieder zum Ausgangspunkt zurückzukehren, sollten Sie keine zu langen Unterbrechungen einlegen.

- **Emotionen**
  Ob Sie gerade Probleme und Sorgen quälen und Sie von Frustration und Trauer gelähmt sind oder aber (positiv) erregt sind, das Ergebnis ist das Gleiche: Ihre Gedanken springen hin und her. Denken Sie also lieber daran, wie sich die Erledigung Ihrer Tätigkeiten positiv auf Ihren Gefühlszustand auswirken wird! Kommen stattdessen aber noch

- **Stress, Zeitdruck und Hektik**
  hinzu, erreichen Sie gerade das Gegenteil von dem, was Sie wollen: Sie werden für Ihre Aufgaben wesentlich mehr Zeit benötigen, als Sie dafür eingeplant haben, was die Situation natürlich verschärft. Ein Teufelskreis, den es frühzeitig zu erkennen und zu durchbrechen gilt. Dabei spielt die Körperhaltung eine entscheidende Rolle: Wenn Sie verspannt sind oder eine verkrampfte Position einnehmen, sollten Sie dies schleunigst korrigieren. Nicht nur, dass sich dies als Unwohlsein bemerkbar macht und Sie beeinträchtigt (s. u.); es wirkt auch auf Ihre Psyche zurück. Sind Sie dagegen locker und entspannt, können auch Ihre Gedanken freier fließen. Im anderen (Extrem-)Fall kommt es schließlich zur

- **Überforderung**
  Wenn Sie sich um zu viele Dinge gleichzeitig kümmern müssen oder wollen, springen Ihre Gedanken ständig von einem Punkt zum anderen. Verzetteln Sie sich nicht zu sehr, sondern kümmern Sie sich nur noch um die Kernaufgaben. Überprüfen Sie auch, was Sie selbst erledigen müssen und was Sie abtreten können. Welche Tätigkeiten sind nicht mehr aktuell und verschlingen nur unnötig Zeit?

Eine Informationsüberladung tritt oft auch durch die Vielzahl von Medien in unserer modernen Gesellschaft auf. Gab es früher einmal nur Zeitungen, also schriftliche Informationen, kamen bereits vor längerer Zeit Fernsehen und Film hinzu, die zusätzlich bewegte Bilder und Tonmaterial liefern. Heutzutage sind wir zudem über Telefon, insbesondere Handy (hier auch per SMS), und Internet via Email rund um die Uhr zu erreichen. Doch haben die gelieferten Informationen durch die Vielzahl an Übermittlungskanälen etwa an Bedeutung gewonnen? Wohl kaum, so dass wir auch nicht gezwungen sind, sofort darauf zu reagieren. Telefone und Handys lassen sich auch stumm schalten. Elektronische Post müssen Sie nicht ständig überprüfen und beantworten. Wer sich hier verrückt machen lässt, ist selber schuld. Es genügt im privaten Bereich im Allgemeinen völlig, die für einen bestimmten Nachrichten einmal täglich abzuhören bzw. abzurufen. Denken Sie, etwas Wichtiges zu verpassen, können Sie ja auch dreimal täglich nachschauen. Alles, was darüber hinaus geht, hält Sie nur vom Tagesgeschäft ab. Geben Sie daher z. B. Ihre Handynummer oder spezielle Email-Adressen nur an die Personen weiter, die Sie nicht wegen jeder Kleinigkeit belästigen.
Wenn Sie nicht darum herum kommen, mehrere Dinge parallel in Angriff zu nehmen, ist es manchmal gar nicht verkehrt, in gewissen Intervallen zwischen diesen umzuschalten. Bringen Sie aber erst Ihre aktuelle Arbeit zu einem zumindest vorläufigen Abschluss. Wenn Sie dann umschwenken, strömt Ihnen wieder neue geistige Energie zu, da es sich um ein anderes Gebiet handelt. Dennoch gilt auch hier: Zu viele Kleinigkeiten und zu häufiges Umschalten bringen Sie nicht vorwärts. Bis Sie sich wieder »eingedacht« haben, verstreicht einige Zeit. Diese hätten Sie nicht benötigt, wenn Sie beim Thema geblieben wären. Probieren Sie also am besten selber aus, welcher Rhythmus Ihnen zusagt.

- **Äußere Reize**

Optische (allgemeine Unordnung, Bewegungen) wie akustische Beeinträchtigungen (Verkehrs- und Maschinengeräusche, Telefon!) führen zu ungewollten Ablenkungen. Es ist schon eine hohe Kunst, sich nicht dadurch beeinflussen zu lassen. Führt eine Störung auch noch zu Aufregung und negativen Emotionen (s. o.), ist es schnell mit der Konzentration vorbei. Jedoch lassen sich auch Ruhe und Gelassenheit trainieren und mit entsprechenden (Entspannungs-)Übungen wiederherstellen. Solange Sie dieses Problem aber noch nicht im Griff haben, sollten Sie auf eine Ausschaltung der Auslöser bedacht sein. Selbst Ihr Chef wird Verständnis dafür haben, dass Sie während einer Tätigkeit, die Ihre gesamte Aufmerksamkeit erfordert, mal nicht zu erreichen sind und auch Ihre Bürotür geschlossen bleibt. Schaffen Sie sich persönliche Freiräume und Ruhezeiten, in welche Sie denkintensive Arbeiten verlegen können. Sorgen Sie dafür, dass Sie dabei nicht gestört werden. Zudem bietet unser modernes Kommunikationszeitalter Möglichkeiten wie Anrufbeantworter, Weiterleitung oder auch das Versenden von Nachrichten über Handy und Computer an. Diese können Sie dann abrufen, wenn Sie Ihre Aufgabe erledigt haben.

- **Unwohlsein**
  Wenn Sie sich konzentrieren müssen, spielt auch das körperliche Befinden eine entscheidende Rolle. Schmerzen erfordern schon eine starke willentliche Anstrengung, um sich von diesen nicht ablenken zu lassen. Aber auch wenn es Ihnen scheinbar gut geht, sind Sie oft noch verspannt und verkrampft. Durch diese Blockade geht unbemerkt einiges an Energie verloren. Achten Sie daher in besonderem Maße auf Ihre Körperhaltung! Lockern Sie sich in regelmäßigen Abständen; stehen Sie auch einmal auf und bewegen Sie sich! Hunger und Durst können ebenfalls ablenkende Reize darstellen und sollten in wichtigen Situationen daher zuvor ausgeschaltet werden. Ebenso müssen Sie sich in Ihrer Kleidung wohl fühlen. Es ist Ihnen nicht damit geholfen, elegant, aber viel zu steif auf gesellschaftlichen oder geschäftlichen Anlässen zu erscheinen, so dass Sie sich absolut nicht wohl fühlen. Auch so wird sich ein Teil Ihres Gehirns damit beschäftigen und steht für Vorrangiges nicht zur Verfügung. Last, but not least stellt auch die Umgebungstemperatur einen zu beachtenden Faktor dar. Ob Sie nun frieren oder schwitzen, es ist sehr störend, zumal sich dieses Gefühl meist auf den ganzen Körper erstreckt. Wenn Sie sich im Freien befinden und daher an keinem Regler drehen können, um es sich angenehm zu machen, sollten Sie also viel Wert auf anpassungsfähige Kleidung legen oder aber mehrere Schichten tragen, die Sie bei Bedarf an- oder ablegen können. Denken Sie immer daran: Nur unter optimalen Bedingungen können Sie auch optimale Ergebnisse erzielen!

- **Zu wenig Schlaf**
  ist ein ganz entscheidender Faktor. Jeder Mensch hat ein individuelles Schlafbedürfnis, dem er auch nachkommen sollte. Wer mal mehrere Nächte ohne (genügend) Schlaf verbracht hat, weiß, wovon ich spreche. Dem Gehirn fehlt es dann an der Zeit, die im Laufe des Tages gesammelten Eindrücke zu verarbeiten und einzusortieren. Sie bleiben daher an der Oberfläche und vermischen sich mit Neuem zu einem undurchdringlichen Datenwust. Dass dabei die Konzentration auf der Strecke bleibt, ist nicht weiter verwunderlich.

Während Sie sich auf eine wichtige Aufgabe konzentrieren müssen, sollten Sie alle Ablenkungen so weit wie möglich ausschalten. Je mehr der oben aufgezählten Punkte nämlich zusammentreffen, umso weniger Aufmerksamkeit bleibt für Ihre Kernaufgaben über. Die verschiedenen Aktivitäten Ihres Gehirns beeinflussen sich gegenseitig. So entsteht ein ziemliches Chaos! Bringen Sie wieder mehr Ordnung in Ihre Gedankenwelt. Das gelingt Ihnen mit den folgenden Hinweisen:

Abhilfemaßnahmen

Die oben aufgeführten Hürden, die es zu meistern gilt, beinhalten bereits eine Menge wertvoller Tipps, wenn man die Ursachen einfach umkehrt. Es gibt aber noch weitere Möglichkeiten, Ihre Aufmerksamkeit zu bündeln:

- **Ordnung**
  Ob Sie es mir glauben wollen oder nicht: Ein großer Teil Ihrer Aufmerksamkeit wird von unerledigten Aufgaben und unaufgeräumten Orten geschluckt. Wenn Sie hier das Gefühl haben, endlich etwas dagegen tun zu müssen, aber nie dazu kommen, nimmt Ihnen die Unzufriedenheit im Hinterkopf immer eine Reihe von Ressourcen weg. Sie sollten sich dann endlich die Zeit nehmen, um die Dinge in Ordnung zu bringen. Damit entlasten Sie gleichzeitig Ihr Denken. Wenn Sie inzwischen aber bereits vollends den Überblick verloren haben, müssen Sie erst eine Liste mit Prioritäten erstellen (s. u.). Notieren Sie hierauf jede Kleinigkeit, die Ihnen einfällt. Lassen Sie den gesamten belastenden »Gedankenmüll« heraus. Denken Sie daran: Um alles, was Sie zu Papier gebracht haben, müssen sich Ihre grauen Zellen nicht mehr kümmern.

- **Routine**
  Was oben noch als negativ betrachtet wurde, wenn es zu langweilig wird, kann sich auch als positiv erweisen. Wenn man nämlich regelmäßig und vielleicht auch zur selben (Tages-)Zeit gewisse Dinge tut, gehen Sie einem in Fleisch und Blut über. Unser Unterbewusstsein nimmt uns dann einen Teil der Arbeit ab. Als Folge fällt es Ihnen leichter, denn Sie müssen sich nur noch um das kümmern, was neu und ungewohnt ist. Nach und nach wird es Ihnen dann vielleicht sogar doch möglich sein, sich mit zwei Bereichen zu beschäftigen, da nur noch einer Ihre Aufmerksamkeit benötigt. So umgehen Sie die Einschränkung, sich nur auf eine Sache konzentrieren zu können. Unser Unterbewusstsein hat uns ja bereits beim Parallellernen (s. Kapitel »Gedächtnis, Informationsaufnahme und Lernen«) weitergeholfen.

↬ Prioritäten

Wenn Sie sich vorher überlegen, was von Bedeutung für Sie ist, und Sie anfallende Aufgaben in dieser Reihenfolge abarbeiten, müssen Sie sich immer nur um den aktuellen Punkt kümmern. Sie sind voll im Hier und Jetzt, kommen daher eher zum Ende, sind im Kopf wieder frei und können sich dem nächsten Punkt auf Ihrer Liste widmen. Ein weiterer angenehmer Effekt ist, dass Sie auf diese Weise auch einer Überlastung aus dem Weg gehen, denn alles Wichtige wird vorrangig behandelt und Unwichtiges nur dann angegangen, wenn noch Zeit dafür übrig bleibt.

Um Prioritäten setzen zu können, müssen Ihnen allerdings Ihre Ziele klar sein. Ansonsten verschwenden Sie nur Zeit und Energie. Werfen Sie also vor Beginn der nächsten Tätigkeit einen Blick auf Ihren Zettel und entscheiden Sie, wie wichtig Ihnen diese ist. Vielleicht können Sie gleich zur nächsten übergehen?

↬ Wahrnehmung

Wenn wir schon geistig an einer Stelle verweilen wollen, dann sollen wir uns ja aufgrund der dann aufkommenden Langeweile nicht ständig im Kreis drehen. Neue und interessante Details erhalten wir aber am ehesten von unseren Sinnen vermittelt. Besonders Augen und Ohren sind wichtige Informationsvermittler, die auch eine größere Reichweite haben. Aber auch die anderen Sinne (Geruch, Geschmack und Tastsinn) sollten nicht vernachlässigt werden. Sie liefern uns unbekannte Aspekte und ermöglichen eine völlig anders gelagerte Betrachtungsweise. Darauf lässt sich dann wieder aufbauen, und mit mehr Wissen gelangen wir auch zu besseren Ergebnissen und Entscheidungen.

Gleichzeitig bleibt aber auch mehr »hängen«, denn eine durch mehrere Kanäle eintreffende Information gelangt auch eher ins Gedächtnis. Das hilft Ihnen dabei, daran anzuknüpfen und Ihre Aufmerksamkeit wach zu halten.

Lesen Sie mit Methode! Überlegen Sie bereits vorher, was Sie suchen. Sie achten dann unbewusst mehr darauf, und das Gewünschte wird Ihnen sofort ins Auge springen. Wenn Sie möchten, dass davon wirklich das Meiste hängen bleibt, sollten Sie immer dann, wenn Sie feststellen, dass Sie etwas gerade nicht aufgenommen haben, weil Sie in Gedanken woanders waren, zum letzten Ihnen bekannt vorkommenden Absatz zurückkehren. Je länger Sie so arbeiten, desto weniger werden Sie es nötig haben. Machen Sie sich ggf. Markierungen mit einem Bleistift am Rand, wo Ihnen das passiert ist. Sie werden feststellen, dass es mit der Zeit immer weniger werden. Versuchen Sie zudem nach Beendigung des Lesevorgangs den Inhalt zusammenzufassen. Auch das trägt zu einem besseren Verständnis bei.

Viele Menschen haben Probleme damit, im Hier und Jetzt zu verweilen. Sie beschäftigen sich ständig damit, was war und was sein wird. Dass das ihrer Konzentration nicht gerade förderlich ist, lässt sich nicht bestreiten. Wenn Sie ebenfalls zu diesen »Sorgenkindern« gehören helfen Ihnen sicher die sich anschließenden Übungen weiter.

➭ **Spaß und Freude**

Sind Sie mit der Welt und sich selbst im Einklang, haben Sie den Idealzustand erreicht. Sie erlangen maximale Konzentration und können diese lange aufrechterhalten. So ergeht es Ihnen z. B. bei der Ausübung Ihrer Hobbys. Alles, was Sie glücklich macht, geht Ihnen somit einfach leichter von der Hand! Dieser Mechanismus trägt zu unserem weiteren Wohlbefinden bei. Versuchen Sie daher möglichst oft in einen entsprechenden Zustand zu gelangen. Wenn Sie dazu gerade nicht in der Stimmung sind, malen Sie sich kurz im Geist aus, wie Sie sich fühlen würden, wenn alles zu Ihrer vollsten Zufriedenheit verlaufen würde. Suchen Sie aktiv nach neuen, ungewöhnlichen und interessanten Aspekten an Ihrer Tätigkeit! Beschäftigen Sie sich gedanklich damit. Es gibt so viel zu entdecken! Informieren Sie sich ruhig auch mal über Dinge, mit denen Sie sich nie zuvor beschäftigt haben.

➭ **Abschalten**

Der Mensch ist keine Maschine, die ständig auf Hochtouren laufen kann. Gönnen Sie Ihrem Gehirn daher auch einmal eine Ruhepause. Haben Sie eine herausfordernde Woche hinter sich, sollten Sie auch mal einen Tag ohne festes Programm verbringen. Machen Sie mal etwas, was in Kontrast zu Ihrem Alltag steht! Lassen Sie Ihren Gedanken dabei freien Lauf. Hinterher werden Sie sich gleich wieder viel besser fühlen. Möglicherweise produziert Ihr Gehirn sogar einige neue Ideen, von denen Sie es bisher abgehalten haben.

Neben dem Geist sollten Sie natürlich auch Ihren Körper entspannen (s. Kapitel »Voraussetzungen für geistige Fitness«). Achten Sie dabei gleichfalls auf Ihre Atmung. So werden Sie innerhalb kurzer Zeit wieder leistungsfähig.

Wenn es Ihnen einmal überhaupt nicht gelingen sollte, sich zu konzentrieren, überlegen Sie sich, wie es sich »anfühlen« würde, konzentriert zu sein. Was könnte Ihr Interesse wecken? Worüber wollen Sie nachdenken? Erstaunlicherweise stellt sich dann oft die Konzentration wie von selbst ein.

Übungen und Aufgaben

Die hier aufgeführten Beispiele lassen sich zum größten Teil beliebig oft ausführen. Wie bereits erwähnt, ist gerade im Bereich Konzentration ein regelmäßiges Training unabdingbar. Beginnen Sie langsam und nehmen Sie sich nicht gleich zu viel vor. Steigern Sie den Schwierigkeitsgrad, sobald Sie Fortschritte erkennen können. So bleibt Ihre Motivation erhalten.

Sie können fast an jedem Ort üben. Gerade eine unruhige Umgebung ist ein Härtetest zum Durchhalten. Da wir im Alltag auch nicht jede Störung eliminieren können, ist dies sogar realitätsnäher.

Beobachtung und Wahrnehmung

Eine ganz wesentliche Voraussetzung für Konzentration ist die Fähigkeit, sich ganz auf ein Objekt des Interesses fokussieren zu können, ohne sich von etwas ablenken zu lassen. Daher beginnen wir unser Praxisprogramm auch mit den Augen.

Übung

Suchen Sie sich einen Gegenstand in Ihrer unmittelbaren Umgebung aus. Das kann auch ein Bild sein. Richten Sie Ihren Blick nun auf diesen und erfassen Sie sämtliche Einzelheiten. Schalten Sie dabei, soweit möglich, Ihre Gedanken aus und nehmen Sie keine Wertung dessen vor, was auf Sie einströmt.

Sobald Sie feststellen, dass Sie abschweifen, beginnen Sie wieder von vorne. Ihr erstes Ziel ist es, zwei bis drei Minuten bei der Sache zu bleiben. Sobald das klappt, können Sie die Zeit allmählich steigern. Dabei kommen Sie allmählich in einen meditativen Zustand.

In der Anfangsphase können Sie Ihre Konzentration noch dadurch verstärken und aufrechterhalten, indem Sie sich gedanklich oder laut den Befehl erteilen »Schau Dir diesen/dieses ... an!« Machen Sie das zu Beginn und immer dann, wenn Sie merken, dass Ihre Aufmerksamkeit verloren geht.

Diese Übung lässt sich sehr gut auf jeder Art von Fahrten und Reisen praktizieren, und wenn es nur im Bus oder in der Straßenbahn von zu Hause bis zum Arbeitsplatz ist.

Genau so gut wie ein feststehendes Objekt können Sie auch etwas wählen, dass sich in Bewegung befindet, z. B. der Zeiger einer Uhr, ein Pendel oder Mobile usw. Auch hier sollten Sie einige Minuten voll bei der Sache bleiben. Diese Übung eignet sich übrigens auch hervorragend zur Entspannung. Probieren Sie es aus!

Eine weitere Steigerung erfahren Sie, sobald es Ihnen gelingt, jede Ihrer Handlungen in solch einem Zustand des vollen Bewusstseins auszuführen. Dann sind Sie wirklich konzentriert! Auch Unlustgefühle lassen sich auf diese Weise in den Griff bekommen. Nun einige Übungen zu diesem wichtigen Punkt.

In diesem Büro ist einiges durcheinander geraten! Wie viele Scheren, Bleistifte, Bücher, Telefone und Computer können Sie entdecken? Zählen Sie bitte möglichst alle Gegenstände auf einmal!
Wie viele Reissnacks befinden sich auf dem Teller?

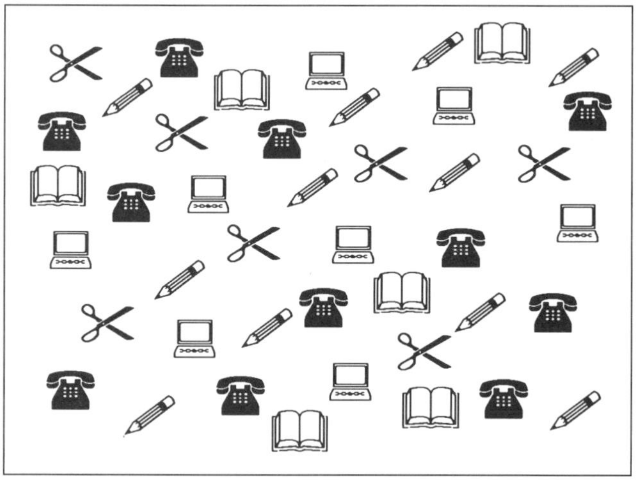

Gehen Sie zunächst die Kleinbuchstaben in umgekehrter alphabetischer Reihenfolge durch, ebenso die Großbuchstaben und anschließend die Zahlen von 20 bis 0.

Hören

Auch unsere Ohren stellen ein vorzügliches Trainingsobjekt dar. In den eigenen vier Wänden funktioniert es am besten mit Musik. Insbesondere von Orchestern oder Bands gespielte (instrumentelle) Stücke eignen sich dafür. Benutzen Sie am besten einen Kopfhörer, um nicht von anderen Geräuschen beeinträchtigt zu werden. Versuchen Sie ein bestimmtes Instrument herauszuhören. Dann gehen Sie zum nächsten über. Ihre Aufgabe ist es, in möglichst schnellem Wechsel von einem zum anderen zu springen.

Unterwegs können Sie, wenn Sie sich in einer Menschenmenge befinden, ob in der Stadt, in öffentlichen Verkehrsmitteln oder im Sportstadion, auch einmal probieren, einzelne Stimmen herauszufiltern. Sie müssen dabei nicht unbedingt verstehen, über was gesprochen wird. Diese Übung ist um einiges schwerer, da sich die Geräuschkulisse ständig ändert. Wenn es Ihnen hilft, können Sie natürlich die Augen schließen. So werden Sie zumindest nicht von anderen Eindrücken abgelenkt.

Linien und Labyrinthe

Labyrinthe wie das unten abgedruckte oder Linien, die Sie mit den Augen verfolgen müssen, sind ein ideales Training. Sie merken sofort, wenn Ihre Konzentration verloren gegangen ist, denn dann müssen Sie wieder von vorne anfangen. Viele Zeitungen und Zeitschriften enthalten Übungen dieser Art, so dass Sie immer wieder neues Material finden werden. Nach einiger Zeit können Sie aber auch ältere Rätsel wiederholen.

Solche Probleme machen allerdings nur dann Sinn, wenn Sie keine Hilfsmittel wie Stifte oder Ihre Finger verwenden.

Welcher Weg führt vom Mittelpunkt heraus?
(Die Lösung finden Sie auf S. 151)

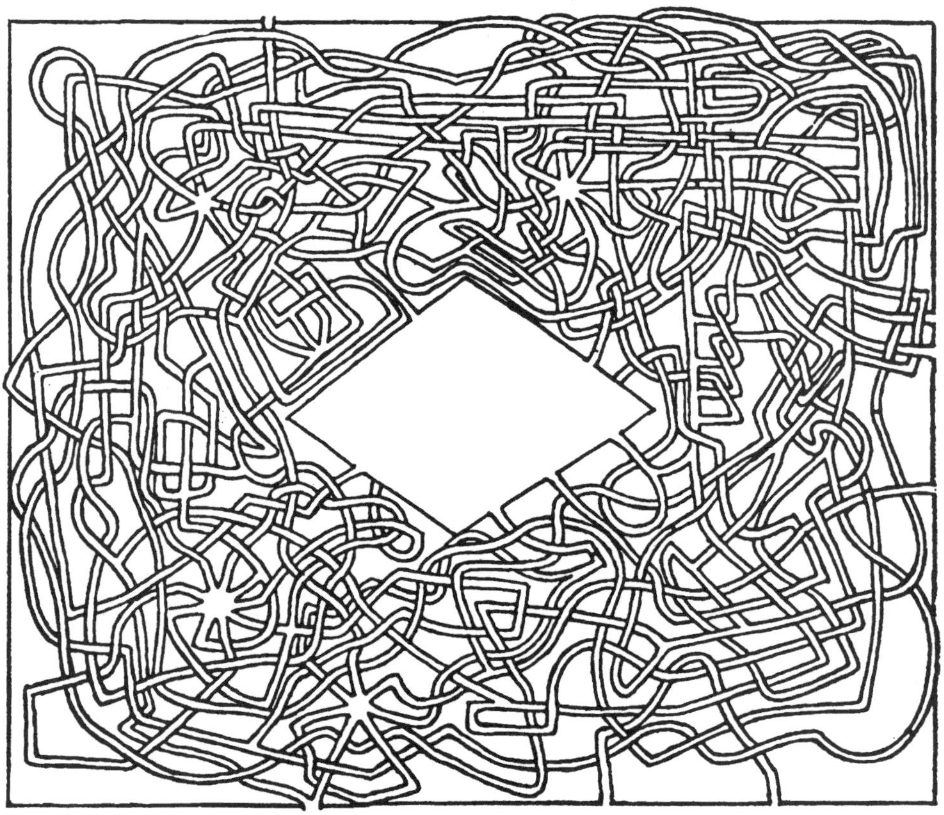

Texte

Ihre ausgelesene Zeitung müssen Sie nicht wegwerfen. Sie können Sie für die hier beschriebene Übung verwenden. Suchen Sie sich dazu einen beliebigen Artikel heraus und streichen Sie einen bestimmten Buchstaben an. Sie können sich beispielsweise für das O entscheiden und müssen dann so schnell wie möglich alle O's finden. Mit der Zeit sollten Sie das Tempo immer mehr steigern. Überprüfen Sie aber auch jedes Mal Ihr Ergebnis, um zu sehen, wie gut Sie waren und ob Sie nicht zu viele Buchstaben übersehen haben. Dann waren Sie wohl nicht richtig bei der Sache.

Der Schwierigkeitsgrad erhöht sich, wenn Sie nach bestimmten Kombinationen Ausschau halten. Suchen Sie doch einmal nach Wörtern, die sowohl den Buchstaben B als auch ein U in beliebiger Reihenfolge enthalten! Auch hierbei gilt: Je schneller Sie sind, um so besser!

Rechnen

Sie denken, das ist mehr eine Sache der Mathematik als der Konzentration und Ausdauer? Nicht, wenn Sie sich Kettenrechnungen vornehmen. Sie benötigen dazu lediglich eine Liste mit Ziffern oder Zahlen, die Sie nicht überfordern sollte. Fortgeschrittene können auch den Kassenzettel aus dem Supermarkt verwenden.

Addieren Sie nun einfach alles auf, ohne ins Stocken zu kommen oder gar wieder von vorne anfangen zu müssen. Ist die Liste entsprechend lang, ist das gar nicht so einfach. Und mit größeren Werten oder Zahlen mit Nachkommastellen müssen Sie zum einen das Zwischenergebnis im Kopf behalten und andererseits korrekt rechnen. Wenn Sie das Resultat der Aufgabe nicht kennen, rechnen Sie gleich noch einmal. Kommen Sie zum selben Schluss? Dann ist die Wahrscheinlichkeit groß, dass Sie das richtige Ergebnis ermittelt haben.

Zahlenreihen

Rechnen können Sie auch mit Folgen wie 2, 4, 6, 8, ... (+ 2) oder auch 80, 76, 72 (– 4) usw., selbst wenn Sie wenig Zeit haben. Sagen Sie diese im Geist ohne Unterbrechung auf. Ob Sie auf- oder abwärts zählen, ist Ihnen freigestellt. Ist Ihnen eine Reihe zu einfach, nehmen Sie einfach mehrere, die Sie miteinander vermischen. Im obigen Fall könnte das so aussehen: 2, 80, 4, 76 usw. Auch alternierende Reihen wie (+ 5, – 3) sind möglich: 5, 2, 7, 4, 9, ... Bauen Sie ruhig auch Multiplikationen und Divisionen ein, wenn es Ihnen nicht zu schwierig wird. Nach und nach werden Sie so Ihre Grenzen immer weiter ausdehnen.

Probieren Sie es einmal mit den folgenden Beispielen:

a 2, 6, 10, ... (+ 4)
b 18, 30, 20, 29, 22, 28, ... (+ 2, – 1)
c 32, 6, 95, 24, 35, 8, 90, 23, 38, 10, 85, 22, ... (+ 3, + 2, – 5, – 1)

d Fibonacci-Zahlen: Jede neue Zahl ergibt sich als Summe seiner beiden Vorgänger. Gestartet wird mit 1, 1 => 1, 1, 2, 3, 5, 8, ... Die Zahlen werden hierbei schnell größer.

e Beginnen Sie mit einer beliebigen Zahl. Ist diese ungerade, multiplizieren Sie sie mit 3 und addieren 1; ansonsten dividieren Sie sie einfach durch 2. Dieses Verfahren führen Sie solange durch, bis Sie bei 1 angekommen sind, z. B.: 33, 100, 50, 25, 76, 38, 19, 58, 29, 88, 44, 22, 11, 34, 17, 52, 26, 13, 40, 20, 10, 5, 16, 8, 4, 2, 1.

f Zählen Sie um 1 aufwärts oder abwärts, lassen aber Zahlen aus, die eine bestimmte Eigenschaft erfüllen, wie etwa durch 7 teilbar, Quersumme durch 3 teilbar oder enthält die Ziffer 9. Sie können auch wieder mehrere Bedingungen kombinieren. So sieht es aus, wenn die Zahl weder durch 7 teilbar noch eine 9 enthalten darf, und Sie von 100 aus abwärts zählen: 100, 88, 87, 86, 85, 83, ...

Weitere Variationen ergeben sich, indem Sie die Reihen komplett oder eine Teilreihe laut aufsagen. Wenn Sie wie bei Aufgabe f Zahlen auslassen sollen, können Sie auch nur die übrig bleibenden aussprechen und den Rest in Gedanken durchgehen. Oder aber Sie schreiben einen Teil der Übung nieder. Seien Sie kreativ und erfinden Sie auch Kombinationen, die körperliche Tätigkeiten miteinbeziehen.

Wenn Ihnen das auf die Dauer trotzdem zu langweilig wird, dürfen Sie auch Buchstaben hinzunehmen (A = 1, B = 2 usw.). Durch das ständige Umrechnen in die Position im Alphabet wird Ihr Verstand besonders geschärft.

Labyrinth-Lösung:

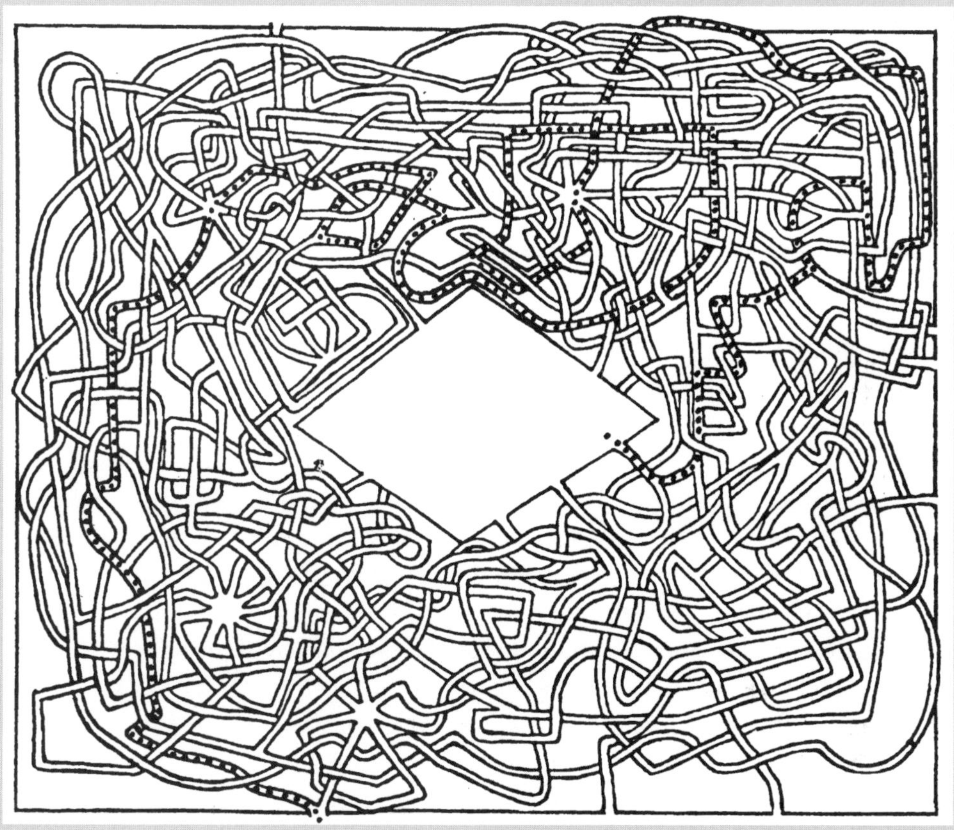

INFORMATIONSVERARBEITUNGS-GESCHWINDIGKEIT

»Wir haben nicht zu wenig Zeit, aber wir verschwenden zu viel davon.«
(Lucius Annaeus Seneca)

Was bringt mir Schnelligkeit?

Um im Alltag zu lesen, zu hören und zu verstehen, aber auch selbst auf dem einen oder anderen Weg zu kommunizieren, ist die Informationsverarbeitungsgeschwindigkeit eine nicht zu unterschätzende Größe. Beim Erkennen und Beurteilen einer Situation ist sie ebenfalls gefragt.

Die Geschwindigkeit, mit der unser Gehirn arbeitet, ist von einer Reihe von Faktoren abhängig. Als erstes sind hierbei die Punkte zu nennen, die bereits im Kapitel »Voraussetzungen für geistige Fitness« erwähnt wurden, also u. a. Ernährung und Sport. Auch Entspannung ist wichtig, denn erst in einem gelösten Zustand arbeiten wir mit maximaler Leistung und Effizienz.

Sicher spielt aber auch die Konzentration eine bedeutende Rolle. Wenn wir ständig von einem Gedanken zum anderen springen, müssen wir jedes Mal aufs Neue wieder Fahrt aufnehmen. So werden wir nie mit unseren Aufgaben fertig. Bei der Sache zu bleiben ist also ebenfalls ein ganz wesentlicher Aspekt. Entscheidende Tipps und Hinweise sowie Übungen finden Sie im entsprechenden Kapitel dieses Buches.

Lohnt es sich aber auch, sich um Tempo zu bemühen, oder ist es nicht viel besser, gründlicher über etwas nachzudenken?

Um gleich eines vorweg zu nehmen: Hier liegt ein Missverständnis vor. Ich möchte Sie ja gar nicht dazu bringen, schnell-schnell Entscheidungen zu treffen. Aber wäre es nicht schön, zum selben Ergebnis unter Berücksichtigung aller Komponenten in weniger Zeit zu kommen? Genau darum geht es! Wenn Sie früher die Lösung eines Problems finden, können Sie auch eher alles Erforderliche tun, um es in den Griff zu bekommen. Sie können in derselben Zeit mehr erledigen.

Verwechseln Sie das aber bitte nicht damit, dass Sie mehr Dinge gleichzeitig in Angriff nehmen können. Eine sequentielle Bearbeitung ist immer noch genauso ausschlaggebend dafür, dass Sie nicht den Überblick verlieren. Da Sie früher mit den einzelnen Tätigkeiten fertig werden, können Sie aber natürlich eher zur nächsten wechseln. Sie haben somit eine bessere Chance, dass Ihr Aufgabenstapel sich durch das Abarbeiten immer mehr verkleinert. Im anderen Fall kommen Sie eventuell gar nicht mehr nach und können nur noch verzweifelt die Hände über dem Kopf zusammenschlagen.

In vielen Fällen ist eine schnelle Reaktion das Maß aller Dinge. Entweder es steht Ihnen ohnehin nur eine begrenzte Zeitspanne zur Verfügung oder aber eine Gelegenheit verstreicht, wenn Sie nicht fix handeln. Auch im Bereich der Kommunikation gilt Schlagfertigkeit als eine Tugend. Schlagfertig zu sein heißt aber nichts anderes, als rasch und treffsicher auf eine Bemerkung reagieren zu können. Näheres dazu erfahren Sie im Kapitel »Sprache und Kommunikation«.

Wer gerade in kritischen Situationen nicht unnötig zögert gilt als erfolgreicher und intelligenter. In vielen Tests, aber natürlich auch in der Praxis ist die Zeit, die man für eine Aufgabe benötigt, ein überragendes Kriterium. Sie geht unmittelbar in die Bewertung ein.

Sie sehen, viele Gründe sprechen dafür, nicht nur einen hellen, sondern auch einen schnellen Kopf zu haben. Dazu müssen Sie nicht einmal viel machen. Einige Übungen, regelmäßig ausgeführt, legen bereits die Basis für Ihren Erfolg.

Übungen und Aufgaben

Buchstabenkolonne Lösung auf S. 158

Suchen Sie nach den sieben Unterschieden in der unteren Reihe!

a

EYCPTLZZTFSUNHHVKGABUYLNFHWIBMSUSIPCJADAGUOVAHASPVQHXDK

EGCPTLZZTFEUNHEVKGABUNLNFHWIBUSUSIPCJADEGUOVAHASPVQOXDK

b

FKBSJCXSZSTGIFCYGLRPJCTOIYITFFYQJLNQMELPRMZTFFZQFRSONRY

FKBIJCXSZSTEIFCYGLRIJCTOIYILFFYQJLNQMELPHMZTFFZQFRSONTA

c

DEUMBWQSHNRNHRFJPINUTWGZHLIPBHREVVODFGBSNFPVHZDZVOEZYGH

DEUMTWQSHNRNHRFJPINGTWGZILIPBHREVIODEGBSNFPVHZEZVOEZLGH

d

HCMVFTRZSWTRAVKKGLZPEIMUNLWVHYLDHFVQHHTMVJNNYPJONHIAKBE

HCMVFTRSSWTRABKKGLZPEIMDNLWVHYLDHFUQHHTMVJNNEPJONHYAKBR

e

DIQTYNKLUFUBCPJODWMRNSEFLXEUIGDBBQMTYMAIDJZQPYPCVAKSBAF

DIGTYNKLUFUBTPJODWMANSEFLLEUIGDBBQMTJMAIDLZQPYPCVAKSCAF

f

WYQFYYNFGMSGLDXKCBZZEPBRKLQGEPTJMZZQGFZYRHXZJAPGUMJWENV

WYQFYXNFGMSGLDXKCBFZEPBRALQGEPTOMZZQGFZYRSXZJAPAUMJWENI

Zahlenkolonne Lösung auf S. 158

Auch hier finden Sie sieben Fehler in der unteren Reihe!

a

5284326709402289147111645107980704517232714053879164481

5284626709402389147191645107986704518232714059879164482

b

7350545736661626130702462533621852654854108862593455243

7351545736961626330702462533621882654854187862592455243

c

6380607633032736698129486587492437336818913717116474737

6380606633032336698129482587492437326818903717116174777

d

5 2 5 0 5 5 5 0 2 0 2 7 2 0 4 4 2 0 5 8 8 2 6 3 5 9 4 2 8 1 2 0 3 9 1 7 1 7 1 7 2 1 7 6 6 9 0 0 4 0 4 1 6 2 8

3 2 5 0 5 5 5 5 2 0 2 7 2 0 4 4 2 0 5 4 8 2 6 3 5 9 4 2 8 1 2 5 3 9 1 7 1 7 1 7 1 1 7 6 6 9 0 0 3 0 4 7 6 2 8

e

1 6 8 8 2 3 4 7 5 6 3 0 5 5 8 1 5 1 1 8 7 7 0 0 8 0 3 6 9 2 1 4 6 7 8 1 2 0 4 1 4 0 7 1 2 6 8 7 7 3 4 4 7 5 4

1 6 8 8 9 3 4 7 5 6 3 2 5 5 8 1 5 1 1 8 3 7 0 8 8 0 3 6 9 2 1 4 6 7 8 9 2 0 4 1 4 0 7 1 2 6 8 2 7 3 4 8 7 5 4

f

5 1 3 4 8 8 7 9 9 9 3 2 4 8 9 1 8 9 9 6 1 4 6 6 3 4 4 4 2 2 0 9 9 0 0 7 8 6 9 4 4 4 2 5 3 8 0 4 0 1 1 3 8 6 4

5 1 3 4 5 8 7 9 9 9 3 2 1 8 9 1 8 9 9 6 1 4 6 6 3 4 6 4 2 2 0 7 9 0 0 7 2 6 9 4 4 4 2 5 1 8 0 4 0 1 1 3 8 6 1

Buchstabensuche

Lösung auf S. 159

U

Wenn Sie eine Raute der folgenden Form U X U bestehend aus vier gleichen Vokalen entdecken, markieren Sie diese bitte.

U

W W J Y V O G Y D Y W S H I J G O Y F X H C H P Z B K F F G H K L M I M A N Z O
W Y G E O G O V M E N Z Z E N I L L W D J S Z C D Z Z C G P I O U P A V Y I Q Z
Y B C P I O D D B T S F K X E O U Y L R U O W G S A E O C Q C D S H X R P K R J
M R Y J O X I F C C Q E W E B E K J T H O K O Q A N A B C V S N P X Q K D Y C L
X A R L V S N P Q V U Y O T E Y H J M S C O S X E A T I J D P S Z L O I Y E S A
F O H J J V L M Q M H N W B G Y Y T K A P R J I C Z I B M Q F V X F I N I V Y P
L P N K S F V C T S O J C R Z U B H A E R G O L M K W G R W N S M H E I W O A T
H P H G D H X L P A Q S X E F F S V A O S C S H M G G Y R I I H L A P Q Z S S T
N W F O J N T P L A T G S T O R G D W L K P G C X Q N K Y C Y B P M V R K N T Z
J A D I Y X A G A P A Q H O K O N D D M G O C V Q M L X G G R U U B F P R T G N
H H Q K Q J F H B A K S G H O K K N D F F X B K C Y Y B G K E U C U W R T E I M
G I K C F L J G S H Y L N R L F L I L O X B K N V Z T J X E E O U I D L J E N S
H L W O O R K S E X R A X X K D F I G J J L I A W W Q S A Q T A Y Q Z K N A K F
A H T I O A S Z B N L O K F I E V N Z V M Z P H L M G Y S Y A D A D P L D P Y M
E F I X I P S M Q Z D R A I O E P R T B L P E Y H D I F Y V N A H C Y H L T Z J
A X E I X X D I D W N R Y C F Z G X Y P F E A E F U J P Y W R E T Y D C K W Y E
X T O R O P V R M C M L H S Z D T Z O T E B E J R T A O V H M C Q X Y Y M H E L
U L Y S K S Y K Q H P R K O M I N Z V J M K G N D B R L C H T R X M K G V Z K I
R K M F Y K R L D H R K O I O W E U T B P U E V Q Z X A X Q Y K R Y H I Z V K E
F J O Q K G Q N N V G R H O W F U N K Y W V A Z J Q A Y X Z G W O V M X I H J W

Zahlensuche

Lösung auf S. 160

Suchen Sie waagerecht nach zweistelligen Zahlen wie 39, die durch 13 teilbar sind!

5 1 8 2 6 9 3 9 7 7 1 2 0 6 3 1 5 1 8 4 2 5 4 1 1 5 2 0 7 0 5 6 4 9 6 5 0 8 9 3

4 9 8 7 6 4 8 0 5 0 9 8 0 5 7 7 0 0 7 3 5 3 2 2 1 9 0 0 0 4 0 7 5 0 3 1 7 1 9 2

9 5 2 1 4 8 2 0 7 4 9 6 4 7 7 4 0 1 0 1 6 1 9 7 7 9 4 7 4 1 2 4 6 9 4 5 6 0 2 0

9 6 8 3 5 7 5 1 0 6 5 9 1 5 1 3 8 7 2 8 9 1 9 4 0 0 6 3 7 7 1 3 2 7 2 7 0 0 0 9

6 3 4 8 7 0 0 1 3 4 4 7 4 5 5 0 0 9 7 9 9 3 5 8 3 8 0 9 9 0 5 7 6 4 6 1 4 3 9 0

8 1 1 7 9 9 4 0 1 6 5 4 4 4 6 2 8 9 2 4 6 2 6 3 5 8 9 0 4 9 2 7 2 8 0 9 6 8 0 1

0 2 9 3 2 5 8 4 4 9 6 3 0 2 6 4 0 6 4 9 9 2 5 0 9 5 2 8 8 8 7 2 3 7 9 7 7 2 7 1

7 0 2 0 4 5 9 9 8 8 0 9 1 9 1 7 7 2 5 6 5 4 9 0 7 2 4 9 9 0 5 0 4 1 9 7 0 7 9 4

5 5 4 4 0 4 3 6 3 0 8 6 0 0 1 2 9 6 3 3 9 4 8 0 2 4 6 8 8 2 0 8 9 6 6 7 0 3 6 4

2 9 0 0 3 3 5 8 6 9 4 1 0 9 8 9 7 7 1 4 1 6 6 9 4 2 6 1 0 1 5 0 2 0 1 2 6 8 7 4

2 3 7 5 2 2 1 4 5 2 4 9 0 5 2 5 9 4 3 7 3 4 2 1 8 2 9 4 1 0 0 8 7 8 2 0 9 6 9 3

4 9 5 6 7 4 1 3 0 1 5 0 0 7 3 5 8 6 4 9 9 4 9 9 5 3 6 7 0 8 8 4 0 8 1 7 3 7 8 0

2 5 1 1 3 4 1 9 9 2 4 0 3 6 7 3 4 0 9 9 7 2 1 4 8 9 2 6 9 1 6 6 4 4 1 5 3 2 0 3

5 1 9 9 3 0 9 0 9 7 0 9 3 5 2 2 7 4 8 5 8 1 0 8 0 1 4 3 3 6 5 3 5 3 7 0 1 3 8 6

9 7 9 0 9 1 6 6 2 1 6 6 1 1 4 3 9 4 8 8 2 0 9 7 5 9 8 5 9 0 9 0 8 9 4 5 6 6 6 2

1 2 7 3 9 8 1 9 6 4 3 3 4 1 6 3 1 8 1 8 7 6 6 8 4 3 4 6 5 4 7 0 9 6 0 9 4 6 6 5

8 2 8 1 0 4 1 9 0 0 5 0 9 6 3 0 3 0 9 7 0 2 2 6 3 5 2 6 7 2 2 8 1 8 2 6 0 4 8 2

8 7 9 5 5 5 3 3 3 0 7 0 0 5 6 9 9 8 5 7 1 9 5 5 3 2 4 8 8 5 0 2 2 9 2 6 7 9 1 4

8 3 7 8 7 7 3 7 5 5 5 5 6 4 8 5 9 5 3 2 3 5 2 4 9 5 3 5 6 4 2 2 7 0 9 4 4 5 6 6

Zahlenpaare

Lösung auf S. 160

Finden Sie zu jeder im oberen Feld stehenden Zahl ihren Partner im unteren Feld, so dass die beiden Zahlen zusammen 200 ergeben!

1	7	**6**	136	**11**	82	**16**	129
2	93	**7**	86	**12**	133	**17**	140
3	22	**8**	53	**13**	37	**18**	110
4	69	**9**	199	**14**	43	**19**	122
5	68	**10**	146	**15**	13	**20**	114

a	71	**f**	54	**k**	157	**p**	60
b	78	**g**	163	**l**	64	**q**	86
c	118	**h**	67	**m**	131	**r**	147
d	90	**i**	1	**n**	114	**s**	132
e	178	**j**	187	**o**	107	**t**	193

Zahlenpyramide I

Lösung auf S. 161

Summieren Sie die zwei unter einem Kästchen stehenden Zahlen auf und schreiben Sie das Resultat in dieses!

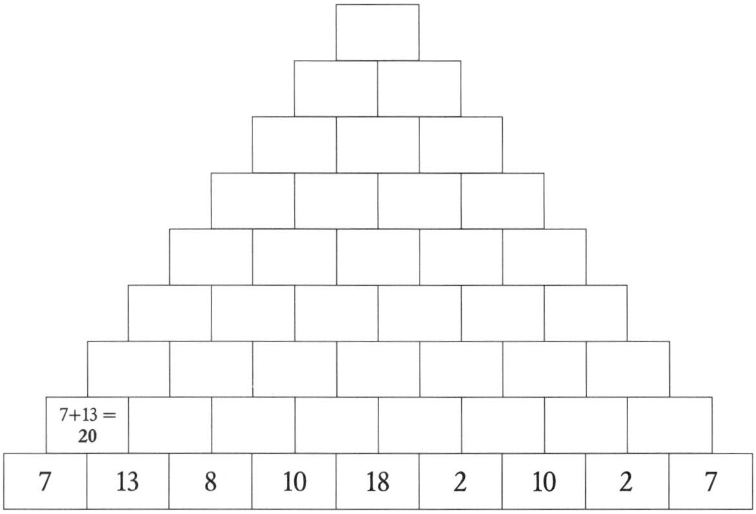

Zahlenpyramide II

Lösung auf S. 161

Um auf das jeweilige Ergebnis zu kommen, müssen Sie die neben einer Zeile stehende Rechenoperation durchführen.

ACHTUNG: Beim Subtrahieren ist immer die kleinere von der größeren Zahl abzuziehen!

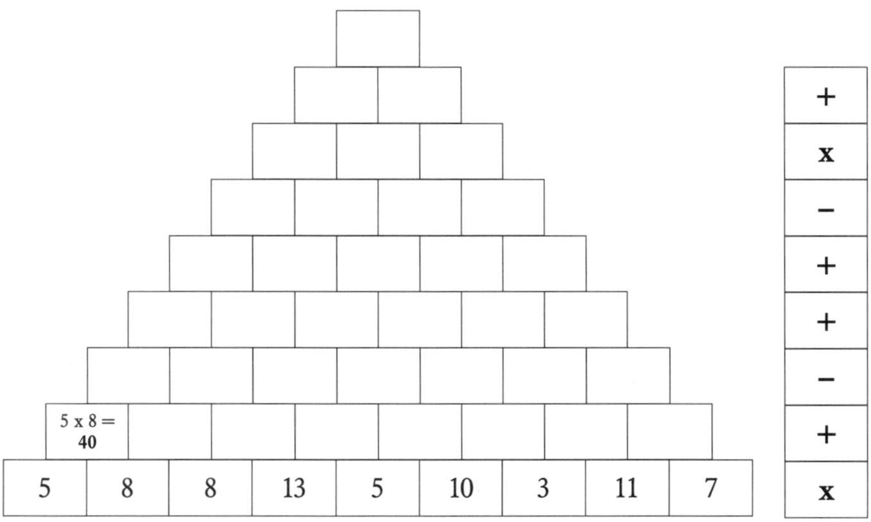

Buchstabenkolonne

a

EYCPTLZZTFSUNHHVKGABUYLNFHWIBMSUSIPCJADAGUOVAHASPVQHXDK

E**G**CPTLZZTF**E**UNH**E**VKGABU**N**LNFHWIB**U**SUSIPCJAD**E**GUOVAHASPVQ**O**XDK

b

FKBSJCXSZSTGIFCYGLRPJCTOIYITFFYQJLNQMELPRMZTFFZQFRSONRY

FKB**I**JCXSZST**E**IFCYGLR**I**JCTOIYI**L**FFYQJLNQMELP**H**MZTFFZQFRSON**TA**

c

DEUMBWQSHNRNHRFJPINUTWGZHLIPBHREVVODFGBSNFPVHZDZVOEZYGH

DEUM**T**WQSHNRNHRFJPIN**G**TWGZ**I**LIPBHREV**I**OD**E**GBSNFPVHZ**E**ZVOEZ**L**GH

d

HCMVFTRZSWTRAVKKGLZPEIMUNLWVHYLDHFVQHHTMVJNNYPJONHIAKBE

HCMVFTR**S**SWTRA**B**KKGLZPEIM**D**NLWVHYLDHF**U**QHHTMVJNN**E**PJONH**Y**AKB**R**

e

DIQTYNKLUFUBCPJODWMRNSEFLXEUIGDBBQMTYMAIDJZQPYPCVAKSBAF

DI**G**TYNKLUFUB**T**PJODWM**A**NSEFL**L**EUIGDBBQMT**J**MAID**L**ZQPYPCVAKS**C**AF

f

WYQFYYNFGMSGLDXKCBZZEPBRKLQGEPTJMZZQGFZYRHXZJAPGUMJWENV

WYQFY**X**NFGMSGLDXKCB**F**ZEPBR**A**LQGEPT**O**MZZQGFZYR**S**XZJAPAUMJWEN**I**

Zahlenkolonne

a

5284326709402289147111645107980704517232714053879164481

5284**6**26709402**3**891471**9**164510798**6**70451**8**23271405**9**87916448**2**

b

7350545736661626130702462533621852654854108862593455243

735**1**545736**9**61626**3**307024625336218**8**26548541**87**86259**2**455243

c

6380607633032736698129486587492437336818913717116474737

638060**6**633032**3**3669812948**2**5874924373**2**68189**0**3717116**1**747**7**7

d

5250555020272044205882635942812039171717217669004041628

3250555**5**20272044205**4**82635942812**5**39171717**1**1766900**3**04**7**628

e

1688234756305581511877008036921467812041407126877344754

1688**9**347563**2**558151118**3**70**8**80369214678**9**20414071268**2**734**8**754

f

5134887999324891899614663444220990078694442538040113864

5134**5**8799932**1**8918996146634**6**422079007**2**6944425**1**804011386**1**

Buchstabensuche

W W J Y V **O** G Y D Y W S H I J G O Y F X H C H P Z B K F F G H K L M I M A N Z O

W Y G E **O** G **O** V M E N Z Z E N I L L W D J S Z C D Z Z C G P I O U P A V Y I Q Z

Y B C P I **O** D D B T S F K X **E** O U Y L R U **O** W G S **A** E O C Q C D S H X R P K R J

M R Y J O X I F C C Q E W **E** B **E** K J T H **O** K **O** Q **A** N **A** B C V S N P X Q K D Y C L

X A R L V S N P Q V U Y O T **E** Y H J M S C **O** S X E **A** T I J D P S Z L O **I** Y E S A

F O H J J V L M Q M H N W B G Y Y T K A P R J I C Z I B M Q F V X F **I** N **I** V Y P

L P N K S F V C T S O J C R Z U B H A E R G O L M K W G R W N S M H E **I** W O A T

H P H G D H X L P A Q S X E F F S V A O S C S H M G G Y R I I H L A P Q Z S S T

N W F O J N T P L **A** T G S T **O** R G D W L K P G C X Q N K Y C Y B P M V R K N T Z

J A D I Y X A G **A** P **A** Q H **O** K **O** N D D M G O C V Q M L X G G R U **U** B F P R T G N

H H Q K Q J F H B **A** K S G H **O** K K N D F F X B K C Y Y B G K E **U** C **U** W R T E I M

G I K C F L J G S H Y L N R L F L I L O X B K N V Z T J X E E O **U** I D L J E N S

H L W O O R K S E X R A X X K D F I G J J L I A W W Q S A Q T **A** Y Q Z K N A K F

A H T **I** O A S Z B N L O K F I E V N Z V M Z P H L M G Y S Y **A** D **A** D P L D P Y M

E F **I** X **I** P S M Q Z D R A I O E P R T B L P **E** Y H D I F Y V N **A** H C Y H L T Z J

A X E **I** X X D I D W N R Y C F Z G X Y P F **E** A **E** F U J P Y W R E T Y D C K W Y E

X T O R O P V R M C M L H S Z D T Z O T E B **E** J R T A O V H M C Q X Y Y M H E L

U L Y S K S Y K Q H P R K O M I N Z V J M K G N D B R L C H T R X M K G V Z K I

R K M F Y K R L D H R K O I O W E U T B P U E V Q Z X A X Q Y K R Y H I Z V K E

F J O Q K G Q N N V G R H O W F U N K Y W V A Z J Q A Y X Z G W O V M X I H J W

Zahlensuche

5 1 8 **2 6** 9 **3 9** 7 7 1 2 0 6 3 1 5 1 8 4 2 5 4 1 1 **5 2** 0 7 0 5 6 4 9 **6 5** 0 8 9 3
4 9 8 7 6 4 8 0 5 0 9 8 0 5 7 7 0 0 7 3 5 3 2 2 1 9 0 0 0 4 0 7 5 0 3 1 7 1 9 2
9 **5 2** 1 4 8 2 0 7 4 9 6 4 7 7 4 0 1 0 1 6 1 9 7 7 9 4 7 4 1 2 4 6 9 4 5 6 0 2 0
9 6 8 3 5 7 5 1 0 **6 5 9 1** 5 **1 3** 8 7 2 8 **9 1** 9 4 0 0 6 3 7 7 **1 3** 2 7 2 7 0 0 0 9
6 3 4 8 7 0 0 **1 3** 4 4 7 4 5 5 0 0 9 7 9 9 3 5 8 3 8 0 9 9 0 5 7 6 4 6 1 4 **3 9** 0
8 1 1 7 9 9 4 0 1 **6 5** 4 4 4 6 2 8 9 2 4 6 **2 6** 3 5 8 9 0 4 9 2 7 2 8 0 9 6 8 0 1
0 2 9 3 2 5 8 4 4 9 6 3 0 **2 6** 4 0 6 4 9 9 2 5 0 9 **5 2** 8 8 8 7 2 3 7 9 7 7 2 7 1
7 0 2 0 4 5 9 9 8 8 0 **9 1 9 1** 7 7 2 5 **6 5** 4 9 0 7 2 4 9 9 0 5 0 4 1 9 7 0 7 9 4
5 5 4 4 0 4 3 6 3 0 8 6 0 0 1 2 9 6 3 **3 9** 4 8 0 2 4 6 8 8 2 0 8 9 6 6 7 0 3 6 4
2 9 0 0 3 3 5 8 6 9 4 1 0 9 8 9 7 7 1 4 1 6 6 9 4 **2 6** 1 0 1 5 0 2 0 1 **2 6** 8 7 4
2 3 7 **5 2** 2 1 4 **5 2** 4 9 0 **5 2** 5 9 4 3 7 3 4 2 1 8 2 9 4 1 0 0 8 **7 8** 2 0 9 6 9 3
4 9 5 6 7 4 **1 3** 0 1 5 0 0 7 3 5 8 6 4 9 9 4 9 9 5 3 6 7 0 8 8 4 0 8 1 7 3 **7 8** 0
2 5 1 **1 3** 4 1 9 9 2 4 0 3 6 7 3 4 0 9 9 7 2 1 4 8 9 **2 6 9 1** 6 6 4 4 1 5 3 2 0 3
5 1 9 9 3 0 9 0 9 7 0 9 3 **5 2** 2 7 4 8 5 8 1 0 8 0 1 4 3 3 **6 5** 3 5 3 7 0 **1 3** 8 6
9 7 9 0 **9 1** 6 6 2 1 6 6 1 1 4 **3 9** 4 8 8 2 0 9 7 5 9 8 5 9 0 9 0 8 9 4 5 6 6 6 2
1 2 7 **3 9** 8 1 9 6 4 3 3 4 1 6 3 1 8 1 8 7 6 6 8 4 3 4 **6 5** 4 7 0 9 6 0 9 4 6 **6 5**
8 2 8 1 0 4 1 9 0 0 5 0 9 6 3 0 3 0 9 7 0 2 **2 6** 3 5 **2 6** 7 2 2 8 1 8 **2 6** 0 4 8 2
8 7 9 5 5 5 3 3 3 0 7 0 0 5 6 9 9 8 5 7 1 9 5 5 3 2 4 8 8 5 0 2 2 9 **2 6** 7 **9 1** 4
8 3 7 8 7 **7 3** 7 5 5 5 5 6 4 8 5 9 5 3 2 3 **5 2** 4 9 5 3 5 6 4 2 2 7 0 9 4 4 5 6 6

Zahlenpaare

1 t, 2 o, 3 e, 4 m, 5 s, 6 l, 7 n, 8 r, 9 i, 10 f, 11 c, 12 h, 13 g, 14 k, 15 j, 16 a, 17 p, 18 d, 19 b, 20 q

Zahlenpyramide I

2570								
1360	1210							
697	663	547						
344	353	310	237					
165	179	174	136	101				
80	85	94	80	56	45			
41	39	46	48	32	24	21		
20	21	18	28	20	12	12	9	
7	13	8	10	18	2	10	2	7

Zahlenpyramide II

147								
72	75							
24	3	25						
120	144	141	116					
65	55	89	52	64				
64	1	54	35	17	47			
104	168	169	115	80	63	110		
40	64	104	65	50	30	33	77	
5	8	8	13	5	10	3	11	7

Zahlenpyramide

Aufgaben vom Typ der Zahlenpyramide lassen sich sehr leicht jederzeit mit Papier und Bleistift konstruieren. Gerade Rechnen bringt Ihr Gehirn voll auf Trab!

Die im Kapitel »Aufmerksamkeit, Konzentration und geistige Ausdauer« vorgestellten Zahlenreihen eignen sich in gesteigertem Schwierigkeitsgrad auch dazu. Verwenden Sie hierbei nur eine Folge und mischen Sie nicht mehrere miteinander.

LOGISCHES DENKEN UND MATHEMATIK

»Das Denken macht die Größe des Menschen aus.«
(Blaise Pascal)

Abriss zur Logik

Logik scheint zunächst mehr mit dem gesprochenen Wort als mit Mathematik zu tun zu haben, hat es doch seine Wurzeln im griechischen *logos* = Wort. Die Lehre des schlüssigen Denkens und Beweisführens fußt auf der »richtigen« Beziehung von Voraussetzungen und den daraus gezogenen Schlüssen. »Richtig« bedeutet in diesem Zusammenhang so viel wie wahr oder absolut gültig. Aus den falschen Grundlagen kann eben selbst durch zielgerichtetes Folgern nur Unsinn herauskommen. Umgekehrt kann »falsche« Logik zu einem richtigen Ergebnis führen, welches dann aber nicht anerkannt wird. In einigen Varianten der Logik kommt es auch nur auf die korrekte Beweisführung an.

In der Logik gibt es im Wesentlichen zwei Beweisverfahren, die Induktion und die Deduktion.

- Die **Induktion** (lat. *inducere* = hinführen, hinleiten) versucht vom Einzelfall auf ein allgemeingültiges Prinzip zu schließen. Dazu geht sie von der Annahme aus, dass eine ausreichend große Anzahl von Bestätigungen als Begründung ausreicht. Je mehr Ereignisse auftreten, die der Behauptung entsprechen und je weniger, die dagegen stehen, um so größer ist die Wahrscheinlichkeit. Die Induktion wird z. B. in Meinungsumfragen und bei Hochrechnungen verwendet. Die mathematische oder vollständige Induktion beschäftigt sich dagegen ausschließlich mit den natürlichen Zahlen.
- Die **Deduktion** (lat. *deducere* = ableiten, herleiten) geht den umgekehrten Weg. Es liegen bereits eine oder mehrere Tatsachen vor. Aus diesen lassen sich dann weitere Schlüsse ziehen. So ergibt sich aus »Wenn A dann B« und »Wenn B dann C« auch direkt »Wenn A dann C«. Die Deduktion enthält auch einen Satz von Regeln, welcher die Gültigkeit getroffener Aussagen festlegt.

Als Begründer der klassischen Logik kann der griechische Philosoph Aristoteles angesehen werden. Die Arbeiten wurden anschließend von seinem Schüler Theophrast fortgesetzt. Die syllogistische Logik geht von Prämissen der Form »Alle X sind Y«, »Alle X sind nicht Y«, »Einige X sind Y« und »Einige X sind nicht Y« aus.

Für X und Y können dabei beliebige Begriffe eingesetzt werden. Aus diesen Aussagen kann dann über ein allgemein gültiges Regelwerk bestimmt werden, welche Folgerungen zulässig sind und welche nicht.

Erst gegen Mitte des 19. Jahrhunderts wurde dann die moderne oder symbolische Logik von den beiden britischen Mathematikern George Boole und Augustus De Morgan begründet. Die Boolesche Algebra erlaubt es, Lehrsätze in symbolische Berechnungen zu verpacken und daraus weitere Erkenntnisse abzuleiten. Obwohl inzwischen auch 150 Jahre alt, spielt sie gerade bei der Entwicklung der aktuellen Computer eine wichtige Rolle.

Anfang des 20. Jahrhunderts fand eine Weiterentwicklung statt, an der der deutsche Mathematiker Gottlob Frege, der die Arithmetik aus der Logik ableiten wollte, aber insbesondere die beiden Briten Bertrand Russell und Alfred North Whitehead maßgeblich beteiligt waren. Letztere veröffentlichten ihre Forschungsergebnisse in den drei Bänden der »Principia Mathematica«. Verknüpfungen von Sätzen und Satzteilen mit »und« und »oder«, aber auch Folgerungen in der bekannten Wenn-Dann-Form werden dabei genauso berücksichtigt wie Verneinungen und allgemeingültige Aussagen.

Letztendlich arbeiten aber die klassische und die moderne Logik nach denselben Prinzipien: Beweisführung und Schluss sind implizit bereits in den Prämissen enthalten und müssen »nur« noch daraus abgeleitet werden. Da aber jeweils nur mit Grundlagen gearbeitet werden kann, die entweder zu 100 Prozent wahr oder falsch sind, wird es problematisch, wenn mit Wahrscheinlichkeitswerten gearbeitet werden muss. Dafür wurden sogenannte mehrwertige Logiken eingeführt, die auch Zahlen zwischen 1 (wahr) und 0 bzw. –1 (falsch) verwenden. Dies führte in jüngerer Zeit zur Modallogik, welche auch Möglichkeiten und Notwendigkeiten miteinbezieht.

Kleine Geschichte der Mathematik

Die Mathematik beschäftigt sich mit den Beziehungen zwischen Mengen, Größen und Eigenschaften, aber auch der zugrunde liegenden Logik, um aus diesen und den unzweifelhaft feststehenden Grundsätzen, den Axiomen, weitere bisher unbekannte Beziehungen herstellen zu können. Während früher in der Geometrie und Arithmetik, die schließlich zur Algebra zusammengefasst wurden, Größen im Vordergrund standen, machte das mathematische Schlussfolgern erst im Verbund mit dem Aufkommen der modernen Logik große Fortschritte. Durch die Einführung von Variablen konnten zudem allgemeingültige Aussagen getroffen werden.

Mehrere Behauptungen zusammengefasst ließen immer kompliziertere Betrachtungen zu. So entstand die mathematische Logik.

Mathematik ist wohl die älteste und gleichzeitig auch genaueste Wissenschaft. Ohne sie sind die anderen Naturwissenschaften überhaupt nicht denkbar.

Die Anfänge der Mathematik in der Frühzeit

Ist es überraschend, dass erste Ansätze der Mathematik schon in der Frühzeit der Menschheit vor Tausenden von Jahren entstanden? Sicher nicht, wenn man bedenkt, dass z. B. Tauschgeschäfte an der Tagesordnung waren. Die Anzahl von Gegenständen wurde dabei wohl zunächst an den Fingern abgezählt (daher haben die meisten Zahlensysteme auch die Basis 5 oder 10 als Grundlage!) oder aber es wurden einfach Striche auf Kerbhölzer oder an die Wände gemacht, was sich anhand von Höhlenzeichnungen nachweisen lässt. In dieser Zeit beherrschte das Messen und Rechnen die Mathematik; aber auch die Geometrie war wegen der Einteilung von Landbesitz von wachsender Bedeutung.

Bereits im 3. Jahrtausend v. Chr. erfanden die Ägypter Symbole für die 10 und die 100, was die Darstellung großer Zahlen wesentlich vereinfachte. Aus der Zeit um 1800 v. Chr. stammt ein erstes Dezimalsystem, in welchem die Zehnerpotenzen im Mittelpunkt standen. Die Anzahl der davon in einer Zahl benötigten wurde einfach in Form der Symbole hintereinander geschrieben. Das machte die Addition verhältnismäßig leicht, da nur die jeweils identischen Symbole zusammengefasst werden mussten. Die Multiplikation wurde als mehrere aufeinanderfolgende Additionen aufgefasst. Damit das nicht zu aufwendig wurde, wurde der Ausgangswert sukzessive verdoppelt. Die Römer haben im Prinzip genauso gearbeitet.

Die Ägypter kannten auch schon die Bruchrechnung. Allerdings verwendeten sie ausschließlich Einheitsbrüche bzw. Kehrwerte wie $^1/_2$, $^1/_3$ usw. Hinzu kam lediglich $^2/_3$. Flächeninhalt von Drei- und Vierecken sowie Volumina von Quadern, Zylindern und natürlich auch Pyramiden stellten kein Geheimnis für sie dar. Als Kreiszahl verwendeten Sie einen Wert in der Gegend von 3.16, was der Zahl Pi schon sehr nahe kommt.

Die Babylonier machten es sich etwas schwieriger. Zahlen unter 60 wurden zwar ebenfalls als Summe von Zehnern und Einern betrachtet. Bei allem, was darüber hinaus ging, spielte jedoch die Position, an der sich eine Zahl befand, eine entscheidende Rolle. Die Folge 34, 41, 12 bedeutete $34 \times 60^2 + 41 \times 60^1 + 12 \times 60^0 = 34 \times 3600 + 41 \times 60 + 12 \times 1 = 124872$. Auch bei Brüchen wurde so verfahren. Im Gegensatz zu den Ägyptern verwendeten die Babylonier also die Basis 60; ein Sexagesimalsystem. Unser modernes Zahlensystem kann also als Kombination dieser beiden Varianten angesehen werden. Es enthält zwar die Basis 10, aber andererseits auch Symbole für die Ziffern von 0 bis 9, deren Wertigkeit abhängig von der Stellung in der Zahl ist. 865 bedeutet nämlich nichts anderes als $8 \times 10^2 + 6 \times 10^1 + 5 \times 10^0 = 8 \times 100 + 6 \times 10 + 5 \times 1$.

Ägyptische Ziffern

Einer
Zehner
Hunderter
Tausender
Zehntausender

Babylonische Ziffern

Einer
Zehner
Sechziger
Sechshunderter

Von den Babyloniern stammt eine ganze Reihe von Rechentafeln. Sie konnten auch schon quadratische und einige kubische Gleichungen lösen. Über geometrische Reihen bestimmten Sie die $\sqrt{2}$ relativ genau. Der eigentlich Pythagoras zugeschriebene Satz, dass die Summe der Quadrate über den beiden Katheten a und b eines rechtwinkligen Dreiecks gleich dem Quadrat über der Hypotenuse c ist, also $a^2 + b^2 = c^2$, wurde ebenfalls schon von ihnen verwendet. Inzwischen gibt es übrigens bereits über 100 Beweise für diese Behauptung.

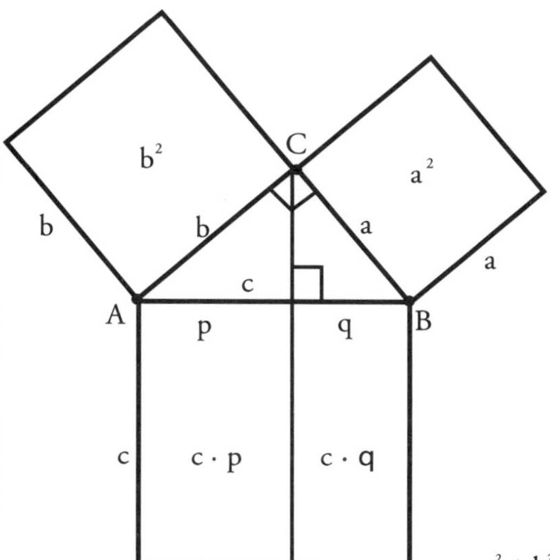

Nach dem Kathetensatz folgt beispielsweise:

a2 = c x q und b2 = c x p

Daraus ergibt sich wiederum:

$a^2 + b^2 = c \times q + c \times p = c \times (q + p) = c \times c = c^2$

Mathematik in der griechischen Antike

Die alten Griechen übernahmen Elemente von beiden Völkern. Sie beschäftigten sich verstärkt mit mathematischen Gesetzmäßigkeiten und Beweisen. Gleichungssysteme, Zahlentheorie und Geometrie kamen ebenfalls nicht zu kurz. Erste Ansätze der Trigonometrie entstanden. Archimedes und Apollonios verfassten Werke über Kegelschnitte und die dabei entstehenden Ellipsen, Hyperbeln und Parabeln. Noch heute spricht man von der Quadratur des Kreises. Diese Redensart geht auf den Versuch zurück, mittels Lineal und Zirkel ein Quadrat zu konstruieren, das denselben Flächeninhalt wie ein vorgegebener Kreis aufweisen sollte. Erst 1882 konnte der deutsche Mathematiker Ferdinand Lindemann beweisen, dass dies auf diese Weise nicht möglich ist. Archimedes verwendete stattdessen ein- und umbeschriebene Vielecke und stieß so nebenbei auf die Kreiszahl Pi. Auch Eudoxos verwendete ähnliche nichtnumerische Näherungsverfahren. Erst im 17. Jahrhundert wurde auf diesem Weg die Infinitesimalrechnung entdeckt.

Mathematik in Arabien und Indien

Relativ unabhängig von diesen alten Hochkulturen entwickelte sich die Mathematik in Arabien und Indien. Das indische Dezimalsystem enthielt auch die Null und negative Zahlen. Hier war man mehr an der Lösung arithmetischer Probleme interessiert. So berechnete Aryabhata im 5. Jahrhundert Pi bereits auf vier Stellen genau. Auch die Sinusfunktion stammt von ihm. In der Analysis gab es gleichfalls beachtliche Fortschritte.

Die Araber verschmähten die Vorarbeit der Inder nicht. Muhammad al-Khwarizmi beschäftigte sich u. a. mit Polynomen mit beliebig vielen Gliedern. Die Begriffe Algorithmus und Algebra stammen von ihm. Numerische Lösungsverfahren wurden entdeckt und die Flächen- und Voluminaberechnungen intensiv weiterentwickelt. Der Perser Omar-e Chajjam verallgemeinerte das Wurzelziehen auf höhere Wurzeln als nur die zweiten oder dritten Grades. Auch in der Trigonometrie wurden deutliche Fortschritte gemacht.

Mathematik im späten Mittelalter und der Neuzeit

Selbst im späten Mittelalter griff man noch auf viele Erkenntnisse dieser Periode zurück. Der sächsische Mathematiker Adam Riese führte die arabischen Zahlen und das schriftliche Rechnen sowie den Abakus auch bei uns ein. Ausgehend vom italienischen Mathematiker Gerolamo Cardano im 16. Jahrhundert fand man nun auch Lösungen von Gleichungen höheren Grades.

Das 17. Jahrhundert kann als das wohl produktivste betrachtet werden. Der Schotte John Napier fand die Logarithmen. Ebenso entdeckte Descartes die analytische Geometrie und untersuchte damit verschiedenste Kurven. Die Zahlentheorie wurde insbesondere von Pierre de Fermat vorangetrieben. Die Wahrscheinlichkeitsrechnung nahm ebenfalls ihren Anfang, als sich Blaise Pascal mit Fermat Gedanken über ein Spiel machte.

Das ermunterte wiederum den Niederländer Christiaan Huygens dazu, sich mit Würfelspielen zu beschäftigen. Später wurden diese Arbeiten von Laplace fortgesetzt. Überlagert wurde dies alles jedoch von den Leistungen Isaac Newtons und Gottfried Wilhelm Leibniz', die annähernd zeitgleich und unabhängig voneinander die Infinitesimalrechnung erfanden. Während Letztgenannter seine Erfindung aber bereits zwischen 1684 und 1686 veröffentlichte, kam Newton erst nach seinem Tod (er starb 1727) 1736 zu dieser Ehre.

Gegen Ende des 18. Jahrhunderts lieferte Joseph Louis de Lagrange Beiträge zur Variationsrechnung und zur Lösung von Differentialgleichungen ab. Auch der Schweizer Leonhard Euler beschäftigte sich mit der Analysis und deren praktischer Anwendung. Er betrachtete dabei viele Funktionen und schrieb etliche Lehrbücher.

Das 19. Jahrhundert stand dann wieder mehr im Zeichen der Theorie. Lange Zeit beschäftigte man sich mit der Definition von Funktionen, rationalen, reellen und komplexen Zahlen. Die Regeln der Analysis und Funktionentheorie wurden niedergeschrieben. Die Eigenschaften unendlicher Mengen und Zahlen wurde näher untersucht. Als einer der klügsten Köpfe erwies sich dabei Carl Friedrich Gauß, der seine wichtigen Entdeckungen in der Zahlentheorie in dem Buch »Disquisitiones Arithmeticae« veröffentlichte. Seine Dissertation enthielt den ersten echten Beweis des Fundamentalsatzes der Algebra. Aber auch in der Statistik war er zuhause. Stets hob er auch den praktischen Nutzen seiner Arbeiten hervor und profitierte selbst davon.

George Peacock brachte sich mit der symbolischen Algebra ein. Abstrakte n-dimensionale Vektorräume waren ebenfalls ein Problem dieser Zeit.

Anfang 1900 hielt der deutsche Mathematiker David Hilbert in Paris einen Vortrag auf der Internationalen Mathematikerkonferenz und gab einen persönlichen Ausblick auf die Mathematik des 20. Jahrhunderts. Er schilderte 23 Probleme, die tatsächlich in der Folgezeit viele Forscher beschäftigten.

In der mathematischen Logik wurden viele Strukturen und Sachverhalte untersucht, die noch nicht bewiesen werden konnten. Mit dem Aufkommen programmierbarer Rechenmaschinen gerieten die Algorithmen wieder in den Mittelpunkt. Durch ihren Einsatz konnten insbesondere numerische Aufgabenstellungen in Angriff genommen werden, die ohne technische Unterstützung zu komplex oder zu zeitaufwendig gewesen wären. 1976 konnte an der Universität von Illinois durch Computerunterstützung das Vierfarbenproblem bewiesen werden. Demnach soll durch vier Farben jede beliebige Landkarte so einzufärben sein, dass je zwei aneinander grenzende Länder nie dieselbe Farbe aufweisen.

Die Zusammenarbeit von Mensch und Maschine wird sicher auch in der nächsten Zeit zu einer Vielzahl weitreichender Erkenntnisse führen.

Zusammenhang zwischen Logik und Mathematik

Logik und Mathematik, wie gehört das zusammen?

Nun, die Mathematik fußt zum größten Teil auf Erkenntnissen und Gesetzmäßigkeiten, die logisch nachvollziehbar sind. Neben viel Theorie gibt es wie oben erwähnt natürlich auch praktische Anwendungen in vielen Bereichen.

Dass Mathematik ein wesentlicher Intelligenzfaktor ist, zeigt sich u. a. darin, dass verschiedene Menschen eine ganz unterschiedliche Begabung oder Befähigung auf diesem Gebiet aufweisen. Somit kann man es nicht als reines Lernproblem abtun. Bereits der berühmte Physiker und Mathematiker Isaac Newton wies im Übrigen zurecht darauf hin, dass die Konzentration eine Grundvoraussetzung für die Lösung schwieriger mathematischer Probleme ist. Die Geschwindigkeit des Denkens wirkt sich hierbei bedeutend aus (s. die entsprechenden Kapitel).

Ist nun die Logik ein Teilgebiet der Mathematik oder umgekehrt? Das kommt auf die Sichtweise an. Vielleicht sollte man auch einfach sagen, dass sich beide in einigen Bereichen überschneiden. Mathematik ist einerseits logisch, andererseits gibt es auch die mathematische Logik.

Entsprechende Fähigkeiten scheinen im Gegensatz zur Sprache jedoch an keiner speziellen Stelle im Gehirn lokalisiert zu sein. Die unterschiedlichsten Bereiche arbeiten zusammen. Das ist hilfreich, wenn eine bestimmte Region geschädigt wird, denn dies macht sich im Allgemeinen kaum bemerkbar. Erst bei global auftretenden Demenzerscheinungen ist keine Redundanz mehr vorhanden. Sind beide Scheitellappen in der Großhirnrinde betroffen, kann mit Mathematik nicht mehr viel angefangen werden.

Das blitzschnelle Rechnen mit großen Zahlen ist allein übrigens kein hinreichendes Merkmal für eine besondere Begabung. Es gib viele »Spezialisten« auf diesem Gebiet, denen es aber dennoch am grundlegenden Verständnis fehlt. Sie wissen selber nicht, wie sie diese Leistungen vollbringen. Viel wichtiger in diesem Zusammenhang aber ist, dass von ihnen nur selten wirklich innovative Beiträge zur Mathematik kommen. Somit sind sie auch keine Genies.

ÜBUNGEN UND AUFGABEN

Das Training, dass ich Ihnen in diesem Abschnitt anbieten kann, bewegt sich komplett im konkreten und praktischen Rahmen. Spezielle Beweisführungen und Überlegungen werden nicht verlangt. Dort gäbe es auch keine eindeutige Lösung. Aber auch so können Sie Ihren Verstand entsprechend schulen.

Folgerungen I Lösung auf S. 174

Alle Raben sind schwarz.
Vögel gibt es in allen Farben.

Welche der folgenden Schlüsse sind richtig und welche falsch?

a Raben sind Vögel.
b Alle Nicht-Raben sind nicht schwarz.
c Alle nicht schwarzen Objekte sind Nicht-Raben.
d Es gibt gelbe Vögel.

Folgerungen II Lösung auf S. 174

Hunde und Katzen sind Tiere.
Es gibt Katzen mit unterschiedlichen Fellfarben.
Alle Tiere mit schwarzem Fell sind schlau.
Alle Katzen sind schlau.

Welche Schlüsse lassen sich ziehen?

a Es gibt schlaue Hunde.
b Alle schlauen Tiere haben ein schwarzes Fell.
c Es gibt Katzen mit schwarzem Fell.
d Es gibt mehr schlaue Katzen als schlaue Hunde.

Tanz aus der Reihe I Lösung auf S. 174

Welcher Begriff passt jeweils nicht?

1 a Novelle	b Essay	c Enzyklopädie	d Roman
2 a Skonto	b Zugabe	c Rabatt	d Ermäßigung
3 a Helm	b Mütze	c Brille	d Hut
4 a Sonnenuhr	b Wecker	c Kirchturmuhr	d Digitaluhr
5 a Badminton	b Fußball	c Golf	d Tennis
6 a schwül	b heiß	c kalt	d lau

Tanz aus der Reihe II Lösung auf S. 174

Welche Zeichenfolge schließen Sie aus?

1 a AIAEU	b JIOUE	c EIIAO	d UOEIE
2 a IAAEU	b AEUIO	c AOUIE	d EIOUA
3 a AEIOU	b AIIOU	c IAEOU	d EIOUU
4 a AeIoU	b UIUA	c AEAUI	d eaIIo
5 a AEOE	b UEUE	c EEEE	d AUAE
6 a AEEIII	b UIOOOO	c OIIEEE	d IOOUUU

Wortanalogien Lösung auf S. 174

Finden Sie den Zusammenhang zwischen dem ersten und dem zweiten Wort!

1 Waschmaschine zu Strom wie Auto zu	a Batterie	b Öl	c Benzin	d Fahrer
2 unten zu oben wie hinten zu	a vorne	b rechts	c links	d drüben
3 Abfall zu Eimer wie Joghurt zu	a Herd	b Kühlschrank	c Tisch	d Mund
4 Katze zu Maus wie Grizzlybär zu	a Adler	b Eichhörnchen	c Speck	d Lachs
5 Pferd zu Fohlen wie Schaf zu	a Kalb	b Lamm	c Ziege	d Widder
6 Sonne zu Erde wie Erde zu	a Kontinent	b Erdkern	c Meer	d Mond
7 Mathematik zu Physik wie Kunst zu	a Musik	b Sport	c Biologie	d Latein

Zalrenanalogien Lösung auf S. 175

Können Sie erkennen, in welchem Verhältnis die zweite zur ersten Zahl steht?

a 8 zu 52 und 24 zu 36 wie 12 zu ___

b 4 zu 6 und 3 zu 8 wie 2 zu ___

c 11 zu 7 und 10 zu 6 wie 78 zu ___

d 28 zu 10 und 77 zu 14 wie 56 zu ___

e 49 zu 7 und 63 zu 9 wie 35 zu ___

f 333 zu 330 und 827 zu 830 wie 88 zu ___

g 13 zu 53 und 47 zu 87 wie 35 zu ___

h 784 zu 562 und 673 zu 451 wie 864 zu ___

Datumsrechnung Lösung auf S. 175

Berücksichtigen Sie bitte Wochen- und Monatslängen sowie Schaltjahre!

a Vor 13 Tagen war ein Mittwoch. Welcher Wochentag ist dann morgen?

b Auf welchen Wochentag fiel im Jahr 2001 Nikolaus (6. 12.)? Gehen Sie vom heutigen Datum aus!

c Welcher Wochentag ist 37 Tage nach einem Samstag?

d Wie viele Tage liegen zwischen dem 15. 7. und dem 31. 8. desselben Jahres?

e Wie viele Tage haben die ersten sechs Monate eines Schaltjahrs zusammen?

f In welchen Monaten im Jahr 2002 ist der 27. ein Freitag? Gehen Sie vom heutigen Datum aus!

Zeitrechnung Lösung auf S. 175

Hier kommt es auf die Länge der einzelnen Zeiteinheiten an!

a Als Schichtarbeiter arbeiten Sie von 22.15 Uhr bis 5.45 Uhr. Wie viele Minuten sind das?

b Rechnen Sie 2000 Sekunden in Minuten und Sekunden um!

c Wie viele Sekunden haben 8,75 Stunden?

d Wie viele Stunden hat der September 2007?

e Es ist 19.20 Uhr. In wie vielen Sekunden ist es 20.45 Uhr?

f Rechnen Sie 565 Stunden in Tage und Stunden um!

Rechenmarathon I Lösung auf S. 175

Fixes Kopfrechen ist angesagt! Punkt- vor Strichrechnung gilt hier nicht.

a 102 – 18 – 19 ________

b 27 x 4 + 111 ________

c 49 : 7 x 12 ________

d 16 + 9 x 17 ________

e 76 + 47 + 32 ________

f 17 + 44 x 3 ________

g 65 : 5 x 13 ________

h 23 – 16 x 42 ________

i 2614 – 164 ________

j 5102 + 1981 ________

k 438 : 6 +123 ________

l 611 – 251 x 7 ________

m 35 x 78 ________

n 161 – 93 x 29 ________

o 18378 + 6790 ________

p 155 x 36 ________

Rechenmarathon II Lösung auf S. 175

Füllen Sie die Lücken aus!

a ___ : 7 = 7

b 14 x 6 = ___

c 96 : 8 – 10 = ___

d 115 – ___ = 58

e 116 : ___ = 4

f 59 + ___ = 77 - 6

g 143 + 89 = ___

h 139 x 5 = ___

i 83 – 61 x ___ = 154

j 16 x 39 = ___

k 25 x ___ = 1300

l 68 : ___ + 511 = 528

m 74 x ___ = 463 + 203

n 42 x 3 x 9 = ___

o 9863 – ___ = 6689 + 640

p 3936 : ___ = 6 x 6 + 60

Rechenmarathon III

Lösung auf S. 176

Finden Sie die richtigen Rechenzeichen (+ – x :).
Punkt- vor Strichrechnung gilt wiederum nicht.

a 19 __ 8 __ 6 __ 6 = 60
b 31 __ 68 __ 4 __ 7 = 88
c 42 __ 2 __ 51 __ 12 = 6
d 86 __ 51 __ 8 __ 1 = 130
e 46 __ 10 __ 9 __ 4 = 8
f 78 __ 39 __ 34 __ 5 = 31
g 89 __ 874 __ 56 __ 15 = 922
h 408 __ 392 __ 80 __ 4 = 40
i 81 __ 13 __ 50 __ 20 = 20060
j 4 __ 113 __ 1 __ 747 = 1198
k 356__ 203__ 3__ 2= 312
l 292__46__8__ 4 = 492

Zahlenreihen I

Lösung auf S. 176

Wie geht die Reihe weiter?

a 2 - 4 8 - 16 32 ____
b 18 21 19 22 20 ____
c –64 –49 –36 –25 –16 ____
d 31 62 124 372 1116 ____
e 7 20 40 53 106 ____
f 0 1 2 4 7 12 ____

Zahlenreihen II

Lösung auf S. 176

Kombinieren Sie richtig und ermitteln Sie die fehlende Zahl!

a 32 37 43 50 58 ____
b 4 15 59 ____ 939 3755
c 7 8 10 14 22 ____
d 128 64 32 16 8 ____
e 666 222 ____ 27 9 3
f 2 4 ____ 49 169 256

Zahlensysteme

Lösung auf S. 176

Unser Dezimalsystem basiert auf der Basis 10; z. B. lässt sich 128 als ($8 \times 10^0 = 8 \times 1 = 8$) + ($2 \times 10^1 = 2 \times 10 = 20$) + ($1 \times 10^2 = 1 \times 100 = 100$) interpretieren. Andere Zahlensysteme haben eine andere Basis. So wird im Sechsersystem die Basis 6 verwendet. 543 im Sechsersystem entspricht ($3 \times 6^0 = 3 \times 1 = 3$) + ($4 \times 6^1 = 4 \times 6 = 24$) + ($5 \times 6^2 = 5 \times 36 = 180$) = 207 im Dezimalsystem. Können Sie die folgenden Zahlen aus dem vorgegebenen System ins Dezimalsystem umwandeln?

a Neunersystem: 184 ____________
b Achtersystem: 631 ____________
c Vierersystem: 131 ____________
d Siebenersystem: 611 ____________
e Vierersystem: 333 ____________
f Dreiersystem: 2121 ____________
g Achtersystem: 272 ____________
h Zweiersystem: 1001 ____________

Zahlensymbolrätsel Lösung auf S. 177

In jedem der beiden Rätsel bedeutet jedes Symbol eine andere Zahl, während gleiche Symbole für gleiche Zahlen stehen. Die Symbole im zweiten Rätsel bedeuten nicht unbedingt die gleichen Zahlen wie die im ersten Rätsel.

Von 1 bis 9 Lösung auf S. 177

Füllen Sie jedes der beiden Rätsel mit den Zahlen von 1 bis 9 so auf, dass in jeder Zeile, Spalte und jedem fett umrandeten Quadrat jede Zahl nur einmal vertreten ist.

			9	4		2	5	
	5	3						
						1	8	
	2		3				6	
	3	8					9	
6				5			3	1
2	8	6			1			
				9				4
	9	4					2	

						8		
1	2		7		9		5	
		6		5				3
8	3			6	5		4	
		7						
4				1			6	
2						3		4
		1			8	7		
		9					8	2

Folgerungen I

a keine Aussage möglich (natürlich sind Raben Vögel, aber aus den obigen zwei Aussagen ergibt sich das nicht)
b falsch
c richtig
d richtig

Folgerungen II

a richtig (falls es Hunde mit schwarzem Fell gibt)
b keine Aussage möglich (nicht nur das schwarze Fell kann intelligent machen!)
c keine Aussage möglich
d keine Aussage über die Gesamtanzahl schlauer Katzen oder Hunde möglich

Tanz aus der Reihe I

1 c, denn die Enzyklopädie ist ein Nachschlagewerk
2 b, denn die Zugabe stellt keine Vergünstigung des Preises dar
3 c, denn die Brille ist keine Kopfbedeckung
4 a, denn die Sonnenuhr benötigt keine Energiezufuhr zum Betrieb
5 b, denn zum Fußballspielen benötigt man keinen Schläger
6 a, denn schwül ist keine reine Temperaturbeschreibung (heiß und feucht)

Tanz aus der Reihe II

1 b, denn JIOUE enthält einen Konsonanten
2 a, denn in IAAEU kommt der Buchstabe A zweimal vor
3 c, denn in IAEOU sind die Buchstaben nicht in alphabetischer Reihenfolge
4 c, denn in AEAUI ist das E nicht kleingeschrieben
5 d, denn in AUAE ist nicht jeder zweite Buchstabe ein E
6 b, denn in UIOOOO kommt der zweite Buchstabe nicht zweimal vor

Wortanalogien

1 c, denn der Antrieb des Autos erfolgt mit Benzin
2 a, denn vorne ist das Gegenteil
3 b, denn Joghurt wird im Allgemeinen im Kühlschrank gelagert
4 d, denn der Grizzlybär jagt Lachse zur Ernährung
5 b, denn ein junges Schaf wird auch Lamm genannt
6 d, denn die Erde wird vom Mond umkreist
7 a, denn Kunst wie Musik kommen aus dem selben Bereich (kreative Schulfächer)

Zahlenanalogien

a 48; denn die beiden Zahlen ergänzen sich immer zu 60
b 12; denn das Produkt der beiden Zahlen ist 24
c 74 (–4)
d 11; denn das ist die Quersumme
e 5 (:7)
f 90 (kaufmännische Rundung der Zehner)
g 75 (+40)
h 642 (–222)

Datumsrechnung

a Mittwoch
b Donnerstag
c Montag
d 46
e 182
f im September und Dezember

Zeitrechnung

a 450
b 33 Minuten und 20 Sekunden
c 31500 (8,75 x 60 x 60)
d 720 (30 x 24)
e 5100 (1 x 60 + 25) x 60
f 23 Tage und 13 Stunden

Rechenmarathon I

a 65	**e** 155	**i** 2450	**m** 2730
b 219	**f** 183	**j** 7083	**n** 1972
c 84	**g** 169	**k** 196	**o** 25168
d 425	**h** 294	**l** 2520	**p** 5580

Rechenmarathon II

a 49	**e** 29	**i** 7	**m** 9
b 84	**f** 12	**j** 624	**n** 1134
c 2	**g** 232	**k** 52	**o** 2534
d 57	**h** 695	**l** 4	**p** 41

Rechenmarathon III

a 19 – 8 x 6 – 6 = 60
b 31 + 68 – 4 – 7 = 88
c 42 : 2 + 51 : 12 = 6
d 86 + 51 – 8 + 1 = 130
e 46 – 10 : 9 + 4 = 8
f 78 : 39 + 34 – 5 = 31
g 89 + 874 – 56 + 15 = 922
h 408 + 392 : 80 x 4 = 40
i 81 x 13 – 50 x 20 = 20060
j 4 x 113 – 1 + 747 = 1198
k 356 – 203 + 3 x 2 = 312
l 292 – 46 x 8 : 4 = 492

Zahlenreihen I

a – 64 (x –2)
b 23 (abwechselnd +3 und –2)
c – 9 (negative Quadratzahlen abwärts)
d 4464 (Multiplikation mit der Anzahl der Ziffern)
e 119 (abwechselnd +13 und x2)
f 20 (Summe der beiden Vorgänger +1)

Zahlenreihen II

a 67 (+ 5, + 6, + 7 usw.)
b 235 (x 4 und – 1)
c 38 (+ 1, + 2, + 4 usw.)
d 4 (: 2)
e 75 (: 3 und ggf. aufrunden auf die nächste durch 3 teilbare Zahl)
f 16 (es wird jeweils das Quadrat der Quersumme ermittelt)

Zahlensysteme

a $1 \times 9^2 + 8 \times 9^1 + 4 \times 9^0 = 1 \times 81 + 8 \times 9 + 4 \times 1 = 81 + 72 + 4 = 157$
b $6 \times 8^2 + 3 \times 8^1 + 1 \times 8^0 = 6 \times 64 + 3 \times 8 + 1 \times 1 = 384 + 24 + 1 = 409$
c $1 \times 4^2 + 3 \times 4^1 + 1 \times 4^0 = 1 \times 16 + 3 \times 4 + 1 \times 1 = 16 + 12 + 1 = 29$
d $6 \times 7^2 + 1 \times 7^1 + 1 \times 7^0 = 6 \times 49 + 1 \times 7 + 1 \times 1 = 294 + 7 + 1 = 302$
e $3 \times 4^2 + 3 \times 4^1 + 3 \times 4^0 = 3 \times 16 + 3 \times 4 + 3 \times 1 = 48 + 12 + 3 = 63$
f $2 \times 3^3 + 1 \times 3^2 + 2 \times 3^1 + 1 \times 3^0 = 2 \times 27 + 1 \times 9 + 2 \times 3 + 1 \times 1 =$
$54 + 9 + 6 + 1 = 70$
g $2 \times 8^2 + 7 \times 8^1 + 2 \times 8^0 = 2 \times 64 + 7 \times 8 + 2 \times 1 = 128 + 56 + 2 = 186$
h $1 \times 2^3 + 0 \times 2^2 + 0 \times 2^1 + 1 \times 2^0 = 1 \times 8 + 0 \times 4 + 0 \times 2 + 1 \times 1 = 8 + 1 = 9$

Zahlensymbolrätsel

66	x	11	=	726
+		x		−
80	−	50	=	30
146	+	550	=	696

468	:	13	=	36
−		+		−
390	:	39	=	10
78	−	52	=	26

Von 1 bis 9

8	1	7	9	4	6	2	5	3
9	5	3	1	2	8	7	4	6
4	6	2	5	7	3	1	8	9
5	2	1	3	8	9	4	6	7
7	3	8	6	1	4	5	9	2
6	4	9	2	5	7	8	3	1
2	8	6	4	3	1	9	7	5
3	7	5	8	9	2	6	1	4
1	9	4	7	6	5	3	2	8

9	5	4	6	3	2	8	7	1
1	2	3	7	8	9	4	5	6
7	8	6	4	5	1	9	2	3
8	3	2	9	6	5	1	4	7
6	1	7	8	2	4	5	3	9
4	9	5	3	1	7	2	6	8
2	7	8	5	9	6	3	1	4
3	6	1	2	4	8	7	9	5
5	4	9	1	7	3	6	8	2

RÄUMLICHES VORSTELLUNGSVERMÖGEN

»Die Welt ist ein Labyrinth, in dem die Seele des Menschen umherirren muss, bis sie erlöst wird.«
(Hippolytus)

Definition

Der Begriff Vorstellung wird sowohl in der Philosophie als auch in der Psychologie verwendet. Theorien darüber wurden z.B. vom englischen Philosophen John Locke, dem deutschen Mathematiker und Philosophen Gottfried Wilhelm Leibniz und dem schottischen Philosophen David Hume entwickelt. Dennoch ist seine Bedeutung nicht ganz eindeutig. Zumeist versteht man darunter von aktuellen Sinneseindrücken unabhängige Bewusstseinsinhalte oder Erinnerungen. Trotzdem stehen sie aber immer in Bezug zu real existierenden Sinnen. Deren Eindrücke werden im Gehirn bewusst und unbewusst weiterverarbeitet. Sie können mehr oder wenig deutlich und besser oder schlechter kontrollierbar sein. Diese beiden Faktoren hängen eng miteinander zusammen. In den seltensten Fällen sind Vorstellungen allerdings von längerer Dauer. Man differenziert zwischen visuellen (Sehen), auditiven (Hören), olfaktorischen (Riechen), sensorischen (Fühlen), motorischen (Bewegen) und gustatorischen (Schmecken) Vorstellungen. Wir beschäftigen uns schwerpunktmäßig aber nur mit optischen Eindrücken.

Ein Eidetiker (griech. *eidos* = Begriff, Idee, Gestalt, Wesen) ist in der Lage, seine Vorstellungen »zum Leben zu erwecken«. So ist vom genialen Elektrotechniker und Erfinder Nikola Tesla bekannt, dass er selbst komplizierteste Apparaturen detailgetreu und dreidimensional im Kopf generieren konnte. Ja, selbst deren Arbeitsweise und Anfälligkeit konnte er auf diese Weise testen. Man vermutet im übrigen, dass ein fotografisches Gedächtnis auch auf der Eidetik als Grundvoraussetzung beruht. Doch nur wenige Menschen verfügen über ein solches.

Wozu benötige ich meine Vorstellungskraft?

Die räumliche Intelligenz ist eine der Grundintelligenzen nach Howard Gardner (s. a. Kapitel »Intelligenz allgemein«). Das bedeutet, dass jeder Mensch mit einem gewissen Maß davon ausgestattet ist. Dies ist allerdings völlig unterschiedlich. Berufsgruppen wie Techniker, Konstrukteure, Architekten aber auch Künstler sind besonders darauf angewiesen. Für sie stellt ein gutes inneres wie äußeres Auge eine wesentliche Voraussetzung für die Ausübung ihrer Tätigkeit dar.

Das Vorstellungsvermögen kann weiter unterteilt werden. Allem zugrunde liegt eine hohe Aufmerksamkeit und Wahrnehmungsfähigkeit. Nur mit geschultem Blick kann man die verschiedenen damit in Zusammenhang stehenden Probleme bewältigen. Näheres dazu finden Sie im Kapitel »Aufmerksamkeit, Konzentration und geistige Ausdauer«.

Als erster Faktor ist die Erinnerung an Position und Lage eines Gegenstands zu nennen. Dies ist auch ein wichtiger Aspekt, der bei der Orientierung zu tragen kommt. Anstatt sich zweite links, dann die dritte rechts usw. zu merken, kann man sich nämlich auch einfach Objekte am Wegesrand einprägen, also hinter der Kirche links, an der Schule wieder rechts usf. Beim Aufenthalt in unbekanntem Terrain ist diese Fähigkeit unabdingbar. Hochgebirgswanderer, Expeditionsleiter u. Ä. werden dies bestätigen können. Aber auch, wenn es darum geht, die Unterschiede in zwei Abbildungen zu entdecken, fahren wir besser, wenn wir in der Lage sind, uns das Ganze dreidimensional vorzustellen.

Auch Richtung und Entfernung stellen eine wichtige Information dar. Beides erhalten wir nicht nur auf optischem, sondern auch akustischem Wege. Sicher ist es einfacher, mit den Augen ein Ziel aufs Korn zu nehmen, denn wir benötigen im Prinzip nur eines dazu, aber auch unsere beiden Ohren gestatten es uns, aufgrund der unterschiedlich aufgenommen Geräusche eine treffsichere Peilung vorzunehmen. Ein Blinder, der sich nur auf die zweite Variante verlassen kann, ist hierin noch deutlich sensibler. Die Entfernung zu ermitteln, erfordert dagegen beide Sehorgane, denn die beiden aufgenommenen Bilder werden im Gehirn überlagert und in das entsprechende Wissen umgewandelt. Die Ohren sind hier nicht so hilfreich, außer uns ist die absolute Lautstärke bekannt. Mit einem speziellem Training können wir dann auch recht gute Schätzungen abgeben. Dabei ist wiederum der Blinde im Vorteil, denn für ihn gibt es keine andere Möglichkeit.

Auch die Position zu ermitteln, in der wir uns gerade befinden, zählt zur räumlichen Intelligenz. Wenn wir uns nicht gerade im Weltraum befinden, wo Schwerelosigkeit vorherrscht, merken wir nämlich auch in einer völlig dunklen Umgebung sofort, ob wir stehen oder liegen. Hierzu trägt sicherlich auch unser Gleichgewichtssinn bei, aber Sportler und Artisten müssen in Ausübung ihres Berufs oft wesentlich schnellere Bewegungsabläufe ausführen, als dieser in der Lage ist zu verarbeiten. Insofern muss hier also noch eine weitere Komponente mit hineinspielen, ein Zwischending zwischen räumlichem Vorstellungsvermögen und körperlich-kinästhetischer Intelligenz.

Die Vorstellungskraft ist besonders dann gefragt, wenn es darum gilt, Dinge zu »sehen«, die nur in unserem Geist vorhanden sind. Biologen, Chemiker und Physiker sind darauf angewiesen, um sich z. B. die DNA, Moleküle, einzelne Atome oder gar subatomare Teilchen ausmalen zu können. Neben diesen winzigen, jedoch vorhandenen Objekten entsteht aber auch jede Innovation oder Erfindung zunächst nur im Kopf. Ohne hiervon ein klares Bild zu haben, braucht man sich erst gar nicht an die Arbeit zu machen. Und schließlich regen auch ganz reale Gegenstände, die wir gerade nicht vor uns haben, unsere Vorstellungswelt an.

Abstrahieren müssen wir, wenn es darum geht, Spiegelungen und Drehungen im Kopf vorzunehmen oder einen anderen Blickwinkel einzunehmen. Diese Fähigkeit besitzen wir nicht von Anfang an, sondern entwickeln sie erst bis zum Schulalter. Durch bestimmte Gehirnverletzungen kann sie aber wieder verloren gehen.

Optische Täuschungen

Dass wirklich eine Verarbeitung eingegangener optischer Informationen im Gehirn erfolgt, erkennt man auf faszinierende Weise an optischen Täuschungen, die entweder einen falschen oder einen widersprüchlichen Eindruck trotz Betrachten des gleichen Bildes hervorrufen. Dabei werden Formen, Strecken, Farben und Helligkeit falsch eingestuft oder erst gar nicht korrekt erkannt. Hierauf hat oft die Umgebung der betrachteten Darstellung einen deutlichen Einfluss.

Das Kanisza-Dreieck (das innere weiße) ist nur im »Auge« des Betrachters vorhanden. Die Konturen werden im Gehirn selbständig ergänzt.

Übungen und Aufgaben

Das Vorstellungsvermögen im Alltag zu trainieren ist relativ leicht. Sie müssen nur etwas näher betrachten und dann die Augen schließen. Wie viele Details sind haften geblieben? Ein Vergleich mit der Wirklichkeit gibt Ihnen die Antwort. Sobald Ihnen das recht gut gelingt, sollten Sie damit beginnen, das Bild zu verändern.

- Machen Sie es heller oder dunkler, verwenden Sie andere Farben usw.
- Entfernen oder nähern Sie sich Ihrem Bild.
- Nehmen Sie eine andere Position ein.
- Drehen oder spiegeln Sie die Darstellung.

Das alles sind Fähigkeiten, die Ihnen auch in der wahren Welt zugute kommen werden. Geben Sie daher nicht sofort auf, wenn der erste Versuch nicht gleich ein voller Erfolg war. Es gibt eine Vielzahl von Menschen, die behauptet, sich überhaupt nichts Dreidimensionales vorstellen zu können, doch das ist lediglich eine Übungssache. Und nicht zuletzt wird sich auch Ihre Kreativität verbessern, wenn Sie erst einmal dazu in der Lage sind.

Wenn Sie sich etwas vorstellen, was Sie tagtäglich sehen, im Moment aber aus Ihrem Blick verschwunden ist, werden Sie wahrscheinlich feststellen, dass Sie Ihre Vorstellung trügen kann. Oft werden Sie Einzelheiten wahrnehmen, die in Wirklichkeit gar nicht vorhanden sind. Dafür entgehen Ihnen andere wesentliche Dinge. Ein Vergleich mit der Realität wird Ihnen Ihre Fehler aufzeigen. Denken Sie doch versuchsweise mal an Ihr Bad, Ihr Fahrrad oder Ihren Personalausweis! Da wir das alles fast nur noch routinemäßig und unbewusst wahrnehmen, entgeht uns so einiges oder vermischt sich mit anderen Eindrücken. Doch auch das lässt sich verbessern. Kehren Sie Ihre kindliche Neugier hervor und stellen Sie sich ständig Fragen wie »Was ist das?«, »Wie sieht es aus?«, »Was ist das Besondere daran?«, »Welche Assoziationen weckt es in mir?« usw. So kommen Sie automatisch ins Nachdenken. Das können Sie jederzeit tun.

Eine andere Aufgabe besteht darin, sich ein Geschehnis aus der nahen Vergangenheit wieder zurück ins Gedächtnis zu rufen.

- Was haben Sie am gestrigen Abend gemacht?
- Wohin führte Sie der Ausflug am letzten Wochenende? Was haben Sie dabei erlebt?

Stellen Sie sich alles möglichst realistisch vor Ihrem inneren Auge vor. Beziehen Sie auch weitere Sinne mit ein! Je mehr Assoziationen Sie wecken, um so genauer wird sich alles wieder einstellen. Auf diese Weise halten Sie auch die entsprechenden Gedächtnisinhalte frisch! Sie verbessern also auch Ihr Erinnerungsvermögen, das Sie dann im Ernstfall seltener im Stich lässt.

Wie gut sind Sie damit zurechtgekommen? Haben sich auch die »Originalgefühle« wieder eingestellt? Dann haben Sie gute Arbeit geleistet! Wahrscheinlich glaubten Sie sogar, sich wieder in der entsprechenden Situation zu befinden. Diese Leistung kommt aber nicht von heute auf morgen.

Wie steht es mit Ihrer Fantasie? Wenn Sie einen Bericht oder Roman lesen oder eine Reportage oder ein Hörspiel hören, nehmen Sie sich bitte die Zeit, sich alles bildlich vorzustellen. Möglicherweise ist das das Einfachste für Sie, weil Sie hier nicht durch irgendwelche Vorgaben eingeschränkt sind. Sie können alles so gestalten, wie es Ihnen am besten gefällt! Letztendlich ist dies genau die im Kapitel »Voraussetzungen für geistige Fitness« im Abschnitt »Entspannung und Umgang mit Stress« vorgestellte Visualisierung, die auch ganz entscheidend zur Erreichung Ihrer persönlichen Ziele beiträgt. Sehen Sie den Film Ihres Lebens vor sich! Die Rückwirkung auf Körper, Geist und Gefühle ist beträchtlich. Wer in Gedanken immer nur schwarz sieht, produziert dagegen seinen eigenen Albtraum.

Zum Training Ihres Vorstellungsvermögens

1. Stellen Sie sich zum Warmwerden folgende isolierte Eigenschaften vor:

- **a** eine Fläche, die sich mit der Farbe rot füllt
- **b** ein gleichseitiges Dreieck
- **c** einen Quader
- **d** eine strahlend weiße Leinwand, die immer dunkler wird, bis sie völlig schwarz ist
- **e** eine Lampe, die ständig ihre Farbe wechselt
- **f** einen von Ferne auf Sie zufliegenden Ball
- **g** einen auf Sie zurollenden Würfel
- **h** ein auf dem Boden in unzählige Teile zerschellendes Sektglas
- **i** einen dreidimensionalen Körper, der ständig seine Form ändert
- **j** eine sich um eine beliebige Achse drehende Pyramide

Sie können die Objekte und Aktionen mit der Zeit natürlich immer diffiziler machen, sodass Sie immer wieder neuen Herausforderungen gegenüberstehen. Oder kombinieren Sie mehrere Vorgänge einfach: Ein in beliebiger Richtung auf und ab hopsender Fußball, der ständig seine Farbe ändert o. ä.
Ebenso können Sie sich um den Gegenstand Ihres Interesses bewegen, um einen Blick von allen Seiten aus zu erhaschen.

2. Stellen Sie sich nun die nachfolgenden Gegenstände oder Situationen vor. Eine kurze Betrachtung des Originals zuvor ist erlaubt, soweit möglich!

- **a** Ihre Armbanduhr
- **b** die oberste Schublade Ihres Nachttischs
- **c** Ihr Gesicht
- **d** einen grünen Apfel
- **e** der Blick aus Ihrem Küchenfenster
- **f** Ihr Auto von allen Seiten
- **g** wie Sie sich mit Ihrem besten Freund/Ihrem Chef unterhalten
- **h** den letzten großen Erfolg in Ihrem Beruf/Ihrem Hobby
- **i** einen Einkaufsbummel in der Stadt
- **j** Ihren Traumurlaub
- **k** wie Sie gerade beim Geschirrspülen sind
- **l** ein abendlicher Spaziergang bei lauen Sommertemperaturen

m wie Sie einem Außerirdischen begegnen!
n das Ungeheuer von Loch Ness
o Sie wären Superman!
p Sie hypnotisieren ein Kaninchen, welches anschließend alle Ihre Befehle ausführt!

Lassen Sie sich ausreichend Zeit, aber erzwingen Sie nichts, wenn Sie das Ergebnis nicht auf Anhieb überzeugt. Oft ist es viel einfacher, komplett abzuschalten und sich einfach treiben zu lassen. Gehen Sie vom Groben aus und verfeinern Sie Ihre Vorstellungen nach und nach.

3. Auch abstrakte Begriffe und Ideen lassen sich visualisieren! Was kommt Ihnen denn bei den folgenden Wörtern in den Sinn?

a Liebe
b Hoffnung
c Geschmack
d Spannung
e Begeisterung
f Kommunikation
g Leistung
h Zukunft

Tangram Lösungen auf S. 231
ist ein bereits uraltes, aus China stammendes Legespiel. Grundlage sind die sieben unten abgebildeten Teile, die zusammen ein Quadrat ergeben.

Tipp: Wenn Sie die Abbildung kopieren und auf einen festen Karton übertragen und ausschneiden, können Sie die Teile immer wieder verwenden. Im Handel gibt es aber auch preiswerte Bücher mit einem Tangram-Set und vielen weiteren Aufgaben. Ebenso finden Sie dort auch weitere 2D- und 3D-Puzzles.

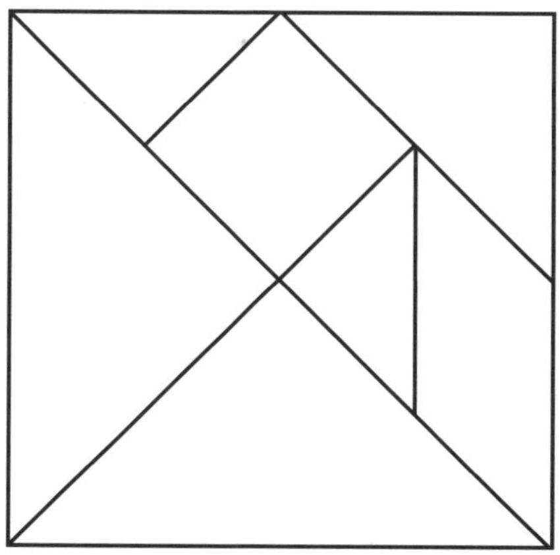

Versuchen Sie nun mit diesen Teilen folgende Formen (eventuell im Kopf) zu legen:

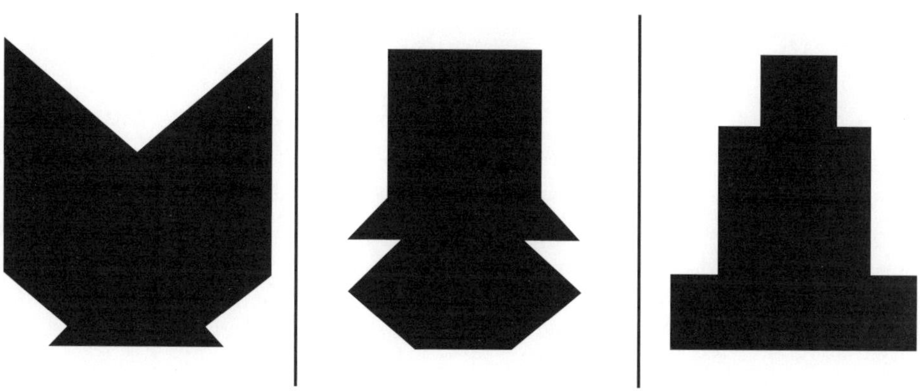

KREATIVITÄT UND ORIGINALITÄT

»Der Schlüssel zu unserem Gedächtnis ist gleichzeitig der Schlüssel zu unserer Kreativität!«
(Vera F. Birkenbihl)

Definitionen

Halten Sie sich für einen kreativen Menschen? Viele tun das nicht, da Sie keine Musiker, Maler o. Ä. sind. Kreativität beinhaltet jedoch viel mehr. Die moderne Welt, so wie wir sie kennen, wäre ohne Kreativität nie entstanden. Auch Sie verhalten sich regelmäßig kreativ.

Kreativität lässt sich von lat. *creare* = erschaffen ableiten. Und genau darum geht es: Kreativität gilt allgemein als die Fähigkeit, Neues aus Bekanntem zu erschaffen, indem man Wissen und Erfahrungen in einem neuen Zusammenhang sieht und auch von althergebrachten Denk- und Verhaltensschemata abweicht. Die Psychologie sieht es noch etwas genauer und unterscheidet zwischen:

- **Flexibilität** als ungewöhnlichen, aber sinnvollen Umgang mit Gegenständen. Flexibilität kann sich aber auch im Denken ausdrücken, indem man nach überraschenden Lösungsmöglichkeiten sucht. Im allgemeinen geht es darum, sich schnell und produktiv veränderten Bedingungen anpassen zu können.
- **Flüssigkeit** als Abweichen von gewohnten Denkschemata.
- **Originalität**, die einen Dinge oder Beziehungen in ihrer Ursprünglichkeit, Selbständigkeit und Besonderheit neu erkennen lässt.
- **Sensitivität**, um auf spezielle Zusammenhänge aufmerksam zu werden.

Mit Einschränkungen kann auch Nonkonformismus dazu gezählt werden, auch wenn es hier im Speziellen darum geht, angestrebte Veränderungen und Ideen selbst gegen gesellschaftliche Widerstände zu realisieren. Der Nonkonformist besitzt nämlich eine von der herrschenden Meinung abweichende Vorstellung. Diese äußert sich in der Ablehnung ansonsten anerkannter Werte, Normen, Ziele, Einstellungen und Verhaltensweisen. Hierzu gehört auch einiges an Mut.

Daneben vermutet man, dass Kreativität in der Form von Erfindungsgabe beim Menschen auch eine wichtige Rolle bei der Selbsterhaltung spielt. Kreativität gehört zum Denken wie die Butter zum Brot. Gerade die Möglichkeit, aus Vorhandenem völlig neue Erkenntnisse zu gewinnen, ist ein wichtiger Intelligenzfaktor. Ein Genie ist eben nichts anderes als ein ungeheuer kreativer Mensch. Kreativität ist zudem auch dann gefragt, wenn es mal keine eindeutige (logische) Lösung gibt. Daher kann Ihnen ein Training der Kreativität in allen Lebensbereichen neue Impulse vermitteln. Auch Geistesblitze entstehen nicht so spontan, wie es manchmal den Anschein hat. Bei diesen kann nur, wenn auch unbewusst, bekanntes Wissen angezapft und neu kombiniert werden. Das funktioniert am besten in jungen Jahren, wenn wir noch nicht so sehr durch Regeln eingeengt werden, welche die Möglichkeiten beschränken. Unser selbstprogrammierter Filter lässt viele Einfälle später nicht mehr passieren.

Fantasie ist übrigens nicht dasselbe wie Kreativität. Fantasie ist lediglich ein geistiges Bild oder eine Vorstellung. Das nicht reale Objekt muss aber zumindest in den Gedanken bereits vorhanden sein. Daher ist es korrekter, Kreativität als eine Vorstufe der Fantasie zu bezeichnen. Fantasie ist ein schöpferischer Prozess, der im Laufe der Geschichte immer wieder zu neuen Kunstwerken und Erfindungen geführt hat. Manche Menschen möchten Sie durch die Einnahme von Drogen steigern; das führt im Endeffekt jedoch nur zu einer starken Veränderung oder gar Zerstörung der Persönlichkeit. Die erlebten Halluzinationen haben zudem nur sehr wenig Bezug zur Wirklichkeit.

Auch Assoziationen sind vom Begriff her eng mit der Kreativität verbunden. Denn hier geht es um die Verbindung grundlegender Informationen, aber auch von Vorstellungen, Gefühlen und Eindrücken im Gehirn, zu einem neuen Gesamtbild. Alle Erinnerungen basieren letztendlich auch nur auf Assoziationen, denn der Mensch ist nicht in der Lage, jedes Detail eines Geschehens zu speichern. Mit der Zeit kann es daher auch zu Verfälschungen kommen.

Für den griechischen Philosophen Aristoteles stellte das Denken übrigens nichts anderes als eine Reihe aufeinanderfolgender Assoziationen dar. Er war auch der erste, der vier grundlegende Muster erkannte, nach denen unser Geist Kategorisierungen vornimmt: Ähnlichkeit, Verschiedenheit, Gleichzeitigkeit und räumliche Nähe. Erst im 19. Jahrhundert kamen auch Faktoren wie Intensität und Wiederholung hinzu, die einen unmittelbaren Einfluss auf das Gedächtnis ausüben.

Voraussetzungen

Das obige Zitat zeigt bereits, worauf es ankommt: Da die Kreativität unmittelbar von der (potentiell unendlichen) Anzahl von Gedankenverbindungen bzw. Assoziationen abhängt, sind Personen mit einem reichen Erfahrungsschatz meist kreativer und damit auch intelligenter. Ihnen fällt eben zu jedem Problem etwas ein. Die Lösung erscheint oft als neue Kombination bewährter Methoden.

Und wieder einmal spielt auch die Entspannung eine tragende Rolle. Das erkannte bereits der Psychoanalytiker C. G. Jung. Denn nur dann kommt auch Ihre Fantasie so richtig auf Trab. C. G. Jung entwickelte hierzu u. a. die »Aktive Imagination«.

Imagination kommt von lat. *imago* = Bild und bezeichnet das bildhafte Denken und Vorstellen realer und abstrakter Begriffe. Diese muss der Betroffene zuvor nicht unbedingt schon einmal wahrgenommen haben. »Aktiv« bedeutet in diesem Zusammenhang, dass man sich bemüht, Dinge ins Blickfeld zu bekommen, die keinen Bezug zur momentanen Wirklichkeit haben. Diese steigen aus dem Unterbewusstsein auf und sollen dann in Bekanntes integriert werden.

Bei der »Aktiven Imagination« stellt man sich zunächst ein konkretes Objekt vor. Dieses beginnt man dann in allen Details zu beschreiben. Dabei ist keine Analyse, sondern der Einsatz Ihrer Assoziationen gefragt. Was auch immer vor Ihrem geistigen Auge auftaucht ist willkommen. Eine Filterung und Bewertung nehmen Sie erst am Ende vor. Hierzu muss man natürlich alle Eindrücke, Empfindungen und Gefühle festhalten, am besten auf einem Tonband, das Sie während der Übung mitlaufen lassen. Schreiben erfordert es, die Augen offen zu halten, und lenkt Sie zudem zu sehr ab.

Inzwischen gibt es auch eine Erweiterung; eine Methode namens »Image Streaming«. Der grundsätzliche Ablauf ist der selbe, jedoch gelten zwei zusätzliche Regeln:

- Bei der Beschreibung sind alle fünf Sinne zu berücksichtigen. Es genügt also nicht, nur das »Bild« zu beschreiben, sondern auch wie sich der Gegenstand anhört, anfühlt, riecht und schmeckt. Sie brauchen allerdings nur zu berücksichtigen, was sinnvoll erscheint; also einen Baum beispielsweise nicht zu schmecken.
- Die Beschreibung hat im Präsens zu erfolgen.

Außerdem müssen Sie sich nicht an dem anfangs gesehenen Objekt festklammern. Im Gegenteil, es ist sogar wünschenswert, wenn Sie dem Bilderfluss freien Lauf lassen (daher auch »Streaming«). Lassen Sie einfach alles auf sich zukommen.

Techniken zum kreativen Arbeiten

Wenn Sie zu einer Aufgabe erst mal Material und Stichpunkte sammeln müssen, bieten sich eine Reihe weitverbreiteter Möglichkeiten an, Ihre Kreativität mit ins Spiel zu bringen. Einige möchte ich Ihnen hier präsentieren.

Wenn Sie ein ganzes Thema aufarbeiten wollen

Die einfachste und bekannteste Methode ist das **Brainstorming.** Sicher haben Sie schon davon gehört.

Übung

Brainstorming können Sie sowohl allein im stillen Kämmerchen als auch im Team betreiben, das dann aber aus nicht mehr als fünf Personen bestehen sollte. Ansonsten unterteilen Sie die Gruppe. Jeder Teilnehmer soll dann seine Gedanken zu dem Thema absolut frei äußern, ohne sich vorher zu überlegen, ob diese Sinn ergeben. Manchmal sind gerade die verrücktesten Ideen die besten!
Diese Vorschläge werden zunächst nur auf einem Blatt Papier gesammelt. Nachdem niemandem mehr etwas einfällt (das dürfte nach spätestens 15 Minuten der Fall sein), wird das Brainstorming abgebrochen und eine Bewertung der Notizen vorgenommen. Eventuell lassen sich mehrere Punkte kombinieren und man kommt so zu einem völlig neuen Ansatzpunkt. Die einzelnen Gruppen tauschen anschließend oder in einer speziell dazu einberufenen Sitzung ihre Ergebnisse miteinander aus.

Wichtig gerade in Betrieben ist, dass kein Mitarbeiter für eine »dumme« Idee bestraft wird, denn so errichtet man mentale Sperren und das Brainstorming kann seinen Zweck nicht erfüllen. Über die Realisierungsmöglichkeiten wird immer erst im Nachhinein gesprochen.

Etwas zielgerichteter arbeitet das von Tony Buzan entwickelte **Mind Mapping.** Diese Methode können Sie aber auch im Anschluss an eine Brainstorming-Sitzung anwenden, um die Ergebnisse grafisch aufzubereiten.

Übung

Beim Mind Mapping werden Beziehungen zwischen den einzelnen Punkten hergestellt. Man beginnt damit, das Kernthema, um das sich alles dreht, in die Mitte eines freien Blattes zu schreiben. Findet man weitere Ansatzpunkte, so werden diese mit Linien und Pfeilen miteinander verbunden.

Diese Vorgehensweise macht einen logischeren Eindruck, liefert aber aufgrund der einengenden Strukturen eventuell nicht so viele Ergebnisse wie das Brainstorming. Dafür lassen sich Lösungsmöglichkeiten einfacher ablesen. Mind Mapping eignet sich insbesondere auch dazu, komplexe Sachverhalte zu vereinfachen und überschaubar zu halten. Manche Artikel oder Bücher sind erst aus einer Mind Map entstanden. Der Vorteil gegenüber Listen besteht in der Mehrdimensionalität; gleichartige Aspekte findet man auch örtlich eng beieinander; in einer Liste dagegen müssen Sie erst danach suchen. Sie können auch mit Bildern, grafischen Objekten und Farben arbeiten, denen Sie unterschiedliche Bedeutungen zuweisen.

Wie für Sie eine zweckmäßige Anordnung aussehen könnte, möchte ich Ihnen selbst überlassen. Entsprechend seiner Denkweise wird jeder Einzelne eine individuelle Nutzung des Papiers vornehmen. Sie können das Kernthema z. B. in einen Kreis setzen und die sich daraus ergebenden Aspekte in Rechtecken sternförmig darum anordnen. Die Unterpunkte bestehen dann nur aus Text am Ende eines Striches. Kleine Zeichnungen oder Skizzen dienen der Veranschaulichung des knapp Beschriebenen und machen das Auffinden leichter. Ein kleines Beispiel für das Aussehen einer Mind Map sehen Sie unten.

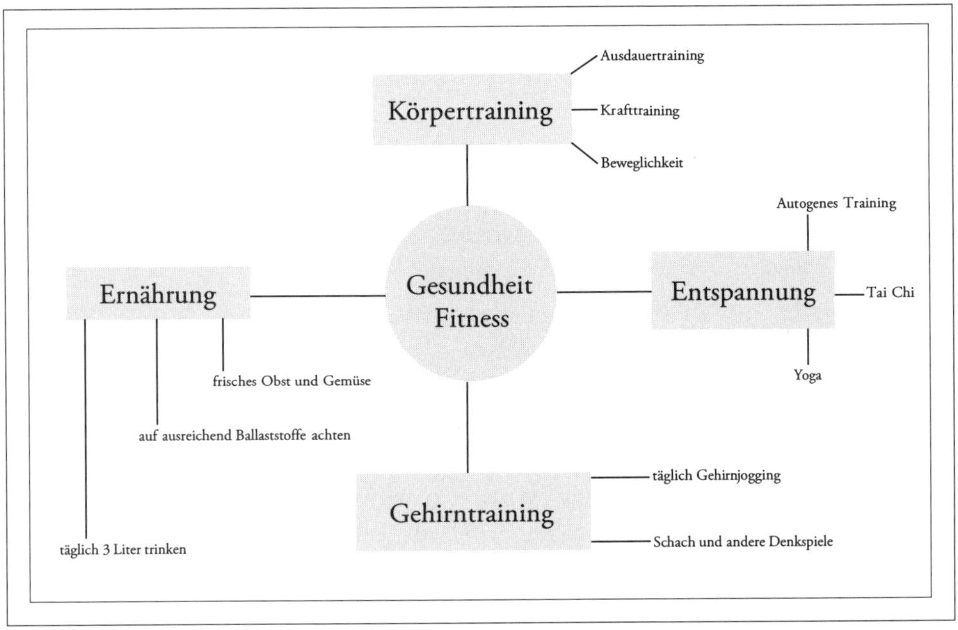

Wenn Sie einen Aspekt vertiefen wollen

Auch wenn Sie sich nur zu einem bestimmten Punkt Gedanken machen möchten, gibt es einige Möglichkeiten, Ihre Kreativität anzuregen.

Sie können zunächst einmal an dem Begriff selbst ansetzen. Was fällt Ihnen zu den einzelnen Wortbestandteilen ein? Ist keine weitere Unterteilung möglich, begeben Sie sich auf die Buchstabenebene. Suchen Sie zu jedem Buchstaben in Ihrem Wort ein weiteres, das mit eben diesem beginnt und Ihnen spontan einfällt. Im zweiten Schritt versuchen Sie einen Zusammenhang herzustellen. Oft gelangen Sie auf diese Weise zu völlig neuen Erkenntnissen.

Beispiel

Nehmen wir z. B. das Wort UMWELT. Hierzu könnte Ihnen folgendes einfallen: Unwetter, Mars, Wanne, Erde, Leder, trocken. Nach kurzem Nachdenken stoßen Sie auf folgende Zusammenhänge:

- **Wenn sich die UMWELTverschmutzung weiter fortsetzen wird, wird es immer mehr Unwetter geben.**
- **Ich würde gerne auf den Mars auswandern, denn dort ist die UMWELT noch in Ordnung (ohne Raumanzug könnten Sie dort allerdings nicht überleben).**
- **Da die UMWELTverschmutzung auch auf die Meere, Flüsse und Seen übergegriffen hat, bade ich lieber in der Wanne.**
- **Die Erde ist unsere UMWELT und muss daher unter allen Umständen erhalten werden.**
- **Wenn manche Menschen nicht so verrückt nach exklusiven Ledersorten wären, ginge es vielen Tieren in unserer UMWELT besser.**
- **Die Klimaveränderungen unserer UMWELT haben dazu geführt, dass viele Wüstengebiete immer trockener werden.**

Dieses Verfahren eignet sich mehr für Einzelpersonen als für Gruppen. Die Ergebnisse können allerdings anschließend auch wieder zusammengeführt werden.

Eine weitere Möglichkeit ist es, wenn Sie eine kleine Skizze zu dem Begriff anfertigen, über den Sie sich Gedanken machen wollen. Sollte es sich um ein abstraktes Konzept handeln, überlegen Sie sich, wie Sie dieses darstellen können. Gerade auf diese Weise erhalten Sie oft eine Reihe neuer Aspekte. Und anschließend denken Sie nochmals über die Zeichnung nach. Sie werden sehen, dass Sie weitere Assoziationen finden, wenn Sie sich etwas Mühe geben.

Bei beiden Varianten ist es im übrigen zu empfehlen, spontan zu handeln. Oft ist der erste Einfall der beste! Auf keinen Fall sollten Sie länger als zwei oder drei

Minuten davor sitzen. Wenn Sie dann immer noch nicht die gewünschten Ergebnisse erhalten haben, empfehle ich Ihnen, es zunächst dabei zu belassen und es später noch einmal zu probieren.

Wenn Sie aber sofort mit jemandem zusammenarbeiten möchten oder eine Inspiration brauchen, gibt es eine Abwandlung des Brainstorming, die Ihnen weiterhelfen kann.

Übung

Zunächst wählen Sie aus Ihrem Umfeld ein oder mehrere Personen aus, mit denen Sie die Übung durchführen möchten. Es muss sich dabei nicht unbedingt um Experten für Ihr Problem halten. Wenn Sie niemanden vor Ort zur Verfügung haben, können Sie auch das Telefon benutzen.

Kümmern Sie sich um ein Band oder eine andere Aufnahmemöglichkeit, da Sie ansonsten mit dem Notieren wahrscheinlich nicht nachkommen werden und so gezwungen wären, den Gedankenstrom Ihres Gegenübers zu unterbrechen. Je freier sich dieser jedoch artikulieren darf, umso mehr wird dabei herauskommen. Außerdem können Sie unterdessen eigenen Gedanken nachgehen, die angeregt wurden. Und später haben Sie alle Zeit der Welt, das Ganze abzuhören und nach Ihren Vorstellungen zu ergänzen. Weihen Sie Ihre Partner aber ruhig zuvor in das ein, was auf sie zukommt. Dann stehen Sie Ihnen auch ein anderes Mal wieder zur Verfügung. Außerdem darf man sich dann natürlich auch einmal an Sie wenden.

Dann nennen Sie der ersten Person das Stichwort. Wenn Sie nicht über das Telefon arbeiten, sorgen Sie dafür, dass die restlichen Teilnehmer nicht mitbekommen, um was es geht und was für Antworten Sie erhalten. Ihr Ansprechpartner hat nun eine vorher festgesetzte Zeit (auch hier nicht mehr als zwei bis drei Minuten), alles in Stichworten zu äußern, was ihm dazu einfällt. Bevor Sie sich mit dessen Aussagen beschäftigen, befragen Sie aber erst die anderen Personen. Eine Auswertung nehmen Sie dann im Anschluss vor. So erhalten Sie in kurzer Zeit eine Fülle neuer Informationen und Anregungen.

Denken Sie immer daran: Es geht jeweils nicht darum, Einfälle von außen zu erhalten, sondern lediglich darum, die uns innewohnenden Informationen neu zu ordnen und zielgerichtet abzurufen. Das geht am besten in einer gelösten Stimmung und nicht, wenn Sie es zu zwanghaft probieren. Auch sollten Sie die Antwortmöglichkeiten nicht von vorneherein einschränken, weil Sie ein bestimmtes Ergebnis erwarten. All dies wirkt sich negativ auf den Erfolg dieser Techniken aus.

Techniken speziell für Einzelpersonen

Suchen auch Sie des Öfteren nach dem zündenden Einfall, der Erleuchtung, die Sie auf einen Schlag einen Riesenschritt voranbringt? Wer nicht gelernt hat, auf seine innere Stimme zu hören oder diese unterdrückt, wird diese Erfahrung allerdings kaum machen. Wie in anderen Bereichen gehört auch hier ein regelmäßiges Training dazu, um kreativ zu sein. Daher hier nun zwei weitere Techniken, die Sie auf viele Situationen anwenden können und die nachweisbar gerade dann oft zum Erfolg führen, wenn Sie ihn am dringendsten benötigen. Hiermit zapfen Sie die unerschöpflichen Quellen Ihres Unterbewusstseins an und lernen, besser mit sich selbst zu kommunizieren.

Übung

Wenn Sie einen Vortrag halten oder aber ein Referat oder einen Artikel verfassen müssen, sollten Sie sich zunächst überlegen, welches der Kern des Themas ist. Diesen notieren Sie sich in der Mitte auf einem freien Blatt Papier. Dann beginnen Sie spontan damit, alles was Ihnen dazu einfällt, aufzunotieren, wobei Sie aber der Reihe nach verschiedenen Gedankensträngen folgen und nicht alles wahllos durcheinander aufzeichnen. Wenn Ihnen in einer Richtung dann nichts Neues mehr kommt, gehen Sie zum nächsten Glied über. Nach einiger Zeit sind Ihre Ideen erschöpft. Nun können Sie, wenn Sie möchten, die einzelnen Stränge nach Ihrer Priorität ordnen oder die Relevanz Ihrer Gedankenkette überprüfen. Damit haben Sie dann bereits eine strukturierte Basis für Ihr weiteres Vorgehen.

Übung

Wenn Sie zunächst einfach nur Assoziationen ohne ein konkretes Ziel sammeln möchten oder dieses noch etwas in der Zukunft liegt, können Sie auch ein wiederholtes Brainstorming durchführen. Immer wenn Sie gerade einige Minuten Zeit haben, nehmen Sie sich einen Zettel und schreiben in willkürlicher Reihefolge darauf, was Ihnen zu dem Thema in den Sinn kommt. Je nachdem, in was für einem Zustand, freudig oder traurig, tatkräftig oder müde usw. Sie nämlich gerade sind, werden Sie völlig unterschiedliche Ergebnisse erhalten. Ein wiederholtes Brainstorming ist daher weitaus sinnvoller, als sich über längere Zeit damit zu quälen, obwohl einem nichts mehr einfällt. Nach einigen »Runden« können Sie dann Ihre Stichpunkte zusammentragen, aussortieren, was Ihnen nicht gefällt, und eine Gliederung vornehmen. Auf diese Weise können Sie sicher sein, die wesentlichsten Aspekte berücksichtigt zu haben.

Das kreative Team

Kreativitätstechniken im Team sind weitaus effizienter als für Einzelpersonen. Der Grund liegt auf der Hand: Wo mehr Gehirne beteiligt sind, potenziert sich das Leistungsvermögen. In der Kommunikation untereinander liegt das größte Potential.

Brainstorming lässt sich hervorragend in der Gruppe durchführen. Um den größtmöglichen Nutzen zu erreichen, ist eine mehrstufige Vorgehensweise empfehlenswert:

Übung

Nachdem allen Teilnehmern das Thema bekannt gegeben wurde, beginnt jeder zunächst nur für sich Stichpunkte zu sammeln. Diese werden im Anschluss zusammengetragen. Eine Bewertung zu diesem Zeitpunkt ist jedoch verboten! Jeder darf sich absolut frei äußern, ohne einen Einwand befürchten zu müssen. Der Teamleiter achtet auch darauf, dass nicht getuschelt oder verspottet wird. Oft sind es gerade die verrücktesten Ideen, die später am praktikabelsten erscheinen. Je mehr gesammelt werden, desto größer ist die Wahrscheinlichkeit, einen Volltreffer zu landen. Es ist übrigens auch erlaubt, bereits geäußerte Vorschläge zu ergänzen. Wenn Sie sich das Notieren sparen wollen, können Sie alle Beiträge zunächst auch nur auf Band mitschneiden. Bei der späteren Auswertung sollte dann allerdings eine Tafel zur Verfügung stehen. Die erste Phase wird abgebrochen, wenn nur noch vereinzelt oder gar nicht neue Gedanken auftauchen. Das ist spätestens nach 15 bis 30 Minuten der Fall.

Nun geht es an die Auswertung. Diese sollte nicht unmittelbar im Anschluss, sondern erst nach einer längeren Pause erfolgen. Das ist wichtig, damit jeder die Ideen der anderen noch ergänzen kann. Dann werden die Ergebnisse bewertet. Was brauchbar erscheint, wird nochmals getrennt notiert und aufbereitet. Hierzu tragen alle Teilnehmer bei. Die Resultate werden zusammengefasst, am besten in einem Protokoll. Dieses wird in ausführlicher Form an alle ausgehändigt. Eine Liste von ToDos wird zusätzlich erstellt und mit Prioritäten versehen. Dann werden die Aufgaben verteilt. Eine Variante hierzu ist u. a.:

Übung

Jeder Teilnehmer formuliert seine einzelnen Ideen bereits weitgehend auf je einem Blatt aus und reicht dieses dann weiter. Die anderen ergänzen und kommentieren seinen Vorschlag. Der Vorgang ist abgeschlossen, wenn sich jeder zu jedem Gedanken geäußert hat.

Diese Möglichkeit hat den Nachteil, dass die »verrücktesten« Ideen oft nicht weiterverfolgt werden, da sie nicht aus dem Stegreif heraus zu begründen sind. Dafür kommt man aber oft schneller zu einem brauchbaren Ergebnis. Die besten Möglichkeiten können daher bereits im Anschluss umgesetzt werden.

Besonders erfolgsversprechend ist es oft, mit Personen aus anderen Fachbereichen zusammenzuarbeiten. Diese sind nicht so »betriebsblind« und können daher auch ohne detaillierte Sachkenntnis auf ungewöhnliche Wege stoßen.

Übung

Die erste ernstzunehmende Aufgabe im Vorfeld besteht hier bereits darin, eine gesunde Mischung an Teilnehmern zu finden. Dann wird das Problem in einfachen Worten umrissen. Die »Spezialisten« dürfen bereits im Anschluss erste Lösungsansätze präsentieren.

Diese werden von den Fachfremden nun kritisch beurteilt. Über Analogieschlüsse kann eine Transformation auf ein anderes Gebiet erfolgen. Die Ergebnisse dürfen ruhig völlig abwegig sein.

Nun wird jeder dazu aufgefordert, sich in die neue Situation hineinzuversetzen und mitzuteilen, wie er sich dabei fühlt. Das Resultat kann anschließend wieder auf das ursprüngliche Problem übertragen werden. Dieser Vorgang wird ggf. mehrfach wiederholt, bis etwas Brauchbares dabei herausgekommen ist.

Das Ganze klingt schwer verständlich, daher möchte ich ein Beispiel anführen:

Beispiel

Stellen Sie sich vor, Sie wären der Leiter eines Fast-Food-Restaurants. Die Umsätze sind in letzter Zeit rückläufig, obwohl sich an der Qualität der angebotenen Speisen und Getränke nichts geändert hat.

Da äußert ein Biologe folgenden Gedanken:

»Ich hatte kürzlich das Problem, dass ich nicht ausreichend viele Bakterien züchten konnte. Ich dachte zunächst, irgend etwas an den Bakterien hätte sich geändert, bis ich bemerkte, dass meine Zuchtlösung zu sauer war.«

Da fällt es Ihnen wie Schuppen von den Augen: Sind vielleicht Ihre Angestellten zu »sauer«; behandeln sie Ihre Kunden nicht freundlich und zuvorkommend?

Und tatsächlich, als Sie dies überprüfen und daraufhin neue Mitarbeiter einstellen, steigt der Umsatz allmählich wieder.

Kreativitätstraining

Damit Sie Ihr Einfallsreichtum nicht gerade dann im Stich lässt, wenn es darauf ankommt, sollten Sie so oft es Ihnen möglich ist, Kreativitätsübungen durchführen. Einige Anregungen erhalten Sie im folgenden Übungsteil.

Aber auch im Alltag gehen die Möglichkeiten nie aus, sich kreativ zu verhalten oder zu denken. Ungewöhnliche Situationen erfordern ungewöhnliche Maßnahmen! Ich empfehle Ihnen daher immer wieder, gerade über die Dinge, die wir quasi automatisch machen, nachzudenken. Auch so sind Sie kreativ und finden neue Ideen.

Hier einige weitere Tipps:

- Spielen Sie! Es muss sich gar nicht mal um ein spezielles Spiel handeln, das Ihre Kreativität fördert. Im Prinzip ist jedes nicht rein mechanisch durchgeführte Spiel geeignet.
  Die Erfahrungen, die man dabei aber auch im Umgang mit den anderen Teilnehmern sammelt, sind unschätzbar. In der privaten Runde dürfen Sie zudem mal »richtig die Sau rauslassen« und müssen Ihre Gefühle nicht zurückhalten. Das trägt auch zum Stressabbau bei und Sie kommen wieder in eine ruhigere und gelassenere Stimmung.
- Auch die »Aktive Imagination« und das »Image Streaming« möchte ich Ihnen ans Herz legen. Wenn Sie jeweils eine Übung in den Tagesablauf integrieren können, hilft Ihnen das schon enorm weiter. Auch hier erzielen Sie eine entspannende Wirkung und tanken neue Energie, so dass Sie auch eine Ihrer bisherigen Entspannungsübungen dadurch ersetzen können und keine zusätzliche Zeit benötigen.
- Singen Sie oder spielen Sie ein Instrument! Aber selbst wenn Sie nur ein scheinbar passiver Zuhörer sind, können Sie profitieren. Da Musik, wie in wissenschaftlichen Experimenten nachgewiesen, verstärkt Assoziationen und Bilder im Gehirn erzeugen kann, bietet sie sich zudem als Hintergrundbegleitung bei vielen Tätigkeiten und auch bei den oben erwähnten Methoden an.

An der Universität von Kalifornien in Irvine wurden Studenten, die zuvor zehn Minuten lang Mozarts »Sonate für zwei Klaviere« (KV 448) gehört hatten, einem IQ-Test unterzogen. Dabei konnte kurzfristig eine Steigerung von acht bis neun Punkten im Bereich des räumlichen Vorstellungsvermögens festgestellt werden. Zwar hielt diese nur etwa 15 Minuten an, doch geht man davon aus, dass sich durch regelmäßiges Hören oder auch aktives Spielen eine dauerhafte Verbesserung erreichen lässt.

Auch der bulgarische Psychologe Georgi Lozanov machte hier eine erstaunliche Entdeckung, als er unterschiedliche Arten von Musik bezüglich ihrer Auswirkungen auf den Lernprozess testete. Zuvor hatten bereits die beiden Amerikaner Lynn Cooper und Milton Erickson bewiesen, dass ein auf 60 Schläge pro Minute eingestelltes Metronom Zuhörer in den Alpha-Zustand versetzt, indem ein besonders hohes Aufnahmevermögen erreicht wird. Langsame Barockmusik basiert gerade auf 60 bis 64 Taktschlägen und besitzt einen gleichmäßigen Rhythmus. Lozanov fand heraus, dass mit dieser Musik im Hintergrund das Lernen viel einfacher war und die Ergebnisse vergleichbar mit denen von Personen waren, die man zuvor in Schlaf oder unter Hypnose gesetzt hatte. Im Westen war man zunächst skeptisch und tat das ganze als kommunistische Propaganda ab, bis es an der State University von Iowa gelang, beim Abspielen von Barockmusik mit 60 Schlägen Merkfähigkeit und Lerngeschwindigkeit von Testpersonen jeweils um etwa 25 Prozent zu steigern.

Mozarts Musik enthält auch viele Klänge im hochfrequenten Bereich zwischen 5000 und 8000 Hertz. Der französische Wissenschaftler Dr. Alfred Tomatis erkannte, dass diese zur Aufladung des elektrischen Potentials von Gehirnzellen beitragen. Neben Barockmusik empfiehlt er daher auch Gregorianische Choräle.

- Gerade bei fortwährender geistiger Beanspruchung sollten Sie mindestens alle zwei Stunden eine kleine (Entspannungs-)Pause einlegen. Wenn Sie Ihren Beruf überwiegend im Sitzen ausführen, dann stehen Sie auf und bewegen sich etwas. Ich möchte auch noch einmal auf die Wichtigkeit ausreichenden Trinkens hinweisen. In der Pause können Sie sich Nachschub besorgen. Dagegen sollten Sie während Ihrer Tätigkeit nicht schwer oder fett essen. Greifen Sie bei frischem Obst und Gemüse, Vollkornbrot und Magerquark zu! Vermeiden Sie aber zu viel Süßes wie Torten und Gebäck.
- Wenn Sie sich zu lange auf immer dasselbe konzentrieren, fällt Ihnen irgendwann nicht nur nichts mehr ein, sondern Ihre geistige Erschöpfung nimmt bei dem Versuch, ständig neue Gedanken zu produzieren, schnell zu. Sie hängen dann nur noch schlapp auf Ihrem Stuhl und fühlen sich ausgelaugt.
  Sorgen Sie bei der Arbeit für so viel Abwechslung wie möglich. Dabei sollten Sie anstehende (Teil-)Aufgaben allerdings schon zu Ende führen. Sie können jedoch eine Pause auch dazu nutzen, danach mit einer neuen Sache zu beginnen. Die Folge ist, dass Sie sich wieder voll und ganz darauf konzentrieren können und der Energiebedarf Ihres Gehirns nicht mehr so groß ist. Sie kommen wieder schneller voran, können in der gleichen Zeit somit mehr leisten und fühlen sich aufgrund des Erfolgs glücklich und zufrieden dabei.

Wie bereits erwähnt, entsteht Kreativität auch zu hohem Maße aus Ihrem Erfahrungs- und Wissensschatz. Daher sollten Sie sich bemühen, regelmäßig ungewöhnliche Erfahrungen zu machen. Das ist keineswegs so schwierig, wie Sie denken. Sie müssen sich nur an Ihren Sinnen orientieren:

- ***Augen***
  Betrachten Sie Ihre Umwelt mal aus einer anderen Perspektive. Machen Sie einen Kopfstand, stellen Sie sich auf den Tisch oder legen sich auf den Boden. Schon kommt Ihnen Ihre Umgebung gar nicht mehr so vertraut vor. Vielleicht entdecken Sie auch etwas völlig Neues, auf das Sie bisher nicht geachtet haben.

- ***Ohren***
  Geräusche umgeben uns ständig. Doch achten Sie überhaupt noch darauf? Öffnen Sie sich wieder mehr dafür. Was könnte die Ursache für ein bestimmtes Geräusch sein?
  Auf Musik bin ich ja bereits eingegangen. Hören Sie sich ruhig auch einmal etwas an, was Sie sonst nicht so sehr mögen. Was ruft Ihre Abneigung hervor? So entdecken Sie an sich oft ganz neue Persönlichkeitsaspekte.

- ***Geschmack***
  Neigen Sie auch dazu, angesichts der knappen Zeit Ihr Essen nur noch herunterzuschlingen? Dann sollten Sie sich wieder mehr auf Ihre Mahlzeiten konzentrieren. Was schmecken Sie alles heraus? Ein interessantes Spiel ist es auch, mit verbundenen Augen versuchen zu erkennen, was einem vorgesetzt wird. Hier stellen Sie dann vielleicht zu Ihrer Überraschung fest, dass Sie selbst recht alltägliche Dinge nicht immer richtig klassifizieren können. Und wenn Ihnen das keine Schwierigkeiten mehr macht, können Sie es ja immer noch mit exotischeren Speisen probieren. Wenn Sie etwas noch gar nicht kennen, können Sie es natürlich auch einfach mal probieren.

- ***Geruch***
  Bei vielen Menschen ist dies der am wenigsten benutzte und daher am stärksten verkümmerte Sinn. In Industriegebieten wird er zudem stark strapaziert. Sie können aber natürlich in der freien Natur z. B. an Blüten riechen oder auch an individuellen Parfums und After Shaves. Besuchen Sie doch einfach mal wieder ein entsprechendes Geschäft! Die Finger weglassen sollten Sie allerdings von Chemikalien. Hier besteht Verätzungsgefahr! Außerdem lösen einige Substanzen rauschähnliche Zustände aus.

- ***Tastsinn***
  Gegenstände mit verbundenen Augen zu erkennen, kann ebenfalls eine neue Herausforderung sein. Natürlich sollten nur Objekte gewählt werden, bei denen keine Verletzungsgefahr besteht. Oder aber Sie versuchen sich blind in Ihrer Wohnung zu orientieren. Dann räumen Sie aber bitte vorher gefährliche Hindernisse aus dem Weg. So sammeln Sie erste Erfahrungen als »Blinder«.

Ich möchte noch hinzufügen, dass sich die angesprochenen Methoden nicht nur für Erwachsene, sondern auch für Kinder jeden Alters eignen. Bereits im Alter von drei oder vier Jahren kann auch die Vorgehensweise bei der »Aktiven Imagination« oder beim »Image Streaming« auf spielerische Weise vermittelt werden. Da Menschen in diesem Alter noch nicht gelernt haben, ihre inneren Bilder, Empfindungen und Emotionen zu unterdrücken, sind sie dabei oft erfolgreicher als Erwachsene. Wer sich früh darin übt, hat auch später keine Probleme damit.

Die italienische Ärztin Maria Montessori erkannte schon vor etwa 100 Jahren, wie entscheidend das Interesse an einer Sache für dessen Erlernen ist. Selbst sogenannte lernbehinderte Kinder konnten sich dann erstaunlich gut konzentrieren und ihr Wissen vertiefen. Bei der Montessori-Methode wird ein Lernraum mit vielfältigen, interaktiven Hilfsmitteln ausgestattet, mit denen alle fünf Sinne angesprochen werden. Hier lassen sich z. B. Buchstaben ertasten, Landkarten als Puzzle zusammensetzen, mathematische Aufgaben über geometrische Körper lösen und vieles mehr. Der Lehrer oder Betreuer hat nur noch die Aufgabe, dafür zu sorgen, dass kein Kind ein anderes bei seiner Tätigkeit stört. Inzwischen wird die Montessori-Methode in vielen Ländern eingesetzt. Aber auch wenn Sie keine solche Schule für Ihr Kind finden, können Sie ihm immer wieder Erlebnisse in Form der Montessori-Methode verschaffen. Wichtig ist, dass Sie Ihren Sprössling dazu anregen, sich mit den einzelnen Gegenständen zu beschäftigen und ihn immer wieder loben, wenn er einen Zusammenhang erkannt hat. Ein »falsch« gibt es in dieser Hinsicht nicht. Das ist wichtig für die Entwicklung seines Selbstbewusstseins.

Ihr Kind ist noch gar nicht auf der Welt und daher können Sie es auch noch nicht fördern? Falsch! Spätestens zehn Wochen vor der Geburt kann es bereits bewusst Geräusche aus seiner Umwelt wahrnehmen. Daher ist es auch möglich, einen Kopfhörer oder kleinen Lautsprecher an den Bauch zu halten und die oben beschriebene Musik abzuspielen. Drehen Sie aber nicht über die normale Lautstärke hinaus auf; die Schallwellen werden gut übertragen und das Baby kann sich nicht die Ohren zuhalten. Auch nach der Geburt sollten Sie ihm weiterhin (ruhige) Musik vorspielen, wobei Sie sich nicht auf Mozart und den Barock beschränken müssen. Je vielfältiger die Reize, umso besser wird es sich entwickeln.

Gestaltung des Alltags

Die folgenden Übungen stimulieren Ihr Gehirn auf ungewöhnliche Art und Weise, ohne dass Sie hierfür (viel) zusätzliche Zeit benötigen. Sie fördern die Ausbildung neuer Zellen und Nervenbahnen im Gehirn und stellen daher eine ideale Ergänzung zum Gehirnjogging dar.

Blind durch die Welt

Viele Tätigkeiten im Haushalt lassen sich ohne Gefährdung auch mit geschlossenen Augen durchführen, z. B. die Morgentoilette (Duschen, Zähne putzen usw.; Rasieren könnte gefährlich sein!). Auch können Sie einmal versuchen, die Tür aufzuschließen, das Radio einzuschalten o. Ä. In so einem Moment kommt dann Ihr Tastsinn viel mehr zur Geltung. Auch Gerüche werden intensiver wahrgenommen. Sie werden selbst überrascht sein, welche anderen Empfindungen sich noch einstellen. Probieren Sie es aus!

Wenn Sie lieber passiv bleiben wollen, können Sie sich auch einfach hinsetzen. Hören und riechen Sie Ihre Umwelt! Das geht z. B. auch sehr gut in öffentlichen Verkehrsmitteln.

Der Taubstumme

Genauso wie die Augen zu verbinden können Sie sich auch einen Kopfhörer oder Ohrenstöpsel (gibt's in jeder Apotheke) besorgen. Dann kommt dem Sehen eine wesentlich größere Bedeutung zu. Auch Geschmack und Gerüche werden Sie meist intensiver wahrnehmen.

Kreatives Mahl

Wer sagt denn, dass immer alles zusammen passen muss? Wenn Sie Speisen zusammenstellen, die eventuell sogar gegensätzliche Geschmacksrichtungen aufweisen, wird der Genuss viel intensiver. Das ist gar nicht so schwierig, wenn Sie sich an der asiatischen Küche orientieren (süß-sauer, sauer-scharf usw.). Oder Sie bringen erst als Dessert einen Kontrast, z. B. einen Pudding auf Fisch. Schlecht werden sollte es Ihnen allerdings dabei nicht!

Vertauschte Hände

Machen Sie doch einmal einfachere Tätigkeiten mit links, wenn Sie Rechtshänder sind und umgekehrt. Auch hier können Sie interessante Erfahrungen sammeln. Außerdem wird verstärkt die andere Gehirnhälfte angesprochen und Ihre motorischen Fähigkeiten verbessern sich.

Ungewohnte Wege
Wählen Sie doch einmal einen anderen Weg zur Arbeit oder zum Einkaufen. Sie werden dann wieder viel empfänglicher für das, was sich um Sie herum abspielt.

Neuer Platz
Wenn Sie ein Stammlokal und womöglich gar einen Stammplatz haben, wechseln Sie doch einmal die Gaststätte oder Ihren Sitz! Dadurch gewinnen Sie eine ganz neue Perspektive.

Neue Hobbys
Machen Sie doch einmal etwas, von dem Sie immer dachten, Sie könnten es nicht! Malen Sie z. B. ein Bild (muss ja kein Kunstwerk werden) bzw. musizieren Sie mit selbstgebastelten Instrumenten oder Haushaltsgegenständen oder singen Sie. Dabei stellen sich oft völlig unbekannte Gefühle ein. Sie müssen sich natürlich zu nichts zwingen, was Sie wirklich nicht wollen.

Umgebung
Versuchen Sie möglichst viele Informationen über Ihre Umgebung (Nachbarn, Wege, Straßen, Geschäfte, Tiere, Pflanzen usw.) in Erfahrung zu bringen. Machen Sie sich eventuell vorher eine Liste, was Sie in Erfahrung bringen wollen. Sie werden erstaunt sein, was Ihnen alles unbekannt ist! So wecken Sie wieder die kindliche Neugier.

Kopfstand
Keine Angst, nicht unbedingt Sie müssen sich auf den Kopf stellen (obwohl das auch eine Möglichkeit wäre). Hängen Sie aber in Ihrer Wohnung oder an Ihrem Arbeitsplatz mal Bilder, Kalender oder Uhren verkehrt herum auf. Dadurch werden Sie wieder aufmerksamer.

Pausen
Auch Unterbrechungen können Sie abwechslungsreicher gestalten, indem Sie einen kurzen Spaziergang oder Sportübungen machen. Dann sind Sie wieder fit!

Sie wissen nun, was Kreativität alles beinhaltet, wie und in welcher Form Sie sie zum Vorschein bringen können und welche Trainingsmöglichkeiten es für Menschen jeden Alters gibt. Nutzen Sie diese Erkenntnis für sich und andere! Wie bei vielen Dingen, wird sich der Erfolg nicht sofort bemerkbar machen. Wenn Sie sich jedoch nicht entmutigen lassen, fühlen Sie sich bald wie neugeboren!

Übungen und Aufgaben

Wortassoziationen

Nicht nach der Erklärung des jeweiligen Begriffes ist gefragt, sondern nach den Assoziationen, die Ihnen als erstes einfallen. Notieren Sie auch Abwegiges.

a Liste ______
b Tutor ______
c billig ______
d Koffer ______
e Garage ______
f Verkauf ______
g Kraftfahrzeug ______
h Yeti ______
i Radio ______
j Jacke ______
k Wertpapier ______
l Diskette ______
m Tee ______
n Wand ______
o Karate ______
p Risiko ______
q Waage ______
r Frequenz ______
s Polizei ______
t Zeh ______
u Box ______
v klettern ______
w Boot ______
x Garantie ______
y roh ______
z Test ______

Mit solchen Aufgabenstellungen können Sie im Übrigen auch Ihr Gedächtnis auf Vordermann bringen, denn es arbeitet eben nicht anders. Neue Kenntnisse werden mit dem bereits vorhandenen Wissensnetz versponnen. Wenn Sie sich etwas einprägen wollen, sollten Sie also nicht die erstbeste Erklärung akzeptieren, sondern die eigenen Einfälle und Überlegungen verwenden. Diese Vorgehensweise ist weitaus erfolgversprechender.

Sie können die Übung jederzeit mit einem beliebigen Text aus einem Buch, einer Zeitschrift oder Zeitung wiederholen. Wenn Sie bereits beim Lesen mitdenken, werden Sie letztendlich viel mehr davon behalten.

Für diese Spielchen können Sie auch Abkürzungen verwenden, die auf überraschende Weise umgedeutet werden, wie z. B. NASA = Nackte Arbeiter säubern Antrieb.

Bildassoziationen

Im zweiten Teil geht es nun darum, sich zeichnerisch zu betätigen. Das können Sie nicht? Es werden keine künstlerischen Höchstleistungen von Ihnen verlangt. Lediglich die abstrakten Begriffe symbolisch darzustellen wird Ihnen anfänglich etwas schwer fallen. Nehmen Sie sich ein Blatt Papier und versuchen Sie, die obigen Begriffe zeichnerisch darzustellen.

Diese Form von Kreativitätstechniken ist möglicherweise noch wirkungsvoller, als nur Worte zur Beschreibung zu verwenden. Zum einen drückt ein Bild wesentlich mehr aus, zum anderen prägt es sich im Unterbewusstsein besser ein. Zu guter letzt wird auch noch Ihre Fantasie gründlich angeregt. So finden Sie immer wieder neue Aspekte an einer Sache. Nützen Sie daher Pausen gelegentlich für dieses sinnvolle Training.

Drudel Lösungen auf S. 231

Diesmal müssen Sie selber nichts skizzieren! Diese Arbeit wurde Ihnen bereits abgenommen. Was fällt Ihnen zu den folgenden Abbildungen ein? Was könnten sie darstellen?

a)

b)

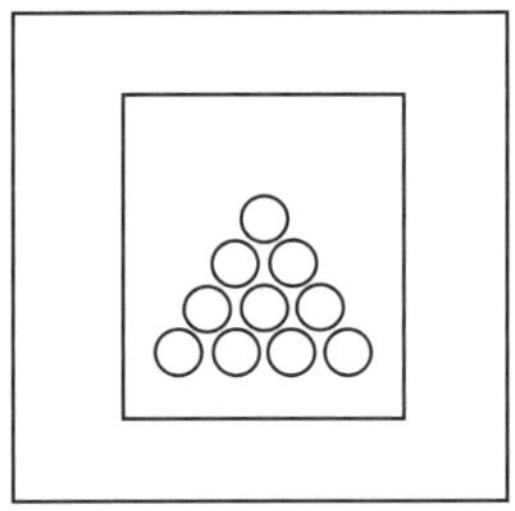

c)

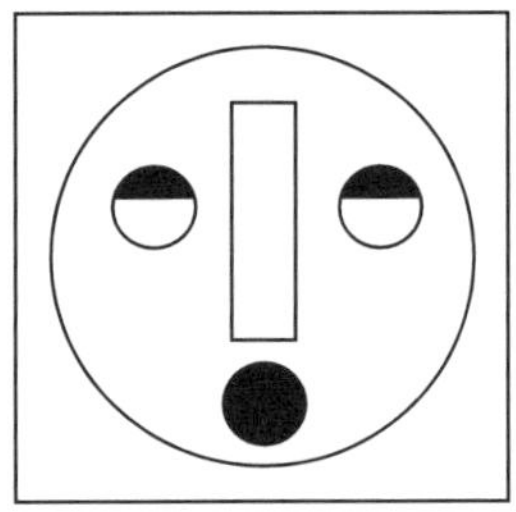

d)

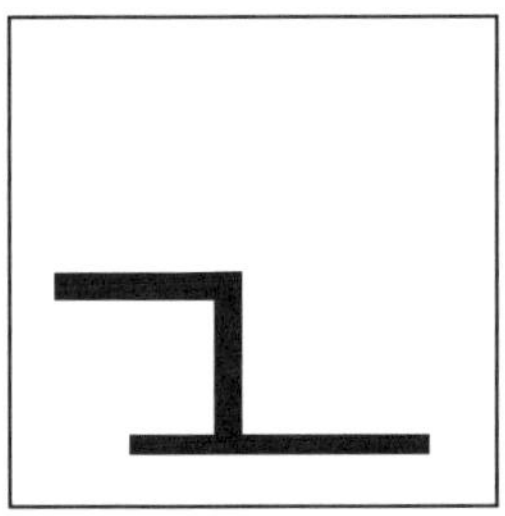

e)

f)

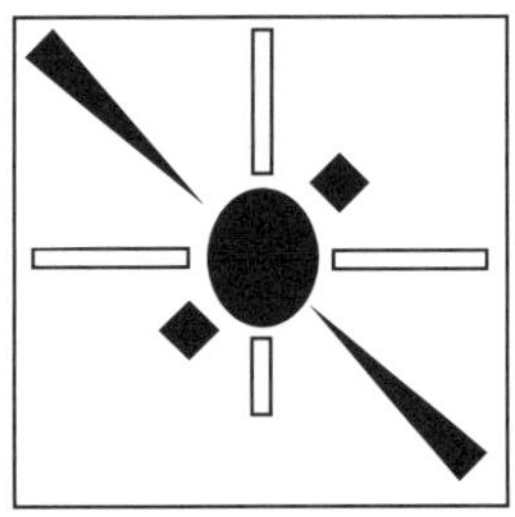

Was wäre wenn?

Überlegen Sie sich einmal, welchen Einfluss es auf Ihr Leben hätte, wenn es Tag und Nacht hell wäre!

Und was würden Sie tun, wenn Sie ein Jahr bezahlten Urlaub hätten?

Stellen Sie solche »Spinnereien« ruhig öfters an. Nicht selten sind einige Ihrer Einfälle auf die eine oder andere Weise sogar brauchbar!

SPRACHE UND KOMMUNIKATION

»Sprache ist für mich nicht nur ein Werkzeug. Sie beeinflusst vielmehr mein Denken.«
(Shalom Ben Chorin)

»Die Sprache ist die Kleidung der Gedanken.«
(Samuel Johnson)

Definitionen

Sprache ist eines der wichtigsten Kommunikationsmittel des Menschen. Einige Linguisten (Sprachforscher) betrachten Sie auch als Form des Denkens und der Kognition. Sie zeichnet sich durch die Verwendung gesprochener oder geschriebener Symbole mit festgelegter Bedeutung aus. Entwickelt hat sie sich über einen sehr langen Zeitraum. Vermutlich wurde sie schon von den Neandertalern vor 300 000 Jahren verwendet. Einen deutlichen Entwicklungsschub erhielt sie durch das Auftreten des Homo sapiens vor ca. 40.000 Jahren, dessen Gehirn und Kehlkopf sich bestens für die Spracherzeugung eignete. Dabei stand zunächst die Absprache gemeinsamer Aktionen im Vordergrund.

Der Begriff »Kommunikation« selbst ist weiter gefasst. Hierunter versteht man die Übermittlung und das Empfangen von Gedanken, Informationen und Nachrichten aller Art.

Sprache und Kommunikation stehen somit im engen Zusammenhang mit Denken und Verstehen. Sie sind sowohl als Intelligenzfaktor selbst aber auch als Mittel des Ausdrucks unabdingbar.

Sprache und Intelligenz

Kann man sagen, dass auch der Sprachschatz mit zur Intelligenz beiträgt? Viele Menschen ziehen einen deutlichen Trennstrich zwischen Wissen und Intelligenz. Das ist jedoch nicht ganz korrekt. Denn der Sprachschatz ist natürlich auch ein Teil der kristallisierten Intelligenz (s. Kapitel »Intelligenz allgemein«) und die Kommunikationsfähigkeit erst die Voraussetzung, um sich anderen verständlich mitzuteilen. Menschen mit einem hohen IQ verfügen daher meist auch über besondere Sprachkenntnisse. Auch Sie sollten daher, wann immer Sie ein unbekanntes Wort entdecken, bei nächstbester Gelegenheit im Lexikon nachschlagen. Wer bereits über ein breites Fundament verfügt, kommt nämlich auch mit unbekannten Begriffen eher klar.

Mit einem großen aktiven Sprachschatz kann man sich zudem meistens auch gewählter ausdrücken. Bringt man seine Kenntnisse nur passiv zum Einsatz, ist man immerhin in der Lage, die Gedanken anderer besser nachzuvollziehen. Unser Verständnis wird umfassender.

Unterscheiden sollte man dabei aber, ob sich die Kenntnisse auf einen oder wenige (wissenschaftliche) Bereiche beziehen oder von allgemeiner Natur sind. Während erstere die Intelligenz nur unwesentlich beeinflussen, sind zweitere deutlich entscheidender. Sie können nämlich auch jederzeit im normalen Leben zum Einsatz kommen.

Auch die Verwendung vieler Wörter, wie sie insbesondere in unserer Bürokratie, gesetzlichen und steuerlichen Regelungen usw. immer wieder vorkommt, ist kein Zeichen von Intelligenz. Sich einfach und klar auszudrücken, darauf kommt es doch an!

Da regional und kulturell bedingt deutliche Unterschiede vorherrschen, kommt es oft zu dem Vorurteil, andere Menschen wären »dümmer« als man selbst. Tatsächlich ist hier nur die Überlappungszone im gemeinsamen Sprachschatz kleiner. Das führt natürlich des Öfteren zu Missverständnissen. Übrigens stellt sich auch bei Intelligenztests immer wieder das Problem, diese entsprechend neutral zu gestalten, so dass das Endergebnis nicht von unterschiedlichen Vorkenntnissen beeinflusst wird. Inwieweit das möglich ist, darüber streiten sich immer noch die Experten.

Neben dem Sprachschatz gibt es aber noch einen zweiten Faktor: Die Kommunikationsfähigkeit. Es geht eben nicht nur darum, Worte zu verwenden, die dem jeweiligen Gesprächspartner bekannt sind, sondern sich auch unmissverständlich auszudrücken. Dazu ist es aber auch notwendig, sich auf die Denkweise und Gefühlswelt des Gegenübers einzustellen. Und hier scheitern viele Menschen. Je länger Sie jedoch eine Person kennen, umso besser wird normalerweise der Kontakt zu dieser sein. Sie haben sich einander angeglichen und verstehen sich auch ohne viele Worte. Sie befinden sich auf derselben (sprachlichen) Ebene. Etwas schwieriger wird es aber in jedem Fall bei abstrakten Begriffen wie Freiheit, Gerechtigkeit usw., da diese bei verschiedenen Personen unterschiedlich hinterlegt sind.

Aktuelle Ansätze gehen davon aus, dass jeder Mensch zu jedem ihm bekannten Begriff andere Assoziationen hat. Das Lernproblem ist somit nicht abhängig von der Komplexität des Stoffes; vielmehr ergeben sich die Schwierigkeiten daraus, dass vom Lehrer oder Professor andere Bilder verwendet werden. Diese passen nicht zu dem Wissenshintergrund des Schülers/Studenten und können daher nur mühevoll gemerkt werden. Vielversprechender wäre es, den Lernenden selbst die Möglichkeit zu geben, sich eigene Vorstellungen zu machen. Die neu hinzugekommenen Fakten würden dann sofort »sauber« im Oberstübchen eingeordnet werden. Leider opfert das Lehrpersonal dafür selten Zeit, obwohl das Verständnis dadurch viel umfassender würde und sich Folgeinformationen sofort richtig festsetzen könnten. Schauen Sie sich hierzu auch nochmals die Gedanken im Kapitel »Gedächtnis, Informationsaufnahme und Lernen« an.

Beschäftigen Sie sich aber auch mit Ihrer emotionalen Intelligenz (s. Kapitel »Intelligenz allgemein«) und entwickeln Sie sich persönlich weiter. So werden Sie auf Dauer mehr Erfolg beim Einsatz Ihrer Kommunikationsmittel haben.

Einfluss der Umwelt

Die Sprache ist sicher ein Teil der Intelligenz, welcher besonders stark von unserer Umwelt geprägt wird. Das Milieu, in dem man aufwächst/aufgewachsen ist und später auch die Personen, mit denen man sich umgibt und mit denen man regelmäßigen Umgang pflegt, haben einen sehr großen Einfluss auf die Entwicklung. Wie oft haben Sie sich beispielsweise schon dabei erwischt, etwas gesagt zu haben, das Sie erst kurz zuvor von jemand anderem aufgeschnappt haben?

Diese Beeinflussung ist aber durchaus ein wechselseitiger Prozess. So wie man Ihr Niveau durch Sprach- und Wortwahl herunterziehen kann, ist es auch möglich, andere damit wieder aufzubauen. Hier stellt sich dann immer die Frage, welche Komponente die stärkere ist. Und das zeigt, dass Sie über die Auswahl Ihrer Freunde und Bekannten steuernd und regulierend eingreifen können. Insbesondere aber ist es wichtig, sich nicht auszugrenzen, sondern sich regelmäßig mit anderen Menschen zum Gedankenaustausch zu treffen. Ob das im Geschäft, im Verein, in Parteien oder einfach auf der Straße passiert, ist letztendlich egal.

Schlechte Erfahrungen in jungen Jahren führen leider oft zu einem ausgeprägten Misstrauen. Dann werden nur die notwendigsten Kontakte aufrecht erhalten, aber kaum gepflegt. Auf die Dauer vereinsamt so ein Mensch, denn er wird es schwer haben, neue Kontakte zu knüpfen. Dazu fehlt es ihm einfach an Einfühlungsvermögen, denn sein Interesse an Fremden ist nicht sonderlich ausgeprägt.

Wenn Sie sich in der obigen Beschreibung wiedererkannt haben, sollten Sie also keineswegs den Kopf in den Sand stecken, sondern sich überlegen, wie Sie mit den Menschen, deren Begleitung oder Unterstützung Sie wünschen, zusammenkommen können. Nicht jeder ist ein Miesepeter oder nur an seinem persönlichen Vorteil interessiert! Die Gelegenheit zu einem Gespräch gibt sich meist öfters, als man denkt. Auch eine kleine Überraschung oder Hilfestellung, die zeigt, dass man an den Anderen denkt, kann nie verkehrt sein. Da man doch sehr häufig auch auf das Wohlwollen einem nur flüchtig bekannter Leute angewiesen ist, kann man so seine Chancen deutlich verbessern. Und Gutes wird einem immer wieder mit gleicher Münze vergolten.

Reden und Überzeugen

Schneller als man es sich oft vorstellen kann, kommt man in die Situation, eine Ansprache, Rede oder gar eine Präsentation halten zu müssen. Aber auch hinter jedem simplen Gespräch steckt meistens eine bestimmte Absicht. Sowohl im Berufs- wie im Privatleben möchte man sowohl verstanden als auch ernst genommen werden. Wie lässt sich dieses Ziel wirkungsvoll erreichen?

Da Sie die meisten Reden mehr oder weniger frei führen müssen (schließlich kennen Sie die Reaktion und Fragen Ihrer Zuhörer oder Partner im Voraus nicht), hilft einfaches Auswendiglernen im Allgemeinen nicht. Ein heruntergeleierter Text kommt zudem auch beim Publikum weniger gut an. Auch besteht die große Gefahr, dass Sie einen Teil Ihres Textes vergessen und dann einfach den Faden verlieren und dann nicht mehr wissen, wie Sie fortsetzen sollen. Dennoch sollten Sie sich aber gut und rechtzeitig vorbereiten. Derselbe Inhalt einer Rede kann nämlich je nach Absicht völlig unterschiedlich gruppiert werden. Erinnern Sie sich noch an das Schreiben von Aufsätzen in der Schule? Zunächst wurde erst einmal das Pro und Contra gesammelt. Inzwischen hatten Sie sich dann auch eine Meinung gebildet, für welche Seite Sie eintreten wollten. Die Ihrer Meinung dafür am stärksten sprechenden Gründe wurden dann an das Ende gesetzt und ein Fazit daraus gezogen. Ihr Nachbar hatte womöglich exakt dasselbe Ausgangsmaterial, kam aber zum gegenteiligen Schluss und ordnete seine Stichpunkte daher auch völlig anders an. Genauso ist es bei jeder Form von Vorträgen! Es kommt nicht allein auf den Inhalt, sondern auch auf den Aufbau und die Struktur an, wenn Sie eine bestimmte Wirkung erzielen wollen.

Wenn Sie nicht nur Telefongespräche führen, sondern von anderen auch gesehen werden, ist zudem Ihre Stimme und Ihr Auftreten mindestens ebenso wichtig wie Ihre Aussagen. Alle diese Komponenten müssen im Einklang miteinander stehen, um glaubwürdig zu wirken. Und auch Ihre Gefühle und Emotionen sollten Sie durchaus zum Ausdruck bringen, dabei allerdings nicht überreagieren. Sie können dann viel eher eine Beziehung zu Ihrem Gegenüber oder ein Wir-Gefühl herstellen.

- Schauen Sie Ihr Publikum an! Wer nur vom Blatt abliest, kann nicht überzeugen. Beziehen Sie Ihre Zuhörer mit ein! Strahlen Sie Begeisterung aus. Orientieren Sie sich dabei an den positiven und interessierten Personen. Lassen Sie sich nicht von den Miesmachern anstecken! Und reagieren Sie nicht unbedacht auf deren Einwürfe. Sie können nicht erwarten, dass jeder Ihrer Meinung zustimmt. Lassen Sie sich davon nicht aus dem Konzept bringen! Zwischenrufe und Fragen können Sie immer noch im Anschluss beantworten.
- Machen Sie auch nicht den Fehler, sich (hinter einem Pult o. Ä.) dauerhaft zu verstecken. Zeigen Sie sich! Jeder engagierte Redner bewegt sich.
- Auch Ihre Stimme dürfen Sie nicht vernachlässigen. Sprechen Sie laut und deutlich und in annähernd gleichem und nicht zu schnellem oder hektischem Tempo (Variationen in geringerem Umfang dürfen Sie selbstverständlich zur Bekräftigung einsetzen, und nach jedem Punkt sollten Sie ohnehin eine kleine Pause einlegen und ausatmen). Wenn Sie zu leise sind und ein Mikrofon zur Verstärkung verwenden, hört man jede Unsicherheit und Schwankung nur umso deutlicher. Das können Sie auch im stillen Kämmerlein vor dem Spiegel proben. Sinnvoll ist es auch sich mit Atemtechniken zu beschäftigen und Sprechtrainings zu absolvieren. Ungeübte Redner werden bei größerer Lautstärke oft heiser.
- Kurze Sätze sind verständlicher als längere. »Bandwürmer« bringen auch selten mehr Informationen herüber. Wenn Sie ab und an einen längeren Satz einstreuen, trägt das allerdings zur Auflockerung Ihrer Rede bei.

!

Tipp

Wann immer Sie in die Situation kommen, eine vorbereitete Rede halten zu müssen, sollten Sie diese zuvor in kleinem Kreis vortragen. Sie erhalten dann genügend Resonanz, um am Inhalt selbst, aber auch an der Art des Vortrags feilen zu können. So trägt die Generalprobe dazu bei, dass Sie später Ihre Absichten klar zum Ausdruck bringen können.

Schlagfertigkeit

Nicht immer führt der direkte Weg zum Ziel. Oft prallen unsere Worte auch einfach am Gegenüber ab, ohne eine Wirkung hervorzurufen. Oder aber er meint, eine Zwischenbemerkung machen zu müssen. Wie kann ich ihn dann dennoch wachrütteln bzw. ihn und weitere Zuhörer von meiner Position überzeugen? Oft hilft dann nur noch das nicht immer faire Mittel der Schlagfertigkeit. Hier wird so-

fort gekontert. Frechheit siegt! Je nach dem Grad der Schlagfertigkeit kann man seinem Widerpart einen kleinen Stich oder aber einen tödlichen Dolchstoß verpassen. Das wirkt sich unmittelbar positiv auf das Selbstbewusstsein aus.
So kann man also:

- erreichen, dass einem zugehört wird, aber auch Widerstände erzeugen
- Aussagen auf den Punkt bringen, aber auch verwirren und irritieren
- Seinen Standpunkt klar machen, aber auch provozieren und Widerstand hervorrufen
- Eine Situation durch Ironie entspannen oder durch Zynismus verschärfen
- Paradoxien erzeugen

Schlagfertigkeit ist also immer vielschichtig. Leider ist sie aber nur spontan zu erzielen. Wer hat sich nicht schon selbst darüber geärgert, dass ihm in einer brenzligen Situation nichts Passendes eingefallen ist, er aber kurze Zeit später die geeignete Erwiderung parat gehabt hätte? Schließlich muss die Äußerung ja auch treffen, sonst blamieren Sie sich bloß selber. Andererseits ist keine Antwort auch nicht das, was die Zuhörer erleben wollen. Leider hatten wir aber nicht genügend Zeit, uns etwas einfallen zu lassen, während der Zwischenrufer sich in der Vorbereitungsphase ausreichend Gedanken über seine Äußerung und mögliche Einwände machen konnte. Und so befinden wir uns in einer scheinbar unauflösbaren Zwickmühle. Allerdings gibt es doch Hoffnung. Es zeigt sich nämlich auch, dass es um so einfacher wird, gezielt zu reagieren, je mehr man über das besprochene Thema weiß. Mit Sachkenntnis hebt man sich immer positiv von reinen Schwätzern ab. Daher gewinnt am Ende normalerweise auch immer derjenige, der sich besser mit der Materie auskennt. Ihm kann man auch nicht so schnell das Wort im Mund herumdrehen.

Zwischenrufe sind also aus mehrerlei Gründen unerfreulich, wenn wir unvorbereitet sind:

- Wir sind verunsichert, da unser Gedankengang abrupt unterbrochen wird.
- Das führt wiederum dazu, dass wir nervös werden, was sich auch in Form von Anspannung und hektischer Körpersprache bemerkbar macht.
- Auch fällt uns keine vernünftige Entgegnung ein.
- Damit ziehen wir uns den Spott anderer, bisher unbeteiligter Zuhörer zu.
- Schließlich verlieren wir völlig den roten Faden, weil wir immer noch an die unbereinigte Situation denken müssen.

Was können Sie dagegen tun? Nun, es gibt eine Reihe von trainierbaren Verhaltensmustern, die Ihnen in solch einem Fall weiterhelfen:

- Wenn Sie schon oft eine bestimmte Äußerung zu hören bekommen haben, können Sie sich für das nächste Mal wappnen, indem Sie sich eine passende Erwiderung zurechtlegen. Spontan wirkt diese jedoch nur, wenn sie nicht mehr als einmal verwendet wird. Für das nächste Zusammentreffen mit denselben Leuten sollten Sie sich daher wieder etwas Neues einfallen lassen.
- Schlucken Sie doch einfach scheinbar die Bemerkung und spielen Sie den Getroffenen. Sie zeigen, dass Sie Spaß verstehen und haben damit die Lacher auf Ihrer Seite. Der Zwischenrufer kann daher auch nicht wieder sofort reagieren.
- Es gibt Sätze, die sich eigentlich immer anwenden lassen. Mit einem entsprechenden Reservoir können Sie aus vielerlei Attacken als Sieger hervorgehen. Legen Sie sich daher gleich eine entsprechende Liste an.
- Sprichwörter und Zitate sind ebenfalls sehr vielseitig anwendbar. Es muss sich dabei nicht immer um bekannte Sprüche oder Sprichwörter handeln. Auch wenn Ihnen die Meinung eines anerkannten Experten zum Thema der Rede einfällt, können Sie diese miteinbringen. Damit entkräften Sie jeden Einwand.
  Anstatt Ihre Position aufzuwerten, können Sie den Angreifer aber auch abwehren, indem Sie ihm eine unzureichende Qualifikation bescheinigen, beim Thema mitzureden.
- Wenn Sie im Moment keine passende Antwort parat haben oder befürchten, in ein verbales Gefecht ohne reelle Siegchance gezogen zu werden, müssen Sie den Einwand abwürgen und anschließend schnell zu einem anderen Punkt übergehen. In einem Großteil der Fälle werden Sie danach nicht mehr auf den wunden Punkt zurückkommen müssen.
  Eine andere Möglichkeit ist es, gerade bei unfairen Attacken, den Angriff zurückzuspielen.
- Zeigen Sie Hör- oder Verständnisprobleme. Wird nun die Aussage wiederholt, verliert sie an Spontanität und damit an Wirkung. Sie bringen den Widersacher dadurch aus dem Konzept. Natürlich können Sie auch mehrere Varianten miteinander kombinieren und damit wiederholt an den Zwischenrufer herantreten.
- Sie selbst können auch die Aussage in abgewandelter Form wiederholen. Indem Sie dabei aber scheinbar bedeutungsgleiche Wörter oder Wortbestandteile austauschen, kehren Sie deren Sinn um. Sie bedienen sich somit der bekannten Wortverdreher-Technik.
- Deuten Sie die Aussage um! Sie können Ihre Kraft dadurch entweder verstärken oder abschwächen. Im erstgenannten Fall führt das nicht selten dazu, dass man sich bei Ihnen entschuldigt.

- Machen Sie eine lustige Bemerkung, die an den Namen, Wohnort, Beruf o. ä. des Zwischenrufers anknüpft. Nun haben Sie die Lacher auf Ihrer Seite. Lassen Sie dabei auch bildhafte Vorstellungen zu.
- Ziehen Sie die Aussage ins Lächerliche und werden Sie ironisch. Übertreiben Sie maßlos. Sofort erlangen Sie wieder die völlige Aufmerksamkeit. Durch diese Form von Emotionalität ziehen Sie andere Menschen auf Ihre Seite. Außerdem fällt eine Erwiderung auf solch eine Äußerung sehr schwer.
- Ignorieren Sie unhöfliche Bemerkungen einfach oder gehen Sie nur kurz darauf ein. Damit graben Sie Ihrem Kontrahenten das Wasser ab. Oder aber loben Sie den Redner für seinen Einwurf und machen ihm Komplimente. Auch das wird ihn ziemlich irritieren.
- Behaupten Sie einfach, diese Aussage bereits x Mal von einem guten Bekannten oder Freund gehört zu haben. Das stellt den Zwischenrufer als nicht besonders spontan oder kreativ dar.
- Werfen Sie die Äußerung mit voller Wucht auf den Angreifer zurück, eventuell auch mehrmals. Das können Sie auch mittels eines Vergleichs tun. Mit solch einer Taktik rechnen die Wenigsten. Zudem müssen sie erst einen Ausweg finden.

Je kürzer die Entgegnung ist, um so weniger Zeit bleibt dem verdatterten Widersacher zur Gegenreaktion.

Wenn Sie das erst einmal intus haben, werden Ihnen mit der Zeit noch ganz andere Möglichkeiten einfallen, in jeder Situation schlagfertig zu reagieren.

Aufbau einer Rede

Mit einer guten Rede ist es wie mit einem Aufsatz: Es müssen Argumente gesammelt, kategorisiert, geprüft und bewertet werden. Erst dann wird ein endgültiges Urteil gefällt. Das ganze Material wird dazu vorab gründlich gefiltert.

Es gibt drei Phasen bei einer Rede: Vor der Rede, die Rede selbst und nach der Rede. Je genauer Sie wissen, was dabei im Detail auf Sie zukommt, um so besser können Sie sich darauf vorbereiten.

Die einzelnen Abschnitte sind:

I.

Zuerst werden Sie sich inhaltlich mit dem Stoff vertraut machen wollen.

- Dabei können Sie alles an Medien verwenden, was Ihnen zur Verfügung steht. Spezialisten auf den gesuchten Gebieten können Ihnen oft noch viel schneller weiterhelfen. Hier erhalten Sie gezielt das, wonach Sie suchen. Wenn Sie dann immer noch nicht genügend Material zusammen haben, schauen Sie doch mal ins Kapitel »Kreativität und Originalität«. Dort finden Sie wertvolle Anregungen, wie Sie zu weiteren Ideen gelangen.

- Als nächstes findet nun ein Filtervorgang statt, denn nicht alles wird sich verwenden lassen. Auch müssen Sie auf Umfang und Länge Ihres geplanten Auftritts achten. Ein »gestreckter« Vortrag kommt längst nicht so gut beim Zuhörer an, wie wenn Sie sich in einigen Bereichen etwas kürzer fassen. Auch das Verständnis leidet unter in die Länge gezogenen Reden, da durch die inhaltliche Leere Ermüdungserscheinungen auftreten.
- Nun wird die Reihenfolge der einzelnen Punkte festgelegt. Dabei sollte auch auf einen fließenden Übergang geachtet werden. Wenn es sich um einen rein informativen Fachvortrag handelt, kann eine Top-Down-Strategie verfolgt werden, welche zunächst einen Gesamtüberblick bietet. Bei den einzelnen Unterkapiteln wird dann immer mehr ins Detail gegangen. So wird das Gesagte für jedermann nachvollziehbar. Am Ende fassen Sie das Wesentliche nochmals in wenigen Sätzen zusammen. Danach dürfen die Anwesenden noch Fragen zu einzelnen unklaren Punkten stellen.
- Bei einer meinungsbildenden Rede ist die Struktur etwas anders. Die Stichpunkte werden nach Wichtigkeit sortiert. Ein starkes Argument benötigen Sie bereits zu Beginn als Einstieg in das Thema, damit Ihr Publikum warm wird. Damit beginnt nun die eigentliche Arbeit: Das restliche Material muss in eine Form gebracht werden, die den unvoreingenommenen Zuhörer dieselben Schlüsse ziehen lässt, denn damit haben Sie schon den Großteil der Leute hinter sich. Dazu empfiehlt sich eine steigernde Anordnung, weil das zuletzt Gesagte am besten haften bleibt. Am Schluss legen Sie nochmals sachlich Ihre Meinung und die gezogenen Schlüsse dar, wobei Sie sich auf das zuvor Gesagte berufen. Dies ist besonders dann wichtig, wenn in der Folge noch eine Abstimmung durchzuführen ist, in der Sie Ihren Standpunkt gewürdigt wissen wollen.
- Ihr Vortrag darf aber nicht nur aus einer Aneinanderreihung von Gründen bestehen. Er muss auch dem Publikum inhaltlich klar machen, um was es geht und wie Sie persönlich dazu stehen. Sie werden sowohl auf Interesse als auch auf Ablehnung stoßen, doch man wird Ihnen weiterhin folgen und sich mit Ihren Gedankengängen beschäftigen. Sie haben also immer noch die Chance, eine abweichende Haltung aufzuweichen und schließlich sogar ins Gegenteil zu verkehren. Da Sie zuerst Ihre Contra-Argumente bringen, auf die ein Widersacher einsteigt, ziehen Sie ihn mit der steigernden Anordnung langsam aber beständig, oft unbemerkt, auf Ihre Seite.

II.

Auch der zentrale Teil einer Rede ist wiederum dreigeteilt: Er besteht aus der Einleitung, dem Hauptteil und dem Schluss. Jedem Part kommt dabei eine spezifische Bedeutung zu.

Der ungeübte Referent wird gerade mit dem Einstieg große Probleme haben. Was er eigentlich sagen möchte, weiß er, und auch das Schlussplädoyer stellt keine unüberwindliche Hürde dar. Bereits der Beginn Ihres Vortrages ist aber oft entscheidend dafür, ob Sie Ihre Vorstellungen gut verständlich an den Mann und die Frau bringen können. Dazu müssen die Zuhörer aber persönlich angesprochen und für Ihr Anliegen begeistert werden. Es bieten sich die folgenden Varianten an:

- Beginnen Sie doch einfach mit einem Kompliment! Danken Sie allen Personen dafür, dass Sie sich die Zeit genommen haben, sich Ihre Rede anzuhören. Oder heben Sie hervor, dass Sie sich sehr darüber freuen, dass sich offenbar so viele Menschen für dieses Thema erwärmen können. Damit stellen Sie sofort einen positiven und sympathischen ersten Kontakt her. Emotionen dürfen in keinem noch so sachlichen Vortrag fehlen. Übertreiben Sie es aber auch nicht mit Ehrbezeugungen. Das nimmt Ihnen niemand ab und Sie wirken unglaubwürdig.
- Eine Anekdote oder ein historisches oder auch aktuelles Geschehen lässt sofort aufmerken. »Das könnte doch auch mich betreffen!«, »Das habe ich doch schon einmal gehört!« usw. sind die häufigsten gedanklichen Reaktionen. Bevor Sie zu theoretisch werden, ist eine kleine Geschichte zur Auflockerung unbedingt erforderlich. Auch ein Witz oder eine Scherzfrage trägt zur Entspannung vorbei. Hier müssen Sie allerdings schon darauf achten, wie sich Ihre Zuhörerschaft zusammensetzt. Ein Beamtenwitz bei einer Lehrveranstaltung wäre sicher genauso unangebracht wie die Präsentation als Macho bei einem feministischen Treffen.
- Sind Sie nicht so sehr bewandert, dass Ihnen gleich die passende Erzählung einfällt, können Sie es wie schon bei Schlagfertigkeit auch hier mit einem Zitat oder einer Expertenmeinung probieren. Dies ist immer ein guter Anknüpfungspunkt, der zudem Ihren Beitrag qualitativ deutlich aufwertet.
- Fordern Sie die Anwesenden doch einfach auf, sich Gedanken über eine Situation, ein Geschehen oder eine Entwicklung zu machen und sich das Ganze plastisch auszumalen! Sofort sind alle im Thema drin und werden Ihre Erkenntnisse mit den gerade erst angestellten Überlegungen vergleichen. So erreichen Sie eine aktive Teilnahme.
- Mit einer Frage beziehen Sie sofort alle Zuhörer mit ein. Rhetorische Fragen haben dabei den unschätzbaren Vorteil, dass Sie sich die Antwort selbst geben

können. Dafür regt eine ganz allgemein formulierte Frage in verstärktem Maß zum Nachdenken an. Sie drücken damit aus, dass es sich lohnt, sich damit näher zu befassen und haben so den Übergang geschafft.

Haben Sie den Beginn gemeistert, sollten Sie unverzüglich zum Thema kommen. Wenn Sie zu lange um den heißen Brei herumreden, schläft Ihr Publikum ein! Sprechen Sie dabei lieber ausführlicher über weniger, aber wichtige Punkte, als jedes kleine Detail aufzuzählen. Letzteres mag Sie zwar sehr gebildet und informiert erscheinen lassen, jedoch wird man sich nur einen Bruchteil davon merken können. Die Wirkung Ihrer Worte wird daher sehr schnell verfliegen. Verdeutlichen können Sie Kernaussagen dagegen mit den Hilfsmitteln, welche Ihnen zur Verfügung stehen, von einer Tafel über das Flipchart bis hin zum Overheadprojektor. Bilder und grafische Darstellungen bieten sich besonders an, da Sie Ihnen viel Text und Zeit ersparen und außerdem noch anschaulicher sind.

Ein ruhiger und gleichmäßiger Vortrag wird sicher als kompetent aufgefasst, trägt aber durch seine Monotonie auch dazu bei, dass die Gedanken Ihrer Zuhörer gelegentlich abschweifen, selbst wenn man Ihnen zuhören will. Insofern ist es wichtig, Lautstärke, Tempo und Rhythmus immer wieder zu variieren. Dabei führen Sie von einem Höhepunkt zum nächsten. Dazwischen befinden sich immer wieder langsamere Abschnitte, die eine Möglichkeit geben, zu entspannen und das gerade Erfahrene Revue passieren zu lassen.

Haben Sie die Eröffnung und das Mittelspiel erfolgreich bestritten, fällt der Abschluss nicht mehr schwer. Machen Sie aber durch eine kleine Pause, Änderungen in der Lautstärke oder Tonlage darauf aufmerksam, dass Sie sich dem absoluten Höhepunkt nähern. Neben einer Zusammenfassung des Gesagten können Sie jetzt z. B. auch ein Fazit ziehen oder mit einem Zitat abschließen. So wird man sich noch lange an die einzelnen Aspekte erinnern können. Bei meinungsbildenden Vorträgen sollten Sie jetzt näher unter Einbeziehung der erwähnten Argumente ausführen, zu welchem Schluss Sie gekommen sind. Hatten Sie den Inhalt gut strukturiert, wird man Ihnen überwiegend Glauben schenken und vieles von dem Gesagten beherzigen und in die Tat umsetzen.

III.

Nachdem Sie alles gesagt haben, was Sie sagen wollten, sind Sie noch keinesfalls fertig! Vielmehr zeigt sich erst im Nachhinein, wie gut Ihre Vorstellung wirklich war. Können Sie alle Fragen zur vollsten Zufriedenheit der Anwesenden beantworten? Auch das geht in Ihre persönliche Beurteilung mit ein. Wer sofort den Abgang von der Bühne macht und allem anderen aus dem Weg geht, hinterlässt den

Eindruck, nur seinen Text auswendig gelernt zu haben. Ein Image von Fachkenntnis wird so nie entstehen.

Machen Sie aber keinesfalls den Fehler, irgendetwas zu erfinden, wenn Sie die Antwort auf eine Frage nicht kennen. Geben Sie lieber zu, dass Sie hier nicht weiterhelfen können bzw. dass das nicht Ihr Spezialgebiet ist oder wiegeln Sie ab, wenn es nicht direkt mit dem Kern des Themas zu tun hat. Das macht Sie sympathischer. Zudem können Sie nicht wissen, ob es sich um eine Test- oder Fangfrage handelt. In diesem Fall hätten Sie alles bisher Erreichte verspielt.

Wenn Sie neutral zu einer Sache stehen, sollten Sie sich keinesfalls zu einem Urteil drängen lassen. Führen Sie ggf. nochmals verschiedene Gründe an und betonen Sie, dass es sowohl Tatsachen gibt, die dafür sprechen, als auch solche, die eine Ablehnung nahe legen. Wenn Sie sachlich bleiben, wird sich jeder mit Ihnen einverstanden erklären können. Ergreifen Sie dagegen zu sehr Partei, vergraulen Sie eine Hälfte.

Körpersprache

Körpersprache ist nach der stammesgeschichtlichen Entwicklung wesentlich älter als die Kommunikation über gesprochene Worte. Auch Kinder lernen diese als erstes; sie ist uns quasi angeboren und läuft so auch oft unbewusst ab. Sie ist universell, und wer Körpersprache »versteht«, kann daher weit mehr über seinen Gesprächspartner in Erfahrung bringen, als diesem bewusst ist. Sie ist wesentlich ehrlicher und verrät viel über die Absichten und Gefühle der entsprechenden Person. Man kann ihre Kenntnis also auch dem Bereich emotionale Intelligenz zuordnen.

Die Interpretation der Körpersprache hilft bei der Vermeidung von Missverständnissen und der Entwicklung eines gesunden Selbstbewusstseins. Ihr Einsatz wiederum hilft, die Initiative zu ergreifen, und Sie haben dadurch einfach mehr Erfolg bei Ihren Verhandlungen und auch im Bekanntenkreis.

Der Stil der Körpersprache muss aber auch zu Ihnen passen. Das Imitieren von Vorbildern allein wirkt oft gekünstelt und ohne große Überzeugungskraft. Beobachten sollten Sie Ihre Mitmenschen allerdings schon. Bleiben Sie sich aber treu und treten Sie locker und entspannt auf!

Auch die Sensibilität spielt eine gewichtige Rolle. Wenn Sie den anderen einfach ignorieren, werden Sie kaum zu ihm durchdringen können. Reagieren Sie dagegen auch auf seine unbewussten Signale, können Sie ihn eher gewinnen.

Geschlechtsspezifische Unterschiede

Die folgenden Ausführungen sollten nicht pauschalisiert werden, treffen jedoch statistischen Untersuchungen zufolge in einer Vielzahl von Fällen zu:

- **Männer** wollen ihre Aufgaben und Probleme meist sofort und eigenverantwortlich (allein!) lösen. Angebotene Hilfe betrachten sie oft als persönliche Kränkung, da man ihnen offenbar nicht zutraut, selbst mit der Situation fertig zu werden. Darunter leidet dann sofort ihr Selbstbewusstsein.
- Männer wollen bei Ihren Überlegungen nicht gestört werden. Wenn sie sich zurückziehen, darf sich ihnen niemand in den Weg stellen. Dann schotten sie sich nur mehr ab. Sie grübeln so lange, bis sie eine Lösung gefunden haben. Etwas anderes zählt nicht für sie. Ihren Vorschlag wollen sie dann allerdings sofort kommunizieren, auch wenn sie noch nicht alle Randaspekte bedacht haben.
- Fakten stehen bei ihnen im Vordergrund; über ihre Gefühle wollen sie sich nicht auslassen. Ihre Aussagen werden von Hauptwörtern dominiert. Aus einem Gespräch erhoffen sie sich neue Erkenntnisse und Klarheit darüber, wie etwas funktioniert. Davon versprechen sie sich einen persönlichen Vorteil.

- **Frauen** sind dagegen eher an einem klärenden Gespräch oder einer Diskussion interessiert. Sie wollen sich dem Thema zunächst langsam nähern und ein grundlegendes Verständnis bzw. einen ersten Lösungsansatz (gemeinsam!) entwickeln Sie sind eher Sprechdenker.
- Einem anderen Hilfe anzubieten ist für Frauen selbstverständlich. Sie versuchen auch, sich in den Anderen hineinzuversetzen. Das erwarten sie aber auch umgekehrt von ihren Partnern. Darauf bauen sie ihre Beziehungen auf. Ist ihr Gegenüber nicht zu einem Gespräch bereit, fühlen sich Frauen abgewiesen, ungeliebt und unverstanden. Auf dieser Basis bewegt sich auch ihre Zusammenarbeit; ohne menschliche Nähe läuft bei ihnen wenig. Als Vertrauensbeweis bewerten sie, wenn man ihre Fragen beantwortet.
- Das eigentliche Problem ist Frauen oft gar nicht so wichtig, sondern eher, wie der Betroffene darunter zu leiden hat. Ihre Gespräche drehen sich im Wesentlichen um Personen und ihre Befindlichkeiten. Sie selbst sind offen und sagen deutlich, wie sie sich in einer bestimmten Situation fühlen. Dazu verwenden sie gehäuft Adjektive.

Wenn man das nicht bedenkt, können rasch Schwierigkeiten zwischen Personen verschiedenen Geschlechts auftreten:

- Der Mann empfindet sich oft belästigt oder gar bevormundet, wenn man ihm Unterstützung gewähren möchte. Die Frau wartet hingegen geradezu auf eine Äußerung und betrachtet Schweigen als persönliche Ablehnung und Nichtbereitschaft zur Kommunikation als Misstrauensbeweis.
- Der Mann möchte am besten sofort seine Ideen anbringen, die in den Augen der Frau aber noch nicht ausgereift sind. Sie fühlt sich daher in dieser Phase davon überfahren. Er hatte eigentlich eher Dankbarkeit für seine schnelle Reaktion erwartet. Jetzt ist er verärgert und verletzt.

Wenn aber die Frau ihren männlichen Partner unbedingt unterstützen möchte, dieser sich aber dadurch angegriffen fühlt, und umgekehrt die Frau eine Antwort von ihrem Partner erwartet, sind Konflikte natürlich vorprogrammiert. Wie also sollten wir mit solch einer Situation umgehen?

Die Frau

- sollte ihren Partner nicht dazu drängen, sich zu äußern, wenn er momentan nicht über seine Gedanken sprechen möchte. Das führt nur zu einem weiteren Rückzug seinerseits.
- sollte ihm klar machen, dass sie gerne seine Meinung hören würde.

Der Mann hingegen

- sollte sich klar machen, dass sie ihm nur helfen möchte.
- sollte ihr zuhören, um ihre Lage und Sicht der Dinge zu verstehen. Damit beweist er ihr sein Vertrauen.
- sollte nicht erwarten, dass sie seine Lösung sofort ohne weitere Erklärungen akzeptiert.

Auch in Punkto Kritik unterscheiden sich Mann und Frau erheblich. Männer reagieren oft erst sehr spät, »wenn das Kind bereits in den Brunnen gefallen ist«. Dann ist die Katastrophe aber schon da und die Folgen meist nicht mehr rückgängig zu machen.

Frauen wollen vorher helfend eingreifen und sind an ständigen Optimierungen interessiert, was vom anderen Geschlecht aber oft als Besserwisserei, Nörgeln oder Meckern aufgefasst wird. Er hat ja schon seine Lösung. Sie möchte etwas dagegen lieber erst ausdiskutieren und ist auch eher dazu bereit, sich im sozialen Bereich oder auch auf Gebieten wie Wirtschaft und Umweltschutz zu engagieren. Der Mann möchte sein Streben nach Einfluss und Macht lieber im politischen Bereich ausleben.

Die Kritik von Männern fällt im Übrigen im Ernstfall viel vernichtender aus als beim anderen Geschlecht, denn hier geht es im Wesentlichen darum, andere auszustechen. Machtkämpfen weichen sie nicht aus. Manchmal halten sie sich allerdings auch bedeckt, wenn sie sich nicht viel davon versprechen. Frauen sind offener und auch eher zu Kompromissen bereit.

Männer interessieren sich oft erst dafür, wie etwas funktioniert, wenn es seinen Geist aufgegeben hat. Frauen wollen bereits im Vorfeld wissen, warum und wie es funktioniert.

Berücksichtigt man die geschlechtsspezifisch bedingten Unterschiede, kann man Dinge auch einmal aus einem anderen Blickwinkel sehen und neigt nicht so sehr zu Vorurteilen und Fehlinterpretationen. Leider sind schon sehr viele Ehen an der Missachtung der oben genannten einfachen Gebote gescheitert. Jeder Partner betrachtet eine Situation nur von seinem, vermeintlich objektiven, Standpunkt und lässt dabei außer Acht, dass der andere womöglich ein ganz anderes Weltbild hat, das ihn anders fühlen und agieren lässt. Es werden nur die eigenen Erfahrungen und Erkenntnisse berücksichtigt.

Im Nebeneinander der beiden Geschlechter kommt es daher immer wieder zu Reibereien. Bei zwei Geschäftspartnern kann es dann passieren, dass aneinander vorbeigeredet wird. Während er die Initiative an sich reißt und sofort zur Sache kommen will (seine Problemlösungsstrategie), möchte sie erst ausführliche Informationen und Beratung. Er kann dann aber kein Vertrauensverhältnis aufbauen, da er denkt, dass sie ihm nicht glaubt, und ihr ergeht es ähnlich, da er ihr die gewünschten Daten nicht liefern will und nicht zum Gedankenaustausch bereit ist. So kann keine dauerhafte Beziehung aufgebaut werden! Hier sollten sich beide Seiten daher entgegengehen und in der Mitte treffen.

Zusammenfassend kann man also sagen, dass

- ↳ es Männern bei der Kommunikation mehr auf die Präsentation von Informationen und Lösungsmöglichkeiten ankommt. Daher sind sie auch eher an dinglichen und materiellen Aspekten interessiert, weniger an Beziehungen. Sie reden immer »Klartext«, verletzten dadurch aber auch oft die Gefühle anderer.
- ↳ bei Frauen die persönliche Beziehung im Vordergrund steht. Daher stehen auch oft Menschen im Mittelpunkt ihrer Gespräche. Sie wollen gerne über ihre Gefühle sprechen, was von ihren männlichen Partnern dann als wenig sachlich erachtet wird. Oft werden ihre Aussagen erst gar nicht richtig verstanden. Auch stellen Frauen mehr Fragen als Männer.

Übungen und Aufgaben

Wortschatz I

An das Ihnen sicher bekannte »Stadt – Land – Fluss« angelehnt ist das folgende Quiz: Fällt Ihnen zu jedem Anfangsbuchstaben ein Haustier ein? Überlegen Sie gründlich, bevor Sie aufgeben!

A ____________ N ____________
B ____________ O ____________
C ____________ P ____________
D ____________ Q ____________
E ____________ R ____________
F ____________ S ____________
G ____________ T ____________
H ____________ U ____________
I ____________ V ____________
J ____________ W ____________
K ____________ X ____________
L ____________ Y ____________
M ____________ Z ____________

Und nun das ganze nochmals, aber diesmal sollen Sie Vornamen finden!

A ____________ N ____________
B ____________ O ____________
C ____________ P ____________
D ____________ Q ____________
E ____________ R ____________
F ____________ S ____________
G ____________ T ____________
H ____________ U ____________
I ____________ V ____________
J ____________ W ____________
K ____________ X ____________
L ____________ Y ____________
M ____________ Z ____________

Sicher fallen Ihnen noch weitere Bereiche ein, mit denen Sie sich und andere testen können.

Wortschatz II Lösungen auf S. 228

Kennen Sie die Erklärung für die folgenden Begriffe?

a Absence ______
b Bukolik ______
c Carpaccio ______
d Drudenfuß ______
e Emphysem ______
f Fakir ______
g Genotyp ______
h Hazienda ______
i Insubordination ______
j jovial ______
k Kambrium ______
l Lomé ______
m Marabu ______
n Nomenklatur ______
o obstinat ______
p Purgatorium ______
q Quipu ______
r Ragtime ______
s Sumo ______
t Tantra ______
u Unikat ______
v vulgär ______
w Waadt ______
x Xanthophyll ______
y Yin ______
z Zyklop ______

Wenn Sie größere Schwierigkeiten beim Lösen dieser Aufgaben hatten, sollten Sie mal daran denken, ein ähnliches Quiz in geselliger Runde durchzuführen. Sie benötigen dazu nur einen »Quizmaster«. Dieser sucht dann aus einem Wörterbuch weniger bekannte Begriffe heraus und gibt eventuell auch mehrere mögliche Erklärungen vor. Dieses Spiel eignet sich mit entsprechender Vorbereitung übrigens auch für fast jede Art von Feiern! So erweitern Sie spielerisch Ihren Wortschatz.

Wortschatz III

Finden Sie zu jedem angegebenen Wort einige bedeutungsgleiche oder -ähnliche Varianten. Groß könnte z.B. durch riesig, gigantisch, gewaltig usw. ersetzt werden.

Diese Übung schult Ihr Ausdrucksvermögen. Sie sind nicht mehr gezwungen, immer dieselben Begriffe zu verwenden, was bekanntlich stilistisch nicht besonders gut ankommt. Testen Sie sich daher immer wieder mit anderen Wörtern.

a Käse ______

b Disposition ______

c Zufall ______

d Leiter ______

e U-Boot ______

f Aushang ______

g Papierkorb ______

h Xylophon ______

i Lager ______

j Hecke ______

k Urteil ______

l Mode ______

m Haushalt ______

n Frage ______

o Wohnmobil ______

p Fuchs ______

q Viertel ______

r Kooperation ______

s Zypern ______

t Büffel ______

u Service ______

v Wohngemeinschaft ______

w Baustelle ______

x New York ______

y lernen ______

z Eis ______

Wenn Sie dauerhaft an Ihrem Wortschatz arbeiten, erhalten Sie automatisch ein größeres Repertoire. Wussten Sie übrigens, dass der Durchschnittsmensch von den ca. eine halbe Million Wörtern, die im deutschen Sprachraum vorkommen, nur etwa 50 000 versteht und nur etwa 5000 davon aktiv verwendet?

Rechtschreibung I Lösung auf S. 228

Wenn Sie sich schriftlich ausdrücken wollen oder müssen, spielt auch die Rechtschreibung eine nicht unwichtige Rolle.

Lesen Sie den Text über den Niederländer Christiaan Huygens. Finden und unterstreichen Sie die 20 Fehler, die nach (neuer) deutscher Rechtschreibung darin enthalten sind!

»Der niedarländische Astronom, Mathematiker, Physicker und Uhrenbauer wurde 1629 in Den Hag geboren. Später studierte er Jura und Mathematik. Danach lebte er er zunächst zurück gezogen und arbeitete als Privatgeleerter. Seine zahlreichen Erfindungen und Entdeckungen führten dazo, das er 1666 an die Pariser Akademi der Wissenschaften berufen wurde.

Eines seiner Haupttätgkeitsfelder war die Optik. Er formulierte u. a. die Wählentheorie des Lichts. Außerdem entwickelte er eine neue Methode zum Schlafen und Polieren von Linsen, die es erlaubte, Telescope mit einer höheren Tränschärfe zu konstruieren, was wiederum zur ersten detaillierten Beschreibung der Satuhrnringe führte. 1678 entdeckte er die Polarisation des Lichts.

Von ihm stammt auch die Pendelur und die Theorie von der Länge des Pendels und der Schwinkungsdauer. Ebenso berechnete er die Zentrifugallkraft bei der Kreisbewegung. Diese Kenntnisse benützte später der englische Phisiker Sir Isaac Newton bei der Vormulierung des Gravitationsgesetzes.«

Rechtschreibung II Lösung auf S. 229

Hier blicken wir auf eine der ältesten bekannten Musikrichtungen zurück, nämlich auf den Gregorianischen Choral.

Finden und unterstreichen Sie die 20 Fehler, die nach (neuer) deutscher Rechtschreibung im Text enthalten sind!

»Dieser einstiimige lateinische Gesang wird ihmer noch in der Liturgie der römisch-kartholischen Kirche verwendet. Benannt ist er nach Pabst Gregor I., der die Melodien um etwa 600 nach Christud gesammelt haben soll. Bereits zu diesem Zeitpunkt hatten sich verschiedene Stielrichtungen entwickelt, von dänen sich aber nur die meyländische oder ambrosianische bis heute erhalten hat.

Pipping und Karl der Grosse bemühten sich nach der Eroberung des Frankenreichs, eine einheitliche Stilrichtung zu entwickeln. Die Bezeichnug »Gregorianisch« dafür taugte aber erst etwa 100 Jahre späther auf und die ersten schriftlichen Aufzeichnungen ließen noch länger auf sich waten. Vorher war allein die Interpunktion aber auch die VOrtragsweise entscheidend gewesen. In Rom gab es aber bald Sängerschulden, die zum Vorbild für ganz Europa wurden.

Nicht alle Gregorianischen Choreele sind übrigens so alt. Einiger wurden erst später kompostiert oder erweitert. Heute kent man etwa 3000 Melodien.«

Anagramme I

Lösungen auf S. 229

sind Buchstabengebilde, aus denen sich durch Umstellen »echte« Wörter bilden lassen. Sie dürfen aber nur die vorgegebenen Buchstaben verwenden, z. B. LSTU = LUST. Versuchen Sie nun, auch die folgenden Gefühlszustände zu entschlüsseln:

a	MTU	___________	**g**	EEGGNRRU	___________
b	LOSTZ	___________	**h**	FFGHNNOU	___________
c	AGNST	___________	**i**	CEHHNSSTU	___________
d	BEEIL	___________	**j**	AEEIIKMNST	___________
e	AERRTU	___________	**k**	AABDEIKKNRT	___________
f	CFHRTU	___________	**l**	EEFGILNRUVWZ	___________

Anagramme II

Lösungen auf S. 229

Im zweiten Teil geht es um Bauwerke wie z. B. MRTU = TURM.

a	ORT	___________	**g**	CEHLSU	___________
b	AHSU	___________	**h**	CHLOSSS	___________
c	AILLV	___________	**i**	AAHRSTU	___________
d	CEHIKR	___________	**j**	BENNNRU	___________
e	EELMPT	___________	**k**	ABFHHNO	___________
f	EMMSUU	___________	**l**	AACDHIRSTTV	___________

Spaßwörter

Lösungen auf S. 229

Hier werden bekannte Begriffe einmal anders auf humorvolle Weise umschrieben. Als Hilfestellung sind einige Buchstaben vorgegeben.

a	Werkzeug, das Tipps gibt	V__r__ __ __l__gh__mm__ __
b	Geldinstitut im Freien	Pa__ __ __ a__k
c	Hinweis auf ein Säugetier	M__u__z__ __ger
d	kostenloses Postgut	Fr__ __br__ __ __

e	Wert eines Erdtrabanten	M_ _ _p_e_s
f	Appetit auf warme Speisen	He_ _ _u_g_r
g	Kampf zwischen Bettzeug	Ki_ _e_sch_ _ _ _t
h	gasförmige Waffe	L_f_g_w_ _ _
i	schlaues Ungeheuer	In_ _ _li_ _ _ _be_ _i_
j	unbekleidetes Kriechtier	_ac_ _sch_ _ck_
k	Foto eines Unsichtbaren	P_a_ _omb_ _ _
l	essbarer Fußballspielzug	_a_a_e_fl_ _k_

Synonyme Lösungen auf S. 230

Die folgenden Adjektive lassen sich in sechs Gruppen mit je vier bedeutungsgleichen oder -ähnlichen Begriffen einteilen. Schreiben Sie zur Kennzeichnung eine Zahl dahinter.
Ein Begriff passt zu keiner der Gruppen. Welcher ist es?

anstrengend	erschwinglich	komisch	nass	tapfer
beherzt	feucht	kühn	preiswert	witzig
beschwerlich	günstig	lustig	raffiniert	schwierig
billig	humid	mühselig	schlau	spaßhaft
clever	intelligent	mutig	strapaziös	sumpfig

Antonyme Lösungen auf S. 230

Suchen Sie zu jedem Wort aus dem ersten Textfeld das Gegenteil im zweiten. Schreiben Sie zur Kennzeichnung den entsprechenden Buchstaben in das Kästchen hinter dem ersten Begriff.

1	hübsch	**6**	fertig	**a**	anstrengend	**f**	widerlich
2	verrückt	**7**	richtig	**b**	normal	**g**	hässlich
3	mutig	**8**	leicht	**c**	zuletzt	**h**	unvollendet
4	köstlich	**9**	anfänglich	**d**	sauber	**i**	falsch
5	rational	**10**	dreckig	**e**	ängstlich	**j**	emotional

Oberbegriffe Lösungen auf S. 230

Schreiben Sie über jede Spalte einen passenden Oberbegriff!

1. ______	2 ______	3 ______	4 ______
Regen	Hund	Berlin	Rigatoni
Sonne	Katze	London	Spaghetti
Gewitter	Wal	Paris	Spätzle
Nebel	Schimpanse	Budapest	Klöße
Sturm	Wolf	Kopenhagen	Dampfnudeln

Analogien I Lösungen auf S. 230

Finden Sie den Zusammenhang zwischen dem ersten und dem zweiten Wort!

1 Feuer zu Wassergraben wie Flut zu	a Ebbe	b Deich	c Schlamm	d Regen
2 Klinik zu Arzt wie Altenheim zu	a Pfleger	b Senior	c Besucher	d Monteur
3 Wetter zu Wind wie Gefühl zu	a Emotion	b Liebe	c Stimmung	d Leben
4 Chaos zu Aufräumen wie Glätte zu	a Streuen	b Salz	c Sand	d Rutschen
5 Laufen zu Rennen wie Fahren zu	a Gleiten	b Rasen	c Schleichen	d Hupen
6 Luft zu Lunge wie Nahrung zu	a Speiseröhre	b Niere	c Leber	d Magen
7 Heft zu Seite wie Wasser zu	a Tropfen	b Regen	c Meer	d Eis
8 kurz zu lang wie klein zu	a riesig	b gigantisch	c unfassbar	d groß

Analogien II Lösungen auf S. 230

Auch hier ist nochmals die passende Verbindung herzustellen.

1 Waschmaschine zu Strom wie Auto zu	a Batterie	b Öl	c Benzin	d Fahrer
2 unten zu oben wie hinten zu	a vorne	b rechts	c links	d drüben
3 Abfall zu Eimer wie Benzin zu	a Auto	b Kanne	c Kanister	d Ofen
4 Katze zu Maus wie Grizzlybär zu	a Adler	b Hase	c Speck	d Lachs
5 Laufen zu Rennen wie Fahren zu	a Gleiten	b Rasen	c Schleichen	d Hupen
6 Pferd zu Fohlen wie Schaf zu	a Kalb	b Lamm	c Ziege	d Widder
7 Sonne zu Erde wie Erde zu	a Kontinent	b Erdkern	c Meer	d Mond
8 Mathematik zu Physik wie Kunst zu	a Musik	b Sport	c Biologie	d Latein

Wortschatz II

a kurzzeitige Bewusstseinstrübung
b Hirtendichtung
c kalte Speise aus rohen, dünn geschnittenen Zutaten
d Zeichen gegen Zauberei, Pentagramm
e Luftansammlung im Gewebe
f Büßer, Asket, Zauberkünstler
g Gesamtheit der Erbfaktoren eines Lebewesens
h südamerikanische Farm
i mangelnde Unterordnung; Ungehorsam
j leutselig, gönnerhaft
k (geol.) älteste Stufe des Paläozoikums
l Hauptstadt von Togo
m ein Storchvogel
n System von (wissenschaftlichen) Fachausdrücken
o starrsinnig, widerspenstig
p Fegefeuer
q Knotenschrift der Inkas
r afroamerikanischer Stil populärer Klaviermusik
s eine japanische Form des Ringkampfes
t Lehre einer religiösen Strömung in Indien
u einzige Ausfertigung
v gewöhnlich, gemein, niedrig
w schweizer Kanton
x gelber Pflanzenfarbstoff
y weibliches Prinzip in der chinesischen Philosophie
z einäugiger Riese der griechischen Sage

Rechtschreibung I

So muss der Text richtig lauten:

Der **niederländische** Astronom, Mathematiker, **Physiker** und Uhrenbauer wurde 1629 in Den **Haag** geboren. Später studierte er ~~er~~ Jura und Mathematik. Danach lebte er er zunächst **zurückgezogen** und arbeitete als **Privatgelehrter**. Seine zahlreichen Erfindungen und Entdeckungen führten **dazu, dass** er 1666 an die Pariser **Akademie** der Wissenschaften berufen wurde.
Eines seiner **Haupttätigkeitsfelder** war die Optik. Er formulierte u. a. die **Wellentheorie** des Lichts. Außerdem entwickelte er eine neue Methode zum

Schleifen und Polieren von Linsen, die es erlaubte, **Teleskope** mit einer höheren **Trennschärfe** zu konstruieren, was wiederum zur ersten detaillierten Beschreibung der **Saturnringe** führte. 1678 entdeckte er die Polarisation des Lichts.

Von ihm stammt auch die **Pendeluhr** und die Theorie von der Länge des Pendels und der **Schwingungsdauer**. Ebenso berechnete er die **Zentrifugalkraft** bei der Kreisbewegung. Diese Kenntnisse benützte später der englische **Physiker** Sir Isaac Newton bei der **Formulierung** des Gravitationsgesetzes.

Rechtschreibung II

So schaut der Text richtig aus:

Dieser **einstimmige** lateinische Gesang wird **immer** noch in der Liturgie der römisch-**katholischen** Kirche verwendet. Benannt ist er nach **Papst** Gregor I., der die Melodien um etwa 600 nach **Christus** gesammelt haben soll. Bereits zu diesem Zeitpunkt hatten sich verschiedene **Stilrichtungen** entwickelt, von **denen** sich aber nur die **mailändische** oder ambrosianische bis heute erhalten hat.

Pippin und Karl der **Große** bemühten sich nach der Eroberung des Frankenreichs, eine einheitliche Stilrichtung zu entwickeln. Die **Bezeichnung** »Gregorianisch« dafür **tauchte** aber erst etwa 100 Jahre **später** auf und die ersten schriftlichen Aufzeichnungen ließen noch länger auf sich **warten**. Vorher war allein die Interpunktion aber auch die **Vortragsweise** entscheidend gewesen. In Rom gab es aber bald **Sängerschulen**, die zum Vorbild für ganz Europa wurden.

Nicht alle Gregorianischen **Choräle** sind übrigens so alt. **Einige** wurden erst später **komponiert** oder erweitert. Heute **kennt** man etwa 3000 Melodien.

Anagramme I

a Mut **b** Stolz **c** Angst **d** Liebe **e** Trauer **f** Furcht **g** Erregung;
h Hoffnung **i** Sehnsucht **j** Einsamkeit **k** Dankbarkeit **l** Verzweiflung

Anagramme II

a Tor **b** Haus **c** Villa **d** Kirche **e** Tempel **f** Museum **g** Schule
h Schloss **i** Rathaus **j** Brunnen **k** Bahnhof **l** Stadtarchiv

Spaßwörter

a Vorschlaghammer **b** Parkbank **c** Mauszeiger **d** Freibrief **e** Mondpreis
f Heißhunger **g** Kissenschlacht **h** Luftgewehr **i** Intelligenzbestie
j Nacktschnecke **k** Phantombild **l** Bananenflanke

Synonyme

Gruppe 1: clever, schlau, intelligent, raffiniert
Gruppe 2: preiswert, billig, günstig, erschwinglich
Gruppe 3: komisch, lustig, witzig, spaßhaft
Gruppe 4: anstrengend, strapaziös, mühselig, beschwerlich
Gruppe 5: nass, feucht, humid, sumpfig
Gruppe 6: mutig, tapfer, beherzt, kühn

»Schwierig« lässt sich keiner der Gruppen zuordnen. Hiermit wird keine Anstrengung beschrieben.

Antonyme

1 g, 2 b, 3 e, 4 f, 5 j, 6 h, 7 i, 8 a, 9 c, 10 d

Oberbegriffe

1 Wetter, **2** Säugetiere, **3** Europäische Hauptstädte, **4** Teigwaren

Analogien I

1 b, denn mit einem Deich schützt man sich vor der Flut
2 a, denn im Altenheim arbeiten Pfleger
3 b, denn Liebe ist ein Gefühl
4 a, denn bei Glätte sollte man streuen
5 b, denn Rasen ist die beschleunigte Form des Fahrens
6 d, denn die Nahrung wird im Magen (und Darm) aufgenommen
7 a, denn der Tropfen ist ein Teil des Wassers
8 d, denn groß ist das Gegenteil von klein

Analogien II

1 c, denn der Antrieb des Autos erfolgt mit Benzin
2 a, denn vorne ist das Gegenteil
3 c, denn Benzin füllt man in einen Kanister
4 d, denn der Grizzlybär jagt Lachse zur Ernährung
5 b, denn Rasen ist die beschleunigte Form des Fahrens
6 b, denn ein junges Schaf wird auch Lamm genannt
7 d, denn die Erde wird vom Mond umkreist
8 a, denn Kunst wie Musik kommen aus dem selben Bereich (Kreative Schulfächer)

Tangram-Lösung der Aufgabe von S. 185 aus dem Kapitel »Räumliches Vorstellungsvermögen«

Drudel-Lösung der Aufgabe von S. 204 aus dem Kapitel »Kreativität und Originalität«

Tja, bei
a wurde wohl gerade die Wand frisch gestrichen, bei
b ist der Billardtisch doch reichlich klein geraten und
c könnte das Gesicht eines Roboters sein. Kein Wunder zudem, dass in
c der schiefe Stuhl in umgekippt ist! In
e ist der seltsame Zebrastreifen in ebenso wenig das Wahre wie in
f die Propellerkonstruktion.

Selbstverständlich ist bei dieser Art von Tests aber auch jede andere Lösung zulässig.

UMSETZUNG

»Wirkliches Lernen bedeutet, imstande zu sein, Bekanntes auf verschiedene Arten ausführen zu können.«
(Moshe Feldenkrais)

Zusammenhang zwischen Intelligenz und Erfolg

Was bringt es mir persönlich, intelligent zu sein und mich geistig fit zu halten?

Wenn man aufgeweckt durchs Leben geht, ist das sicherlich von entscheidendem Vorteil. Man erkennt leichter und schneller die vielen Möglichkeiten, die sich einem ständig bieten. Und man verfügt über das Potential, diese auch konsequent zu nutzen. Insgesamt betrachtet hat man es einfacher, etwas aus sich zu machen.

Andererseits genügt es nicht, ein heller Kopf zu sein. Denn niemand ist gezwungen, sein ganz individuelles Potential auch zum Einsatz zu bringen, wenn ihm die Gründe dazu fehlen. Doch jeder Mensch strebt danach, ein glückliches und zufriedenes Leben zu führen. Das in Verbindung mit dem ebenfalls recht abstrakten Begriff »Erfolg« führt aber oft dazu, dass man seinen eigenen Weg nicht erkennt und stattdessen Dinge tut, die einem im Nachhinein betrachtet nicht die erhoffte Befriedigung verschafft haben. Man möchte eigentlich bereits vorher erkennen, was einem besonderen Spaß bereitet und sich darauf konzentrieren, um Irrwege zu vermeiden. So kann der persönliche Erfolg viel eher erreicht werden.

Was aber ist Erfolg überhaupt? Ich will Erfolg mal als die Möglichkeit bezeichnen, ein ausgeglichenes, zufriedenstellendes und glückliches Leben im eigenen Sinne führen zu können. Ihre persönliche Definition mag davon abweichen.

Erfolg ist somit nichts Objektives, denn was der eine als solchen betrachtet, erachtet ein anderer als völlig wertlos. Jeder Mensch hat nämlich spezielle Wertvorstellungen. Darauf ist sein ganzes Streben und Handeln ausgerichtet. Gelingt dies, wird er sich als erfolgreich betrachten, falls nicht, fühlt er sich eventuell als Versager und büßt an Selbstvertrauen ein. Welche Bedeutung man nun dem Erfolg beimisst, bleibt einem selbst überlassen. Manch einer mag voll und ganz mit dem zufrieden sein, was er hat und ist und will nicht nach Höherem streben. Hat er damit seine Ziele schon erreicht? Möglicherweise hat er sich keine neuen und herausfordernden mehr gesetzt. Doch sollten wir dann negativ über so einen Menschen urteilen? Schließlich hat er auf seine Weise ja auch Erfolg gehabt ...

Viele sind jedoch noch nicht am Ziel ihrer Träume angekommen. Dann soll dieses Buch im Weiteren auch dabei helfen, das Leben in den Griff zu bekommen und Sie Ihren Wünschen ein schönes Stück näher zu bringen.

Ausschöpfung des vorhandenen Potentials

Wäre jeder Mensch mit den gleichen Fähigkeiten und Fertigkeiten in demselben Ausmaß ausgestattet, wäre es sehr einfach, allgemeine Ratschläge zu erteilen. Das ist Gott sei Dank nicht der Fall. So hat jeder die Chance, den ganz speziell für ihn vorgesehenen Platz im Leben zu finden, wo er sich am besten einbringen kann.

Allerdings verfügt nicht jedermann über die gleichen Voraussetzungen. Ob ihm hierbei die Erbmasse oder die spätere hormonelle, aber auch interessenbedingte Entwicklung (s. a. Kapitel »Intelligenz allgemein«) einen Streich gespielt hat, ist zunächst einmal völlig egal. Tatsache ist aber, auch wenn man den Intelligenzquotienten nicht als Maß aller Dinge betrachtet, dass sich manche Menschen in einigen Dingen einfach leichter tun, mit denen andere ihre liebe Not haben.

Die Natur hat hierzu aber gleich den passenden Ausgleich geschaffen: Man fühlt sich wohler bei dem, was man kennt und kann, als bei dem, worin man Schwierigkeiten hat. Das heißt aber keinesfalls, dass Sie sich auf nichts Ungewohntes einlassen sollen! Auch muss z. B. ein niedrigerer IQ nicht einmal ein Manko sein. Wie viele Prominente kennen Sie denn, die nicht gerade den intelligentesten Eindruck hinterlassen, aber dennoch clever genug sind, sich gut und teuer zu verkaufen? Das können auch Sie, wenn Sie nur wollen! Auch bei Ihnen gibt es genügend Bereiche, in denen Sie anderen überlegen sind.

Natürlich sollten Sie aber dennoch Ihr Grundvermögen ausbauen. Dabei bringt es mehr, sich auf bereits vorhandene Stärken zu stürzen, als nur Schwächen korrigieren zu wollen. Eine Person ohne Schwächen, die aber überall nur Mittelmaß ist, wird es wohl kaum zu etwas Besonderem bringen. Wenn Sie Ihre Stärken und Kenntnisse aber soweit ausbauen, dass man nicht mehr um Sie herumkommt, kann Ihnen dieser Expertenstatus eine Menge bescheren. Ich will hier nicht einmal direkt von Geld reden; Anerkennung und Lob können sehr viel mehr bedeuten. Und das Gefühl, gebraucht zu werden, ist auch kein schlechtes! Ihre noch vorhandenen Schwächen lassen Sie dann nur noch menschlicher erscheinen.

Wie sollen Sie nun aber im Einzelnen vorgehen, um dorthin zu kommen? Eine wesentliche Hilfestellung bietet bereits dieses Buch, denn mit den enthaltenen Spielen, Übungen und Aufgaben können Sie ein regelmäßiges Training absolvieren, um Ihr Optimum zu erreichen, anzuheben und aufrechtzuerhalten. Damit fällt es Ihnen dann bestimmt leichter, herauszufinden, wo es Sie hinzieht und welche Eigenschaften Sie gegenüber anderen auszeichnen. Auch werden Sie geradezu mit der Nase auf die Dinge stoßen, welche Ihnen in hohem Maße liegen und Freude bereiten. Damit haben Sie auch die nötige Motivation, etwas Neues in Angriff zu nehmen und es gegen alle Widerstände durchzuziehen.

Bedeutung von Erfolg

Wie bereits erwähnt, gibt es auch Personen, die mit sich im Reinen sind und daher wenig ändern möchten. Wie es bei Ihnen ausschaut, können Sie nur selber sagen.

Manch einer, dem sein Beruf über alles ging, musste später mit Bedauern feststellen, dass ihm die Familie oder ein ausgefülltes Privatleben mehr eingebracht hätte. Sein eigentliches Ziel war nur zweitrangig gewesen, diente es doch dazu, sich Ansehen und ein hohes Gehalt zu verschaffen. Beides kam jedoch kaum zum Einsatz und war daher »für die Katz«. Oder einfacher ausgedrückt: Wer nur Zeit darauf verwendet, Geld zu verdienen, wird es überhaupt nicht ausgeben können! Sie sollten auf jeden Fall immer darauf bedacht sein, zwischen allem, was Sie tun, den nötigen Ausgleich herzustellen. In der Folge wird es auch darum gehen, Wesentliches von Unwesentlichem sowie Ziele und Mittel unterscheiden zu können.

Ermitteln der persönlichen Werte

Nichts beeinflusst unser Denken und Handeln mehr als unsere persönlichen Wertvorstellungen, weil diese im Unterbewusstsein verankert sind. Und alles, was wir sind und werden wollen, wird auf diese Weise gesteuert. Leider laufen dort aber oft die falschen Programme ab. Es gilt also herauszufinden, was hinter Ihrem Verhalten steckt, denn mehr als 90 Prozent unserer Vorgänge laufen automatisch ab.

Woher stammen diese Programme denn überhaupt? Als Kind haben wir eingebleut bekommen, was gut und was schlecht ist. Nicht selten wurden unsere Bemühungen belohnt, wenn Sie »der Norm« entsprachen, und bestraft, wenn wir gegen etwas verstoßen hatten. Das wurde so oft wiederholt, bis wir es »kapiert« hatten. Bekanntlich lernen wir im Verbund mit Gefühlen besonders gut, und so haben sich unsere Erkenntnisse von damals tief eingegraben. Auch später haben wir viele, manchmal leidvolle, manchmal freudige Erfahrungen gesammelt. Dabei spielten unsere Umgebung, aber auch Medien wie Fernsehen, Radio, Bücher, Zeitungen und Zeitschriften eine entscheidende Rolle. Da der Mensch darauf ausgerichtet ist, Schmerz zu vermeiden und Freude zu empfinden, haben sich »erfolgreiche« Verhaltensweisen besonders verinnerlicht. Quasi jede Entscheidung beruht, oft auch unbewusst, auf diesen unseren Werten und somit unserem Streben nach Glück. Jede unserer Entscheidungen wird im Allgemeinen von den negativen Erfahrungen dominiert, denn unser Unterbewusstsein ist vorrangig darauf ausgerichtet, leidvolle Emotionen zu vermeiden. Wenn sich ein Misserfolg stark eingeprägt hat, kann dies dazu führen, dass in ähnlicher Situation eine mentale Bremse auftritt, die Sie daran hindert, die Gelegenheit am Schopf zu packen. Das hält viele Menschen davon ab, Ihre wahren Ziele zu verwirklichen. Stehen diese in Konflikt zu Ihren Werten, werden Sie als gespaltene Persönlichkeit nie richtig glücklich werden. Sie müssen also Ihre Werte und Ziele in Einklang bringen.

Das Unterbewusstsein gleicht einem riesigen Wissensspeicher. Es verfügt jedoch über keinen Filter, sondern nimmt alle Erlebnisse, Gedanken und Gefühle auf. Darunter befindet sich aber auch Unerfreuliches. Zudem kann es nicht zwischen der Wirklichkeit und Ihren Vorstellungen unterscheiden. Da es immer danach trachtet, das zu verwirklichen, was ihm vorgesetzt wird, werden somit auch unangenehme Dinge realisiert. Es gilt also, ein gewisses Maß an »Gedankenhygiene« und Ordnung einzuhalten. Dadurch können Sie auch nachträglich wieder Ihr Unterbewusstsein säubern bzw. alte Erfahrungen durch neue ersetzen. Das ist der wahre Grund, weshalb Sie immer positiv denken, handeln und fühlen sollten. Denn nicht nur in diesem speziellen Moment werden Sie das als angenehmer empfinden, es begleitet Sie dann ein Leben lang. Das Unterbewusstsein und die darin abgelegten Werte stellen Ihren ganz persönlichen inneren Kompass dar. Das zeigt sich schon darin, dass Sie immer wesentlich mehr von dem wahrnehmen, was Sie interessiert oder worauf Sie gerade Ihr Hauptaugenmerk richten.

Ist der Mensch also in gewissem Sinne ein fremdgesteuertes Wesen? Ja und nein. Wenn Sie sich nicht darüber im Klaren sind, was Sie beeinflusst, können Sie dem natürlich auch nichts entgegensetzen. Es ist aber möglich, hinderliche Verhaltensweisen wieder abzulegen, wenn Ihnen diese bewusst sind. Ebenso problematisch ist es aber auch, wenn Sie über widersprüchliche Werte verfügen. Sie sind dann gerade bei Entscheidungen oft hin und her gerissen und können keine Wahl treffen. In solchen Fällen muss dann eine Priorisierung eingeführt werden, um handlungsfähig zu bleiben. Doch die meisten Menschen wissen ja noch nicht einmal, woher ihre Blockade rührt. Nun können Sie aber Ihre Werte nicht wie auf einem Computer abrufen und womöglich gar ausdrucken. Daher finden Sie auf der folgenden Seite eine größere Liste mit vielen Begriffen, die in Frage kommen. Lesen Sie sich diese durch und entscheiden Sie ruhig spontan und gefühlsmäßig, was bei Ihnen in Betracht kommt. Kreuzen Sie sich diese an.

☐ Abenteuer
☐ Abwechslung
☐ Achtsamkeit
☐ Alleinsein
☐ Anerkennung
☐ Arbeit
☐ Auffassungsgabe
☐ Aufgaben
☐ Ausdauer
☐ Ausgeglichenheit
☐ Autorität
☐ Begeisterung
☐ Behaglichkeit
☐ Beherrschung
☐ Bewusstsein
☐ Beziehungen
☐ Bildung
☐ Charakter
☐ Charisma
☐ Dankbarkeit
☐ Denken
☐ Disziplin
☐ Effektivität
☐ Ehre
☐ Ehrlichkeit
☐ Einfachheit
☐ Einfluss
☐ Einigkeit
☐ Emotionen
☐ Energie
☐ Entscheidungsfähigkeit
☐ Entschlossenheit
☐ Entspannung
☐ Entwicklung
☐ Erholung
☐ Familie
☐ Fleiß
☐ Flexibilität
☐ Freiheit
☐ Freundlichkeit
☐ Freundschaft
☐ Frieden
☐ Führung
☐ Geborgenheit
☐ Geduld
☐ Gelassenheit
☐ Geld
☐ Gemeinschaft
☐ Genuss
☐ Gerechtigkeit
☐ Geselligkeit
☐ Gesundheit
☐ Gewinn
☐ Gewissen
☐ Glaube
☐ Glaubhaftigkeit
☐ Glück
☐ Handeln
☐ Harmonie
☐ Herausforderung
☐ Hilfsbereitschaft
☐ Hingabe
☐ Höflichkeit
☐ Hoffnung
☐ Humor
☐ Identität
☐ Individualität
☐ Inspiration
☐ Integrität
☐ Intelligenz
☐ Intimsphäre
☐ Intuition
☐ Karriere
☐ Klarheit
☐ Kompetenz
☐ Können

☐ Kompromissbereitschaft
☐ Kontakte
☐ Kontrolle über andere
☐ Kontrolle über sich
☐ Kooperation
☐ Kraft
☐ Kreativität
☐ Kunst
☐ Lebensfreude
☐ Leistung
☐ Lernen
☐ Liebe
☐ Logik
☐ Loyalität
☐ Macht
☐ Meisterschaft
☐ Menschlichkeit
☐ Mitgefühl
☐ Mut
☐ Natur
☐ Neutralität
☐ Objektivität
☐ Offenheit
☐ Optimismus
☐ Ordnung
☐ Originalität
☐ Persönlichkeit
☐ Potential
☐ Pünktlichkeit
☐ Qualität
☐ Realismus
☐ Reichtum
☐ Religion
☐ Respekt
☐ Risikobereitschaft
☐ Rückbesinnung
☐ Ruf
☐ Ruhm
☐ Sachkenntnis
☐ Schnelligkeit
☐ Schönheit
☐ Seele
☐ Selbstachtung
☐ Selbstbewusstsein
☐ Selbstverwirklichung
☐ Selbstwertgefühl
☐ Sexualität
☐ Sicherheit
☐ Sparsamkeit
☐ Spaß
☐ Spielen
☐ Spiritualität
☐ Stärke
☐ Status
☐ Stil
☐ Teilen
☐ Toleranz
☐ Tradition
☐ Umwelt
☐ Verantwortung
☐ Verstand
☐ Verständnis
☐ Vertrauen
☐ Wachstum
☐ Wahrheit
☐ Weisheit
☐ Wettbewerb
☐ Willensstärke
☐ Wissen
☐ Zärtlichkeit
☐ Zeitlosigkeit
☐ Zivilcourage
☐ Zufriedenheit
☐ Zurückgezogenheit
☐ Zuverlässigkeit

Im zweiten Durchgang picken Sie dann die zehn für Sie wichtigsten heraus und bringen diese in eine feste Reihenfolge. Dabei dürfen Sie sich gerne etwas Zeit lassen, wenn Sie so etwas zum ersten Mal machen.

Danach gilt es noch einmal dicht aufeinanderfolgende Werte miteinander zu vergleichen. Wo entdecken Sie Widersprüche? Wenn z. B. einerseits beruflicher Aufstieg und andererseits Familie von höchster Wichtigkeit für Sie sind, müssen Sie wohl oder übel Abstriche bei dem einen oder anderen Punkt in Kauf nehmen. Möchte Sie Ihr Chef mit einem verantwortungsvollen aber zeitintensiven Projekt betreuen und Sie haben aber bereits einen Urlaub mit Ihren Liebsten geplant, was dann? Alles können Sie nicht unter einen Hut bringen.

Diese Art von Konflikten kommt bei vielen Menschen vor und verhindert ihre volle Entfaltung. Wer sich ständig in eine andere Richtung gezogen sieht, kommt auf die Dauer kaum von der Stelle. Wenn Sie sich jedoch langfristig etwas aufbauen wollen, müssen Sie dabei bleiben und dürfen nicht ständig etwas Neues beginnen.

Dies ist nur ein erstes kleines Erfolgsgeheimnis. In der Folge werde ich Ihnen noch eine Reihe weiterer Tipps und Regeln an die Hand geben, die auch Ihnen sicher helfen werden, Ihre Ziele zu erreichen.

Ziele und Zielsetzung

Wenn Sie Ihre Werte bestimmt und priorisiert haben, sind Sie der Selbsterkenntnis schon ein gutes Stück näher gekommen. Sie sind jetzt soweit, auch konkrete Planungen vornehmen zu können.

Konnten Sie in Ihren Werten einige Schwerpunkte entdecken? Sind Sie beispielsweise gerne mit anderen zusammen? Oder liegt Ihnen die persönliche Entwicklung besonders am Herzen? Sind Sie unternehmenslustig oder setzen Sie mehr auf das Bewährte? All dies und vieles mehr sind Anhaltspunkte, Hinweise, in welche Richtung es bei Ihnen gehen könnte. Damit sollten Sie nun etwa erkennen können, ob Ihr Leben im Gleichgewicht ist und Sie bereits nach Ihren Werten leben. Befriedigt Sie Ihr Beruf noch oder sollten Sie lieber etwas anderes machen? Unterliegen Sie zu vielen Zwängen und Verpflichtungen, die Ihren wahren Interessen im Wege stehen?

Beginnen Sie jetzt damit, einige konkrete Pläne für die Zukunft zu schmieden und auch hier zu notieren. Sie sollten sich aber zunächst völlig im Klaren darüber sein, dass Sie das Gewünschte wirklich wollen. Dann werden Sie auch einen Weg zur Realisierung finden, während ansonsten Ihre Chancen auf Erfolg gering sind. Diese ersten Schritte fügen Sie Ihrer Zielbeschreibung hinzu. Ihre Ziele sollten übrigens gar nicht einmal »realistisch« sein. Damit nehmen Sie sich zu viel Spielraum. Vielen momentan scheinbar noch in ferner Zukunft liegenden Zielen können Sie nämlich nach und nach näher kommen. Geben Sie sich also nur mit dem Besten zufrieden! Sie haben es verdient und wachsen damit auch als Person. Im Übrigen: Auch Rom wurde nicht an einem Tag erbaut! Fügen Sie dann auch jeweils einen Zeitrahmen, eventuell auch für die Erreichung von überschaubaren Teilzielen, hinzu. Dieser ist natürlich abhängig davon, wie stark und wie oft Sie sich engagieren können.

Zur Stärkung des Unterbewusstseins hat es sich bewährt, Ziele so zu formulieren, als wären diese bereits erreicht. Schreiben Sie sie so genau auf, wie es Ihnen möglich ist. Die bekannten W-Fragen (Wer? Was? Wo? Wann? usw.) sollten möglichst alle beantwortet werden. Und vergessen Sie auch nicht, ebenfalls Ihre dabei empfundenen Gefühle zu protokollieren. Diese haben mitunter die stärkste Wirkung auf das weitere Vorgehen. Ihr Ziel muss zu einem absoluten Muss für Sie werden! Das verlangt einen starken Grund, der ebenfalls in Ihre Beschreibung gehört. Damit haben Sie die besten Chancen auf Erfolg! Aber auch, wenn nicht alles in Erfüllung für Sie geht, wird die bewiesene Konsequenz Ihren weiteren Lebensweg begünstigen. Und auch der Weg kann ja ein durchaus lohnenswertes Ziel darstellen.

Es gibt noch einige weitere Punkte, welche Sie bei der Formulierung Ihrer Ziele unbedingt berücksichtigen sollten:

- Ist Ihr Ziel das eigentliche Ziel oder nur die Methode zur Erreichung desselben? Viele Menschen rennen einer Vorstellung hinterher, die Sie nicht wirklich zufrieden stellt. Überprüfen Sie daher genau, welches Ihr Endziel ist. Dieses ist fix; der Weg dorthin kann sich allerdings ändern. Sie nehmen sich zuviel Spielraum, wenn Sie sich hier vorher bereits zu genau festlegen. Außerdem wird der Blick auf Ihren Traum verstellt und führt nicht selten zu Ziellosigkeit. Notieren Sie als Ziel nur, was Sie wirklich und aus ganzem Herzen wollen!

- Besitzt Ihr Ziel Abhängigkeiten zu anderen Zielen? Beruflicher Aufstieg und mehr Zeit für die Familie können womöglich nicht gemeinsam erreicht werden. In solch einem Fall müssen Sie sich also überlegen, was Ihnen wichtiger ist. Berücksichtigen Sie zudem, wie sich Ihr Leben ändern wird. Müssen Sie liebgewonnene Gewohnheiten aufgeben? Wenn Sie mehr Schaden anrichten müssten, als Sie persönlich gewinnen, sollten Sie lieber darauf verzichten.

  Umgekehrt gibt es aber auch Ziele, die positiv zueinander korrelieren. Wenn wir mal beim beruflichen Aufstieg bleiben, so könnte das Treffen mit bereits erfolgreichen Unternehmern in Ihrer Branche Sie sicher beflügeln. Auch mehr für die Gesundheit tun zu wollen, ist in diesem Zusammenhang sicher produktiv, um den auf Sie zukommenden Anforderungen und Belastungen gewachsen zu sein. So können sich mehrere Ziele zu einem Komplex zusammenfinden, der leichter zu bewältigen ist als die isolierten Ziele allein.

- Jedes Ziel sollte Sie begeistern und dazu anspornen, alles Ihnen Mögliche zu tun, um es auch zu erreichen. Auch sollte es anspruchsvoll genug gewählt sein, dass Sie es nicht ganz ohne Anstrengung erreichen können, denn dadurch wachsen Sie auch als Mensch. Es sollte sich allerdings schon noch im Bereich des Möglichen bewegen. Verfallen Sie auf keinen Fall ins andere Extrem, zu kleine Ziele zu wählen. Dann werden Sie nie höhere und schwierigere Aufgaben in Angriff nehmen und erfolgreich abschließen können.

- Nur die Ziele sind wahre Ziele, die Sie auch selbst ohne Unterstützung erreichen können. Das heißt aber nicht, dass Sie fremde Hilfe ablehnen sollen, wenn Sie sie angeboten bekommen. Nur sollten Sie sich nicht von Anderen abhängig machen. Behalten Sie das Steuerrad lieber selbst fest in der Hand! Leider kommt es oft genug vor, dass Sie gerade von Personen, denen Sie voll vertraut haben, enttäucht werden. Das kann sich dann sehr nachteilig auf Ihre Zukunft auswirken und zur Resignation oder Aufgabe führen.

- Ziele im Konjunktiv mit »könnte«, »wäre«, »würde« usw. oder Adjektiven wie »vielleicht«, »eigentlich« u. Ä. geben Ihnen keine exakte Handlungsanweisung vor. Deswegen werden Sie auch oft nicht realisiert. Geben Sie sich lieber keine Möglichkeit für Ausreden, wenn Ihnen das Erreichen wirklich am Herz liegt.

- In einer sich schnell verändernden Welt kann es nicht ausbleiben, dass Sie auch Ihre Ziele gelegentlich anpassen oder ganz neu definieren müssen. Sie können natürlich in regelmäßigen Abständen eine Überprüfung vornehmen, verpassen dann aber möglicherweise einen günstigen Zeitpunkt. Besser ist es, wenn Sie flexibel bleiben und ständig beobachten, wie sich die Dinge entwickeln, um schnell eingreifen zu können. Schrecken Sie dabei auch nicht vor Konsequenzen zurück! Es mag schmerzvoll sein, eine Idee aufgeben zu müssen, doch seien Sie nicht deren Sklave, wenn alles gegen Sie läuft. Dann ist es Zeit zum Umdenken. Und streichen Sie auch Ziele, wenn sie keine Bedeutung mehr für Sie haben.

Ziel Nr. ____:

Ziel Nr. ____:

Ziel Nr. ____:

Ziel Nr. ____:

Ziel Nr. ____:

Ziel Nr. ____:

Reicht Ihnen die vorhergehende Seite nicht, können Sie sich gerne Kopien anfertigen. Notieren Sie zunächst aber nur Ihre größeren Ziele. Wenn Sie sich zu sehr in Kleinigkeiten verzetteln, sind Sie nur am Ende selbst der Leidtragende. Mehr als zehn bis fünfzehn Ziele sind nicht sinnvoll. Diese können Sie natürlich noch aufgliedern. Das könnte für »persönliche Entwicklung« dann beispielsweise so aussehen:

Beispiel

Ziel: persönliche Entwicklung

Ich widme mich bereits seit einiger Zeit verstärkt meiner Weiterentwicklung und Fortbildung. Dazu besuche ich für ein halbes Jahr einen Fortgeschrittenenkurs für Englisch an der Volkshochschule. Außerdem freue ich mich bereits auf das Wochenendseminar in Rhetorik, das in den nächsten Wochen ansteht. Damit kann ich meine sprachlichen Fähigkeiten allgemein aufbessern, um überzeugender argumentieren zu können. Auch lese ich jeden Monat zumindest ein Buch, das mich anregt und motiviert. Manchmal handelt es sich um eine Biografie, manchmal ist es ein Fachbuch. Es muss aus keinem bestimmten Gebiet stammen, denn ich bin vielseitig interessiert. Mit meinen neuen Kenntnissen und Fähigkeiten habe ich dann die besten Voraussetzungen, entweder in den nächsten zwei Jahren in der Firma eine Führungsposition einzunehmen oder mich komplett selbständig zu machen.

Jedes Ziel sollte also eine möglichst detaillierte Beschreibung und einen Zeitplan enthalten. Nur dadurch wird es kontrollierbar. Wenn Sie eine Entscheidung immer wieder hinauszögern, werden Sie nie dort ankommen, wo Sie hin möchten.

Auch eine Aufteilung in überschaubare Teilziele hilft bei der Kontrolle. Zudem spornt es Sie immer wieder aufs Neue an, wenn Sie merken, dass Sie vorankommen. Überprüfen Sie auch in regelmäßigen Abständen, ob Sie noch im Zeitplan sind. Unvorhersehbare Ereignisse sollten in geringem Ausmaß immer einkalkuliert werden. Wenn Sie sich selbst gar keine Chance geben, das Ziel zu erreichen, werden Sie es auch früh wieder aufgeben. Mit kluger Planung können Sie dagegen vieles erreichen, von dem Sie bisher immer nur zu träumen wagten.

Zum Schluss möchte ich Ihnen noch eines mit auf den Weg geben: Nur wenn Sie auch klare Langfristziele haben, werden Sie die vielen Gelegenheiten und Chancen am Wegrand wahrnehmen, die Sie schneller voranbringen. Sonst sind Sie dagegen von Zufällen und dem, was andere für Sie vorgesehen haben, abhängig. Und das kann doch sicher nicht in Ihrer Absicht liegen, oder? Schaffen Sie sich die Welt, in der Sie leben wollen, lieber selbst.

Erfolgsfaktoren

In diesem Abschnitt werden nun noch einige besondere Erfolgsfaktoren betrachtet, auf die bisher nicht eingegangen wurde. Über Themen wie »Emotionale Intelligenz« , »Kreativität« usw., die selbstverständlich auch wichtig sind, erfahren Sie mehr an anderen Stellen in diesem Buch.

Die folgende Aufzählung ist sicherlich persönlich geprägt und erhebt auch keinerlei Anspruch auf Vollständigkeit. Zudem ist den Punkten individuell eine unterschiedliche Gewichtung beizumessen, die nicht der Reihenfolge der Aufzählung entsprechen muss. Dennoch werden Sie Bereiche finden, die auch für Sie von Bedeutung sind und in denen Sie noch Nachholbedarf haben. Sinnvoll ist es daher, jeden Tag ein wenig an diesen Schwächen zu arbeiten Doch nun im Einzelnen:

Positives Denken

An allererste Stelle möchte ich positives Denken, Selbstvertrauen und den Glauben an die eigenen Fähigkeiten stellen. Nur wer sich so akzeptiert, wie er ist, wird das maximal Mögliche aus sich heraus holen. Vertrauen Sie Ihren Fähigkeiten! Warum sollte etwas nicht klappen, obwohl Sie es sich mit ganzem Herzen wünschen und mit vollem Einsatz bei der Sache sind? Zweifel sind nicht angebracht. Wer nichts mit sich anzufangen weiß, wird nämlich auch dann nicht die Initiative ergreifen, wenn sich eine einmalige Gelegenheit ergibt.

Positives Denken heißt, dass man mit der Welt im Allgemeinen und sich im Besonderen bereits weitgehend zufrieden ist. Und auf dieser Basis sollte man eigentlich auch Erfolg definieren.

Leider fällt gerade positives Denken nicht immer so leicht. Hatten wir als Kind zum größten Teil damit nur wenige Probleme, so sind wir mit zunehmendem Alter kritischer, skeptischer und misstrauischer geworden. Aus unseren Erfahrungen »schlau« geworden, sehen wir als erstes einmal die Schwierigkeiten und weniger die schönen Dinge des Lebens. Doch dieses Verhältnis können Sie umkehren! Dazu müssen Sie sich lediglich immer wieder fragen, was denn nun das Positive an einer Sache ist, auch wenn Sie im ersten Moment nur Schattenseiten erkennen können. Denken Sie auch an all das, wofür Sie dankbar sein können. Viel zu oft nehmen wir Sachen wie unsere Gesundheit, Partnerschaft und Familie, einen sicheren Arbeitsplatz usw. als selbstverständlich hin. Wenn Sie Ihren Blickwinkel diesbezüglich nur ein wenig ändern, werden auch Sie wieder mehr von dem wahrnehmen, was Sie erfreut! Helfen, auch bei der Entspannung, kann Ihnen dabei Mentaltraining. Bücher und Kassetten hierzu finden Sie in ausreichender Anzahl im Handel.

Jeder Mensch ist einmalig. Also muss es irgendeinen Bereich geben, in dem auch Sie anderen klar überlegen sind. Diesen zu finden ist nicht ganz einfach. Wenn Sie sich aber überlegen, was Ihnen besonders viel Spaß macht, werden Sie sicher auf das eine oder andere stoßen. Hier ist also ein Ansatzpunkt gegeben, welchen es zu vertiefen gilt. Niemand von uns ist perfekt, und es wäre zumal ein völlig sinnloses Unterfangen, nach der absoluten Erfüllung zu suchen. Jedoch können wir uns immerhin näher herantasten. Sind Sie erst einmal weitgehend glücklich, erkennen Sie auch klar die nächsten Schritte vor Ihrem geistigen Auge.

Wenn Sie etwas anpacken, dann wollen Sie es richtig und nicht nur halb machen. Das wird Ihnen jedoch nicht gelingen, wenn Ihnen der notwendige Glaube fehlt. Vielmehr werden Sie dann beim ersten Problem die Flinte ins Korn werfen. Das soll nicht sein! Erinnern Sie sich doch einmal an Geschehnisse in der Vergangenheit, wo Ihnen etwas besonders gut gelungen ist. Lassen Sie die dabei empfundenen Emotionen wiederaufleben. Darauf können Sie stolz sein! Eigenlob stinkt, aber Sie können es ja auch nur im Geiste tun!

Selbstbewusstsein

Wenn Sie davon überzeugt sind, das Richtige zu tun, dürfen Sie ruhig auch für die Sache eintreten. Ohne Selbstbewusstsein und Selbstsicherheit werden Sie allerdings kaum jemanden überzeugen können. Ob Sie nun Gegenstände oder nur Ihre Ansichten verkaufen wollen, spielt dabei keine Rolle.

Nicht selten wird jemand, der allzu selbstsicher durch die Gegend läuft, als arrogant oder hochnäsig bezeichnet. Dies hindert uns immer wieder daran, unsere Forderungen mit Nachdruck zu vertreten. Doch wenn Sie sich etwas genau überlegt haben, ist es an der Zeit, damit herauszurücken. Die Meinung der anderen braucht Sie doch im Vorhinein nicht zu interessieren! Natürlich sollten Sie sich diese dennoch anhören. Wer es gut mit Ihnen meint, wird an Tipps und Verbesserungsvorschlägen nicht sparen. Diese können Sie dann ebenfalls miteinbeziehen.

Über ein gesundes Selbstbewusstsein verfügt leider nicht jeder Mensch. Dazu trägt schon unsere Erziehung in hohem Maße bei. Weder ein total antiautoritär erzogenes Kind noch ein nach konservativen Gesichtspunkten aufgewachsenes lernt je seine Grenzen kennen. Das Selbstbewusstsein wird aber immer dann größer, je mehr Hindernisse und Hürden aus eigner Kraft aus dem Weg geräumt werden konnten. Daher benötigt ein Kind zwar Freiräume, aber auch Grenzen, an denen es sich messen kann. Diese Geschehnisse prägen sich dann zeitlebens ein und bestimmen das weitere Denken, Handeln und Fühlen.

Ihren Horizont erweitern und die eigenen Fähigkeiten erproben können Kinder wie auch Erwachsene am besten beim Sport. Er ist nicht nur gesund, sondern fördert auch die sozialen Fähigkeiten. Das beste aber im oben genannten Zusammenhang: Es gibt keine Leistung, die nicht überboten werden könnte. Dabei ist das Hauptziel keinesfalls die Verbesserung bestehender Rekorde. Doch kann man auch selbst immer wieder neue Höhen erklimmen. Ob Sie Sport nur als Freizeitausgleich betreiben oder bis an die äußersten Grenzen gehen wollen, liegt in Ihrer Entscheidung. Hauptsache, es macht Spaß und Sie können sich selbst, aber auch anderen immer wieder beweisen, was in Ihnen steckt. Man nimmt Sie dann auch in weiteren Bereichen sehr viel ernster.

Die Gemeinschaft im Verein beschert Ihnen immer wieder neue Kontakte. Um unter vielen zu bestehen, müssen Sie entsprechende Leistungen bringen und sich durchsetzen. Das stärkt wiederum Ihr Selbstwertgefühl, mit dem wir uns ja bereits weiter oben beschäftigt haben. Sie lernen aber auch den Umgang mit Niederlagen, die Sie hier nicht so sehr wie im »echten« Leben aus der Bahn werfen können.

Hilfsbereitschaft

Hilfsbereitschaft gehört ebenfalls zum Erfolg. Dabei meine ich gar nicht, dass man Ihnen Unterstützung gewährt, sondern dass Sie selbst anderen mit Rat und Tat zur Seite stehen sollten. Privat schafft Ihnen das Befriedigung und Sie gewinnen Anerkennung und neue Freunde. Beruflich kann sich noch viel mehr daraus entwickeln. Wer anderen einen nachweislichen Nutzen bringt, den sonst niemand bieten kann, kann selbst seinen Wert bestimmen! Der Expertenstatus ist nämlich gefragter denn je. Zwar genügt es nicht allein, ein solcher zu sein, man muss auch etwas Werbung betreiben, um bekannt zu werden. Doch herausragende Leistungen sprechen sich schnell herum, und da Angebot und Nachfrage den Preis bestimmen, braucht es Ihnen um Ihre Zukunft nicht bange zu sein.

Natürlich können Sie für eine freiwillig erbrachte Dienstleistung keine Gegenleistung erwarten. Ist jedoch der Empfänger zufrieden, so wird er sich bei nächstbester Gelegenheit revanchieren. Hilfestellung zu erhalten, ohne etwas dafür tun zu müssen, ist aber das beste, was Ihnen passieren kann! Auch ist man oft erstaunt, wie schnell sich solche Taten weiterverbreiten. Bei jedem Zuhörer haben Sie dann automatisch einen Stein im Brett. Und wenn Sie sich mal an jemand anderes wenden sollten, ist daher auch eine größere Bereitschaft gegeben, Ihnen beizustehen. So vergrößert sich schnell der Kreis der Menschen, die Ihnen auf die eine oder andere Weise zuarbeiten und somit zu Ihrem Erfolg beitragen.

Auch für einen ausgearbeiteten Vertrag gilt, dass beide Verhandlungspartner mit dem Ergebnis zufrieden sein sollten. Das bedingt ein gegenseitiges Entgegenkommen. Die Zusammenarbeit gestaltet sich nämlich immer dann am besten, wenn jeder der Meinung ist, seine Ziele erreicht zu haben. Dann gibt es keinen Verlierer.

Kontakte und Beziehungen

Damit sind wir nun beim Thema Kontakte und Beziehungen angelangt. Auch dieser Bereich wird nicht nur positiv gesehen. Tatsächlich kann sich jemand ja auch beträchtliche Vorteile verschaffen, wenn man ihm unter die Arme greift, ohne wirklich mehr zu leisten als jemand anderes. Sie sollten sich darüber aber nicht aufregen, sondern selbst aktiv werden. Ein großer Erfolg ist meist erst gar nicht möglich, ohne die entsprechenden Leute zu kennen. Ob diese nun als Kunden, Berater oder Geschäftspartner auftreten, sei dahingestellt. Es öffnen sich in jedem Fall Türen, die sonst verschlossen geblieben wären. Ihre Idee wird weitergetragen, und das sorgt wiederum dafür, dass sich weitere Personen mit Ihnen in Verbindung setzen. Sie haben die Grundlagen für Ihren zukünftigen Erfolg gelegt.

Eine Möglichkeit, wie Sie Verbindungen knüpfen können, ist bereits im Absatz »Hilfsbereitschaft« aufgeführt: Bringen Sie jemandem einen Nutzen. Selbst wenn Sie hier derzeit keine Chance sehen, kann es aber dennoch vielleicht für die Zielperson interessant sein, was Sie machen. Im Allgemeinen finden sich dort einige Überschneidungspunkte. Und eventuell sieht der Angesprochene ja Gelegenheiten zur Zusammenarbeit, die Ihnen entgangen sind. Egal, wie prominent ein Mensch ist; wenn Sie keinen der vielen Kommunikationskanäle unserer modernen Welt verwenden, kann er sich keine Gedanken über Ihr Anliegen machen. Sehr wahrscheinlich hat ihm auch einmal jemand geholfen, bevor er bekannt wurde. Sollte er sich noch daran erinnern, ist die Wahrscheinlichkeit relativ groß, dass Sie zumindest eine Rückmeldung erhalten. Lassen Sie also eine Gelegenheit zum Kennenlernen nicht einfach verstreichen. Sie wissen nicht, was sich daraus alles entwickeln kann.

Es muss aber nicht unbedingt immer ein »hohes Tier« sein, das Sie kennenlernen wollen. Auch im Alltag möchten Sie ja nicht allein dastehen. Denn Sie sind auf den Umgang mit anderen Menschen angewiesen. So wie Sie sich dabei geben, wird man auch Sie behandeln.

Das heißt nicht mehr und nicht weniger, als dass Sie immer die Antwort erhalten, die Sie verdienen. Freundlichkeit, Vertrauen, Verständnis, Toleranz und vieles andere werden Sie zurückerhalten, wenn Sie nur bereit sind, entsprechend in Vorleistung zu treten. Ein freundliches Wort ergibt das andere! Das Allerhöchste aber, das Sie schenken können, ist die Liebe. Mit Ihr werden Sie fast alles spielend erreichen! Denn wer sollte ihr Widerstand entgegensetzen wollen. Mit Streit dagegen schaffen Sie nur neue Probleme. Machen Sie die Liebe daher auch zu Ihrem Prinzip. Dann werden Sie nicht lange allein dastehen. Dennoch sollten Sie bei der Auswahl Ihrer Freunde und Bekannte etwas Sorgfalt walten lassen. Denn genauso, wie Sie diese beeinflussen, werden Sie umgekehrt auch selber geprägt.

Das können wir schon deswegen gar nicht verhindern, selbst wenn wir wollten, weil wir wenig Kontrolle über das haben, was unser Unterbewusstsein aufnimmt. Hier können wir nur darauf achten, uns mit den richtigen Leuten zu umgeben, die eine positive Aura und Denkweise umgibt. Diese strahlt auch auf uns aus, motiviert uns und sorgt dafür, dass wir ebenfalls entsprechend geformt werden. Außerdem erlernen Sie auch viele nutzbringende Angewohnheiten. Es kann Ihnen nichts Besseres passieren, als wenn Sie Menschen finden, die bereits so sind, wie Sie werden möchten. Wenn Sie zu diesen dann noch eine feste Verbindung aufbauen können, werden Sie bald selbst auf der Gewinnerseite stehen. Wer Ihnen dagegen Steine in den Weg legt, kann Ihnen für die Zukunft gestohlen bleiben. Seien Sie hierbei konsequent, auch wenn Sie dafür eine langjährige Beziehung beenden müssen. Glauben Sie mir, es ist besser für beide Seiten! Und Sie müssen sich ja nicht im Streit trennen.

Kontaktpflege

Ein Kontakt muss auch gepflegt werden. Dazu bedarf es keiner großen Geschenke, aber man sollte schon zeigen, dass man den anderen nicht vergessen hat und was einem dieser wert ist. Jede Beziehung sollte daher auf Vertrauen und Verständnis basieren. Wo das nicht der Fall ist, gibt es immer nur Streit. Dieser hält Sie von Ihren Kernaufgaben ab und wirkt sich auch negativ auf Ihre Stimmung aus. Sie sind dann nicht mehr in der Lage, Ihr Bestes zu geben.

Mit Enttäuschungen müssen Sie notgedrungen also auch umgehen können. Je eher Sie sich damit abfinden, dass Sie nichts dagegen unternehmen können, um so eher können Sie Ihre Tatkraft wieder auf die zu bewältigenden Aufgaben fokussieren. Es bringt nichts, wenn Sie emotional aus dem Gleichgewicht geraten und Ihre Energie sinnlos verschwenden.

Vertrauen ist in jeder Hinsicht von sehr tiefgreifender Bedeutung. Ob geschäftlich oder privat – ein Zusammenarbeiten oder Zusammenleben ist ansonsten auf die Dauer unmöglich. Niemand möchte schließlich zu Schaden kommen oder einen Nachteil erleiden, weil der Partner sich nicht an Abmachungen hält. Hier muss nicht einmal Absicht vorliegen. Leider gibt es ziemlich viele Menschen, auf die man sich im Ernstfall nicht verlassen kann. Diese können einem nicht nur das Leben zur Hölle machen; oft genug muss man auch deren Fehler noch selbst ausbaden. Wer erfolgreich werden will, sollte sich schnell von solchen Menschen trennen! Sie kommen sonst schnell zu der »Erkenntnis«, dass alle Menschen nur an den eigenen Vorteil denken. Allein werden Sie viele Ziele aber nicht erreichen können. Zuverlässige Menschen erkennen Sie an Ihrer positiven Einstellung. Zwar rechnen auch sie mit Rückschlägen und Enttäuschungen, doch darauf sind sie vorbereitet. Sie machen sich nie völlig abhängig von Fremden. Wenn Sie das selbst auch beherzigen, werden Sie den von Ihnen eingeschlagenen Weg so schnell nicht wieder frustriert verlassen.

Verständnis heißt zu wissen, was im Gegenüber vorgeht. Nur wenn Sie dessen Gedanken zumindest grob erkennen, wissen Sie, wo ihn der Schuh drückt. Da aber jedermann zunächst einmal seine eigenen Probleme lösen möchte, ist er auf andere Dinge vielleicht gar nicht ansprechbar. Wenn Sie diese Situation erkennen, können Sie Ihren Vorteil daraus ziehen. Sie können ihm Hilfe anbieten oder zumindest versichern, dass Sie sich für seine Sorgen und Ängste interessieren. Das lässt Sie in seinen Augen als sympathisch und zuvorkommend erscheinen. Ihr Kontakt vertieft sich. Sie dürfen dann erwarten, dass der andere auch alles für Sie tun wird, was in seiner Macht liegt. Gegenseitiges Wohlwollen sorgt somit für beidseitigen Erfolg. Auf diese Weise gewinnt man die meisten echten Freunde.

Gewohnheiten

Gewohnheiten sind zunächst einmal positiv zu betrachten. Dadurch, dass viele Vorgänge bei uns automatisch ablaufen, müssen wir uns um vieles nicht mehr selbst kümmern und sind hiervon entlastet. Darin liegt aber auch das eigentliche Problem. Denn wie sollen wir etwas kontrollieren, was sich unserer bewussten Wahrnehmung entzieht?

Gewohnheiten können positive aber auch negative Auswirkungen nach sich ziehen. Automatismen, die uns an verschiedene Dinge erinnern und dann automatisch ablaufen, sind sicherlich hilfreich. Es kommt jedoch sehr wohl darauf an, was diese bewirken. Sie können unseren Erfolg begünstigen aber auch vereiteln.

Wahrscheinlich ist Ihnen auch schon das eine oder andere Mal Ihr innerer Schweinehund begegnet. Sie waren von der Notwendigkeit einer Aufgabe überzeugt, konnten sich aber nicht dazu durchringen, endlich aktiv zu werden. Sie hatten schlicht und einfach keine Lust dazu.

Wie kommt das? Offenbar hat hier eine unbewusste Steuerung eingegriffen und Ihnen suggeriert, dass es etwas Sinnvolleres zu tun gibt. Dabei handelt es sich oft um Dinge, die Sie regelmäßig tun und die Ihnen einen gewissen Grad an Befriedigung verschaffen. Hier hat sich aber bereits eine gewisse Routine breit gemacht. Sie denken gar nicht mehr darüber nach, ob das Verhalten in Ihrer aktuellen Situation noch praktikabel ist.

Wenn Sie bisher nicht erfolgreich waren oder sich zumindest nicht so fühlen, hilft es bestimmt nicht, althergebrachte Programme ablaufen zu lassen. Diese haben Sie schließlich nur dahin gebracht, wo Sie momentan stehen! Also müssen Sie sie durch etwas Neues ersetzen. Das erreichen Sie am ehesten durch Mentaltechniken. Wenn Sie wissen, was Sie die ganze Zeit falsch gemacht haben, können Sie sich im Geist vorstellen, wie es richtig gewesen wäre. Machen Sie das regelmäßig und verknüpfen Sie auch eine freudige Erwartung damit, denn hiermit erzielen Sie mit der Zeit einen Umprogrammierungseffekt. Unser Unterbewusstsein kann nämlich nicht zwischen Realität und Fiktion unterscheiden, wenn nur die Gefühle stimmen! So können Sie Ihr Handeln nach neuen Gesichtspunkten ausrichten. Es gibt auch noch weitere Möglichkeiten zur konstruktiven Neugestaltung, doch jedes Mal müssen Sie vorher wissen, woher eine Reaktion stammt. Beobachten Sie sich also genau und stellen Sie fest, was mit Ihnen nicht »in Ordnung« ist. Dann können Sie erste Schritte dagegen einleiten.

Haben Sie dagegen schon nutzbringende Gewohnheiten etabliert, sollten Sie diese natürlich beibehalten. Wenn Sie regelmäßig für Ihre Ziele arbeiten, fällt es von Mal zu Mal leichter. Hier ist Routine also durchaus angebracht. Um diese zu entwickeln, sollten Sie sich allerdings gerade am Anfang keine Ausreden erlauben, denn das neue Verhaltensmuster muss sich ja zunächst einmal etablieren. Wenn Ihnen das teilweise schwer fällt, müssen Sie eben mit Willensstärke und Ausdauer gegenhalten. Schon bald wird das schließlich nicht mehr notwendig sein. Das Gesetz der großen Zahlen besagt, dass die kontinuierliche Wiederholung erfolgsversprechender Gewohnheiten dafür sorgt, dass Ihr Einsatz nicht vergebens war. Wenn es auch manchmal nicht wie erhofft funktioniert hat, so ist die Wahrscheinlichkeit eines Gelingens umso größer, je öfter Sie es versuchen. Sie haben somit selbst die Basis für Ihren Erfolg gelegt.

Bleiben Sie lernbereit. Sicher gibt es auch auf den Gebieten, mit denen Sie sich beschäftigen, einige Spezialisten, die es schon weiter gebracht haben. Wenn Sie sich deren Wissen und Erfahrung zueigen machen, können Sie genauso erfolgreich werden, und das oft in wesentlich kürzerer Zeit, da Sie ja die Fehler, die Ihre Vorgänger gemacht haben, nicht wiederholen müssen. Beharren Sie daher nicht darauf, alles besser zu wissen und zu können. Am Anfang ist es immer klüger, den Rat bereits erfolgreicher Menschen anzunehmen. Später können Sie immer noch Ihren eigenen Stil entwickeln und unausgetretene Wege betreten. Zunächst gilt es, die Gesetze zu beherzigen, die bisher immer Gültigkeit besessen haben. Und wenn Sie daraus Gewohnheiten machen, fällt Ihnen das nicht allzu schwer.

Wahrheit

Können Sie jemandem vertrauen, der Sie ständig anlügt? Wohl kaum. Das ist keine Grundlage für weitere gemeinsame Unternehmungen.

Warum hält sich jemand nicht an die Wahrheit? Die Vorteile, die sich der Lügner erhofft, mögen in seinen Vorstellungen darin begründet sein, dass er einen

Fehler vertuschen kann bzw. nicht dafür gerade stehen muss. Doch diese Vorstellung ist falsch! Lügen haben bekanntlich kurze Beine. Früher oder später kommt fast alles ans Tageslicht. Und dann ist es für eine Bereinigung der Situation oft schon zu spät. Jeder psychologisch Geschulte kann zudem an subtilen Zeichen erkennen, ob man es mit einer Aussage ernst meint oder nicht.

Da es ohne Fehler keine persönliche Weiterentwicklung gibt, sind diese sogar wichtig. Übermenschen gibt es nicht, und auch Sie wirken gerade wegen Ihrer Unzulänglichkeiten sympathisch. Mit »Ja, das ist mir auch schon passiert!« identifizieren sich viele mit Ihrer Situation. Wenn Sie dagegen die Auswirkungen allein beseitigen möchten, werden Sie es mit Sicherheit schwerer haben, als wenn Sie eingestehen, dass Sie »Mist« gebaut haben. Wer es gut mit Ihnen meint, wird auf jeden Fall versuchen, mit Ihnen gemeinsam den Schaden in Grenzen zu halten. So haben Sie zusätzliche Helfer gewonnen und kommen schneller wieder auf die Gewinnerstraße.

Ein anderer Grund für Lügen liegt sicher auch in mangelndem Selbstbewusstsein begründet. So kann man sich mal aufspielen. Doch auch hier erreichen Sie meistens nur das Gegenteil von dem, was Sie wollten. Die meisten Geschichten erweisen sich schnell als erfunden. Dass dann niemand mehr etwas mit Ihnen zu tun haben möchte, ist nicht verwunderlich. Bleiben Sie lieber der, der Sie sind. So weiß man dann wirklich, wofür Sie Ihre Kräfte einsetzen.

Sicher gehört einiges dazu, Fehler und Schwächen einzuräumen. Doch »Nobody is perfect«, und man wird Ihnen verzeihen, wenn Sie die Verantwortung übernehmen und für alles gerade stehen. Die Folgen sind auf jeden Fall wesentlich erträglicher, als später ertappt zu werden. Nützen Sie Ihre Stärken, um alles wieder ins Lot zu bringen. Dafür erlangen Sie dann zurecht die Anerkennung derjenigen, die Ihnen am Herz liegen.

Es gibt somit keine Berechtigung für Lügen. Die Wahrheit verkraften wir alle doch am besten. Seien Sie also ehrlich zu sich selbst und anderen, denn dann können Sie auch erwarten, dass man Ihnen volles Vertrauen schenkt. Die Ausgangslage für Ihre Planungen ist viel günstiger.

Wollen Sie mit einem Lügner zusammenarbeiten? Wahrscheinlich ja nicht, da auf so jemanden normalerweise auch kein Verlass ist. Ganz genauso wird man aber auch Sie beurteilen. Ehrlichkeit wird dagegen oft auch mit Zuverlässigkeit gleichgesetzt. Und wenn sich das erst einmal herumspricht, haben Sie gratis wirkungsvolle Selbst-PR bekommen. Aber auch wenn Sie auf Nummer Sicher gehen wollen, sollten Sie nur mit zuverlässigen Menschen zusammenarbeiten.

Sprache und Kommunikation

Sprache und Kommunikation ist die Grundlage jeglicher Verständigung. Nun haben wir zwar schon sehr früh Sprechen gelernt, doch zwischen etwas sagen und sich richtig ausdrücken können liegen Riesenunterschiede. Wie oft passiert es uns, dass wir etwas ganz anderes gemeint haben, als wir zu verstehen gaben? Je nach Inhalt haben wir damit eventuell jemanden verletzt, beleidigt oder gar in Misskredit gebracht. Wenn dieser nicht bereit ist, sich dies gefallen zu lassen, wird er sich womöglich rächen wollen. Doch das alles haben Sie ja gar nicht so gewollt!

Aber auch Sie selber wollen sich mit Worten wehren können, wenn man Ihnen unrecht tut. Schlagfertigkeit ist in der Öffentlichkeit mehr gefragt denn je. Sie wird auch oft mit fixer Auffassungsgabe gleichgesetzt. Ein kompetenter Gesprächspartner wirkt somit auch intelligenter.

Das Wichtigste aber ist es, auch andere von den eigenen Ansichten überzeugen zu können. Hier ergibt sich dann oft, wer wen zur Erreichung seiner Ziele einspannen kann. Aber auch wenn Sie nur Hilfe und Unterstützung erwarten, müssen Sie Ihre Vorstellungen klar darlegen können. Sie können nicht erwarten, dass man »errät«, was Sie wollen. Etwas auf den Punkt bringen zu können, gelingt jedoch nicht jedem. Er muss dann weiter ausholen, langweilt dadurch aber oft seinen Gesprächspartner. Dessen Konzentration lässt nach. Die Folge ist, dass Ihre Botschaft gar nicht mehr zur Kenntnis genommen wird. Sie haben Ihre Chancen nicht genutzt.

Rhetorische Fähigkeiten erlangt man nicht allein durch Bücher. Mindestens genauso wichtig ist es, diese praktisch zu erproben. Das können Sie einmal in einem speziellen Kurs, wo Sie auch mit Situationen konfrontiert werden, die Ihnen im Alltag nicht so oft passieren. Aber natürlich lässt sich auch im Freundeskreis mit Gleichgesinnten fleißig trainieren. Hierzu eignen sich verschiedene Rollenspiele, in denen Sie gegensätzliche Positionen vertreten müssen. Der Vorteil davon ist, dass Sie dann im Ernstfall gerüstet sind. Hat man dort einmal einen Fehler gemacht, ist dieser oft schwierig zu korrigieren. Haben Sie sich aber klipp und klar ausgedrückt, weiß jeder, woran er mit Ihnen ist. Sie erhalten dann auch schneller eine eventuell gewünschte Rückmeldung. Der Kommunikationsprozess kann weitergehen.

Eine Einführung zu diesem Thema haben Sie bereits im Kapitel »Sprache und Kommunikation« erhalten.

Organisation und Zeitmanagement

Ganz wichtige Aspekte auf dem Weg zu Ihrem persönlichen Erfolg sind Organisation und ein vernünftiges Zeitmanagement. Nur wenn Sie sich nicht zu sehr verzetteln und Prioritäten setzen können, sind Ihre Ressourcen richtig eingesetzt.

Viele Menschen sind der Ansicht, aus Gründen der Abwechslung von vielem ein bisschen machen zu müssen. Soweit das Ihre Interessen betrifft, ist es auch in Ordnung. Nur so können Sie immer wieder neue Erfahrungen sammeln und Eindrücke gewinnen. Doch jetzt, wo Sie Ihre wahren Ziele kennen, sollten Sie natürlich Ihr Hauptaugenmerk darauf richten. Es bringt Sie nicht weiter, alles nur halb zu machen. Zur Selbstverwirklichung müssen Sie schon vollen Einsatz bringen. Das kann aber durchaus Spaß machen.

Der Begriff Organisation beinhaltet zum einen, Wichtiges von Unwichtigem unterscheiden zu können. Ebenso müssen Sie auch Ihre Pflichten von freiwilligen Tätigkeiten trennen. Anhand dieser Unterteilung können Sie dann schon planen, was zuerst zu erledigen ist. Im Bereich unwichtiger freiwilliger Tätigkeiten sollten Sie sich nur um das kümmern, was Ihnen Spaß macht. Aber auch die sogenannten Pflichten sollten Sie genauestens unter die Lupe nehmen. Was davon ist wirklich notwendig und nicht nur eine unnötige Belastung? Gibt es Aufgaben, die Sie auch abtreten können? Viel zu weit verbreitet ist die Ansicht, alles selber machen zu müssen. Durch Delegieren machen Sie es sich einfacher und beweisen gleichzeitig Vertrauen. Wie wir schon gesehen haben, ist dies die Voraussetzung erfolgreicher Zusammenarbeit.

Dass Sie Ihr Aufgabenfeld richtig entschlackt haben, erkennen Sie daran, dass für Sie selbst nur noch sehr wichtige Dinge und das, was das Leben so lebenswert macht, übrig geblieben sind. Diese müssen Sie dann nur noch in das richtige Raster bringen. Damit sind Sie nun wesentlich effektiver und effizienter geworden und können in der gleichen Zeit deutlich mehr leisten.

Vielleicht wird Ihnen die Arbeit mit Jahres-, Monats-, Wochen- und Tagesplänen zunächst auf den Geist gehen, wenn Sie sie nicht gewohnt sind. Doch alle erfolgreichen Menschen arbeiten so und halten Ihre Ziele und die in dieser Hinsicht geplanten Aktionen schriftlich fest! Dies ist nun einmal die beste Möglichkeit, Überblick und Kontrolle zu behalten. Auch stellen Sie auf einen Blick fest, ob Sie im Plan liegen oder etwas mehr Gas geben müssen. Wie also könnte dieses Konzept im Einzelnen aussehen?

Ein Organizer oder Zeitplanbuch ist sicher sinnvoll, aber nicht absolut notwendig. Ein einfacher Kalender mit einigen Ergänzungen tut es auch.

Als erstes notieren Sie dann Ihre Jahresziele. Diese sollten in engem Zusammenhang mit dem stehen, was Sie sich zu verwirklichen fest vorgenommen haben. Der angepeilte Zeitraum kann dabei durchaus etliche Jahre betragen. Überlegen Sie sich genau, was Sie dafür im laufenden oder folgenden Jahr machen wollen und können. Setzen Sie sich überprüfbare Teilziele!

Nun beginnt das Herunterbrechen. Auch jeder Monat oder jedes Vierteljahr, wenn Sie einen größeren Zeitrahmen bevorzugen, sollte Sie voranbringen. Planen

Sie also richtungsweisende Aktionen ein! Seien Sie dabei zwar realistisch, denn Sie müssen immer mit Hindernissen oder Widerständen rechnen, aber auch fordernd, denn wenn Sie es sich zu leicht machen, verfallen Sie wieder in den Alltagstrott.

Beim Planen der einzelnen Wochen und Tage können Sie sich dann ganz nach Ihrem persönlichen Rhythmus richten. So wird unter der Woche eher das berufliche Weiterkommen und am Wochenende Ihr privater Traum auf dem Plan stehen. Wenn Sie flexibel sind, müssen Sie nicht jeder Aufgabe eine feste Zeitspanne zuordnen. Sie sollten aber den Zeitbedarf abschätzen, um den Tag nicht zu voll zu packen. Machen Sie dabei nicht den Fehler, sämtliche Zeitfenster zu verplanen. Mindestens 30 Prozent sollten Sie für unvorhergesehene Zwischenfälle, aber auch positive Überraschungen freihalten. Dann kann eigentlich nichts mehr schief gehen.

Emotionen

Was immer auch Sie tun, Sie dürfen sich dabei nicht von Ihren Gefühlen überwältigen lassen! Insbesondere Entscheidungen in kritischen Situationen müssen mit kühlem Kopf und sachlich getroffen werden. Wenn Sie sich zu sehr über andere aufregen oder ärgern oder das Schicksal für Ihre Situation verantwortlich machen, ist das nicht gewährleistet. Gerade wenn Sie an einem Geschehen nachträglich nichts mehr ändern können, verpulvern Sie dadurch sinnlos Ihre Energie! Lassen Sie sich besser nicht von jeder Kleinigkeit ablenken, sondern bleiben Sie sich selbst und Ihren Zielen treu. Bringen Sie Ihre Reaktionen in gesündere Bahnen, denn Aufregung erzeugt auch Stress. Ähnlich wie Emotionen ist auch dieser fast immer hausgemacht. Er wirkt sich negativ auf Ihre weiteren Leistungen aus.

Frust hilft Ihnen ebenfalls nicht weiter. Ähnlich wie Angst hat er eine lähmende Wirkung. Wenn Sie sich davon bremsen lassen, setzen Sie alles aufs Spiel, was Sie bisher erreicht haben. Sie können Ihre Probleme aber nicht durch Nichtstun lösen! Lassen Sie sich also davon nicht anstecken, sondern suchen Sie aktiv und kreativ nach neuen Möglichkeiten. Dies können Sie nur im entspannten Zustand tun. Konzentrieren Sie sich auf Lösungen! Das mag am Anfang schwer sein, doch mit dem notwendigen »Training« wird es Ihnen mit der Zeit immer leichter fallen. Betrachten Sie Probleme daher als Chance zum persönlichen Wachstum. Und wenn die Probleme nicht Sie selbst, sondern andere betreffen, können Sie sich schnell unentbehrlich machen, wenn Sie mithelfen, diese zu beseitigen. Tatsache ist, dass jeder »Problemlöser« meist sehr rasch sein Ziel erreicht. Probleme wird es immer geben, doch wer die passende Strategie hat, wird immer gestärkt daraus hervorgehen.

Wenn Sie mal wieder an der Stelle des Umdenkens oder des Neubeginns angekommen sind, haken Sie die Vergangenheit ab und denken Sie voraus! An dem, was geschehen ist, können Sie nichts mehr ändern. Daher bringt es auch nichts, von den »guten, alten Zeiten« zu träumen. Vorbei ist vorbei! Sie leben jetzt und Ihre aktuellen Entscheidungen sind verantwortlich für Ihre Zukunft. Daher sollten Sie sich diese in den schillerndsten Farben ausmalen. Alles ist möglich; Sie können jederzeit von vorne beginnen! Klammern Sie sich nicht an dem fest, was Sie haben, sondern lassen Sie los, um das zu bekommen, das Sie sich schon immer gewünscht haben. Verkaufen Sie nicht Ihre Träume. Was möchten Sie in Bälde tun? Ihr Leben ist noch keineswegs gelaufen, auch wenn Sie nicht mehr der Jüngste sind. Manch einer geht nicht in Rente, sondern wechselt in den »Unruhestand«. Wo immer es Sie hinzieht, Sie können sich jederzeit auf den Weg machen. Nichts muss so bleiben, wie es ist.

Durchsetzungsvermögen

Um Ihren Zielen beständig näher zu kommen, müssen Sie auch ausreichend Durchsetzungsvermögen besitzen. Wer sich zu sehr von der Meinung anderer beeinflussen lässt, hilft höchstens diesen bei der Durchführung ihrer Vorhaben. Durchsetzungsvermögen heißt aber auch, nicht sofort klein beizugeben, wenn Sie einmal nicht das erhalten, was Sie sich gewünscht haben. Der Klügere gibt allenfalls nach, um Streit aus dem Weg zu gehen, nicht aber, wenn es um seine ganz eigenen Interessen geht. Wenn Sie hartnäckig eine Sache verfolgen, wird man das anerkennen, und daher werden Sie letztendlich doch noch den ersehnten Erfolg erzielen.

Häufig wird man auch mit Situationen konfrontiert, die eine schnelle Entscheidung erfordern. Wenn Sie, aus welchem Grund auch immer, zu lange hin und her überlegen, verschwenden Sie nicht nur kostbare Zeit. Viele günstige Gelegenheiten bestehen nur kurz, und wenn Sie dann nicht sofort zuschlagen, ist der Zug abgefahren. Selbstverständlich wird von Ihnen nicht erwartet, in Sekundenschnelle komplizierte Entscheidungen zu treffen. Dann schrecken Sie womöglich vor den nicht zu berechnenden Änderungen zurück, die sich daraus ergeben könnten. Aber viele Alltagsprobleme können auch mal »aus dem Bauch heraus« beurteilt werden, insbesondere, wenn Sie keine messbaren Differenzen bringen. So macht es wenig Sinn, im Restaurant ewig über die Menüauswahl nachzudenken. In solchen Fällen hilft es meistens, sich bereits vorher darüber Gedanken zu machen, wohin man tendiert, denn dann haben Sie schon eine Vorentscheidung gefällt. Die Anzahl an Möglichkeiten verringert sich dadurch erheblich.

Gefühlsmäßiges Entscheiden im Alltag lässt sich übrigens wie so vieles andere auch trainieren. Machen Sie es sich zur Gewohnheit, bei simplen Entscheidungen innerhalb spätestens einer halben Minute Ihre Wahl zu treffen. Zu viel Perfektionismus schadet nur und hält Sie von den wesentlichen Dingen ab. Im übrigen ist keine Entscheidung auch eine Entscheidung; das Ergebnis wird dann allerdings von anderen diktiert. Wollen Sie das wirklich? Sie können Ihr Leben nur willentlich beeinflussen, wenn Sie selbst das Steuer in der Hand behalten!

»Wer zuerst kommt, mahlt zuerst« heißt es im Volksmund. Das gilt heute mehr denn je. Vieles kehrt nicht wieder. Sie kommen oft nur zum Zuge, wenn Sie sehr bald wissen, ob Sie etwas machen wollen. Hat jemand anderes die Gelegenheit erst am Schopf gepackt, schauen Sie nur dumm hinterher. Schieben Sie also nichts auf die lange Bank. Denn Schnelligkeit ist ein ganz wichtiger Baustein für den Erfolg. Zögern Sie auch nicht, weil Sie denken, noch nicht »reif« genug zu sein. »Learning by doing« ist die Devise. Sie können nur Fortschritte machen, wenn Sie ins Handeln kommen. Und die Fehler, die Sie jetzt machen, bewahren Sie vor weitaus schlimmeren Auswirkungen später.

Schnelligkeit sollte auch Ihr Motto sein, wenn jemand an Sie herantritt. Gerade neue Bekanntschaften lassen sich sehr beeindrucken, wenn Sie kaum, dass Sie sich bei Ihnen gemeldet haben, schon eine Antwort erhalten. Zudem erwerben Sie sich so den Ruf der Zuverlässigkeit. Und damit haben Sie die besten Voraussetzungen, selbst respektiert und anerkannt zu werden.

Eine weit verbreitete Volkskrankheit ist die »Aufschieberitis«. Wenn Sie insbesondere unangenehme Tätigkeiten immer wieder vor sich her schieben, setzen Sie sich nur unnötig unter Druck. Erledigen müssen Sie sie sowieso; warum also zumindest nicht die wichtigsten gleich, um den Kopf wieder frei zu bekommen? Je länger Sie damit warten, umso mehr wird es, und in der verbleibenden Zeit bleibt dann meistens auch die Qualität auf der Strecke.

Eine uns wichtige Tätigkeit sollten wir auf jeden Fall innerhalb von 72 Stunden beginnen. Je länger Sie sie herausschieben, umso geringer wird die Wahrscheinlichkeit, dass Sie jemals damit beginnen. Sie sabotieren sich also selbst, indem Sie solange warten, bis etwas dazwischen kommt.

Auch Ablenkungen schaden Ihnen letztendlich nur. Im Kapitel »Aufmerksamkeit, Konzentration und geistige Ausdauer« haben Sie bereits einige Tipps an die Hand bekommen, wie Sie damit umgehen können. Diese funktionieren aber nur, wenn Sie sich nicht ablenken lassen wollen! Manchen Leuten kommt aber eine Unterbrechung gerade recht, da sie keine Lust haben, ihre Aufgabe fortzuführen. Und so finden sie immer neue Ausreden, warum sie nicht erfolgreich sein können. Das Ergebnis einer Ablenkung bleibt dabei immer das Gleiche.

Mit Ausreden versuchen wir die Verantwortung für ein Geschehen unserer Umwelt anzulasten. Das mag teilweise zutreffend sein, nur ändert es nichts daran, dass wir nicht hätten teilnahmslos zuschauen müssen. Auch welche Konsequenzen wir aus einem Vorgang ziehen, bleibt allein uns vorbehalten. Wir können uns somit entscheiden, unser Schicksal entweder dem Zufall zu überlassen oder weiterhin an unserer Vision festzuhalten. Was möchten Sie lieber?

Keine Ausrede gelten zu lassen heißt auch, gegenüber sich und anderen ehrlich zu sein. Es gehört sicher einiges an Mut dazu, zuzugeben, dass man versagt hat. Doch wie wollen Sie einen Fehler korrigieren, den Sie nicht eingestehen können? Arbeiten Sie lieber an Ihren Schwächen, damit es nicht wieder dazu kommt! Im Idealfall werden Sie dann gar keine Ausreden mehr nötig haben. Denn Sie werden dann immer öfters die Umstände vorfinden, die Sie zum Weitermachen brauchen.

Team- und Führungsqualitäten

Da man allein nicht alles erreichen kann, ist man viel stärker von anderen abhängig, als man sich das oft eingestehen möchte. Möglicherweise sind Sie in der glücklichen Position, genügend Freunde und Bekannte zu haben, die Ihnen einen Gefallen nicht abschlagen können. Anderenfalls müssen Sie sich wohl Arbeitskraft einkaufen. Und dann möchte man natürlich den größtmöglichen Nutzen davon ziehen.

Viele Menschen leben und handeln aber nach dem Motto, nicht mehr als das Nötigste zu tun. Mit solch einem Partner können Sie schwer auf die Nase fallen. Gerade in kritischen Momenten wird dieser oft viel zu lange darauf warten, dass sich alles entspannt. Doch von nichts kommt nichts!

Wie also können Sie Ihre Mitarbeiter dazu bringen, sich voll für Sie einzusetzen? Am ehesten geht das natürlich, wenn Sie die gleichen Ziele verfolgen. Wenn es den Kollegen aber hauptsächlich um den dicken Scheck am Monatsende geht, kommen Sie auf diesem Weg nicht weiter. Sie müssen Ihnen dann mehr vermitteln, damit sich diese mit der Tätigkeit identifizieren können.

Dann sind sowohl Team- als auch Führungsqualitäten gefragt. Teamfähigkeiten deshalb, damit Sie sich auf die Ebene begeben und den Standpunkt einnehmen können, den einer Ihrer Mitarbeiter beansprucht. Bringen Sie Ihn seinem Ziel näher, wird er dasselbe für Sie tun. Zwei oder mehr Köpfe im Verbund sind immer effektiver als ein einzelner. Gemeinsam finden Sie Lösungen, die sonst niemandem aufgefallen wären. Insofern lohnt sich Zusammenarbeit immer. Wenn Sie völlig isoliert unterschiedliche Arbeiten verteilen, fehlt auch der Gesamtüberblick zur Motivation. Die Bedeutung des Einzelnen wird aber erst im Verbund deutlich. So erkennt jeder den Wert seines Beitrags zum Endprodukt.

Führungsqualitäten zeigen sich dann, wenn unterschiedliche Meinungen auftauchen. Kann keine Entscheidung oder zumindest kein Kompromiss erreicht werden, müssen Sie die Zügel in die Hand nehmen und den Weg weisen. Das sollte immer auf sachliche und nie auf persönliche Weise geschehen. Dann sollte man verstehen, dass Sie so handeln mussten und nicht anders. Falls nicht, ist wieder Ihr im vorigen Abschnitt beschriebenes Durchsetzungsvermögen gefragt. Zögern Sie nicht zu lange und schieben Sie nichts auf die lange Bank. Termine gehören zu jeder Vereinbarung und sollten unbedingt eingehalten werden. Sie sind unverzichtbarer Bestandteil jeder Planung.

Nun kann es sein, dass Ihnen etwas missfällt, Sie aber nicht in der Position sind, selbst Veränderungen vornehmen zu dürfen. Dann sollten Sie keinesfalls Ihren Mund halten, sondern Ihre berechtigte Kritik vorbringen. Solche Initiative wird meistens belohnt. Wenn Ihr Anliegen dann zu höheren Stellen vordringt, wird es durchaus ernst genommen. Nicht selten verdient sich der Antragsteller auf diese Weise ein Lob oder sogar Geld. Auf jeden Fall aber dankt Ihnen Ihr Selbstbewusstsein dafür und Sie fühlen sich gelöster.

Zielorientierung

Sind Sie bereits auf dem richtigen Weg, kommt früher oder später der Punkt, wo es nicht mehr so richtig weiterzugehen scheint. Sie können sich noch so abmühen, doch scheinbar treten Sie nur auf der Stelle.

Spätestens hier trennt sich die Spreu vom Weizen. Während der Erfolglose den Kopf in den Sand steckt und darüber sinnt, warum immer ihm so etwas passiert (es passiert in Wirklichkeit jedem!), nützt der Zielorientierte dies zur Richtungskontrolle. Mit den neuen Erfahrungen findet er bald eine Möglichkeit, das Hindernis zu umgehen oder zu beseitigen. Manch einer kann den Nachteil sogar in einen Vorteil verwandeln. Denn nichts ist nur negativ. Und wenn man scheitert, obwohl man vollen Einsatz gebracht hat, kann man trotzdem stolz auf sich sein. Bringen Sie daher immer mindestens 100 Prozent Leistung; 110 Prozent dürfen es ruhig auch sein. Wenn Sie mehr tun, als man von Ihnen erwartet, werden Sie in überproportionalem Maße davon profitieren, denn damit heben Sie sich klar von anderen ab. Schieben Sie Ihre Grenzen daher immer ein Stück weiter hinaus. Die meisten Menschen wissen gar nicht, wozu Sie in der Lage sind. Natürlich können Sie sich nicht hundertteilen, daher sollten Sie sich vorher überlegen, auf welchen Gebieten Sie sich einbringen möchten. Weniger ist in diesem Fall mehr.

Wenn Sie dagegen immer nur das Nötigste tun, dürfen Sie nicht erwarten, plötzlich übermenschliche Leistungen zu vollbringen, wenn es einmal darauf ankommt. Auch ein Spitzensportler würde, falls er nicht täglich trainieren würde, wieder abbauen und nur noch über ein geringeres Potential verfügen. Stärken Sie also besser Ihre Erfolgsmuskeln!

Bis sich etwas zum Selbstläufer entwickelt, müssen Sie meistens viel Zeit und Energie investieren. Wer auf dem halben Weg schlapp macht, muss wieder ganz von vorne anfangen. Die Lorbeeren erntet ein anderer. Und denken Sie bloß nicht, dass Ihnen dasselbe nicht wieder passieren kann! Wer zum Aufgeben neigt, wird nur immer schneller der Meinung sein, dass es keinen Sinn mehr hat, weiterzumachen. So rennen Sie ständig neuen Sternen hinterher, ohne je einen zu erreichen. Ein bedauernswerter Zustand.

Einsatz und Engagement sind daher gerade dann gefragt, wenn sich Schwierigkeiten vor Ihnen auftürmen. Das fällt aber gerade dann nicht leicht. Schließlich sieht man ja häufig nur die Gewitterwolken, aber nicht mehr den angestrebten Endzustand. Also benötigen Sie auch eine gehörige Portion Motivation zum Durchhalten.

Diese erhalten Sie, wenn Sie sich nicht am Istzustand, sondern am Endziel orientieren. Wenn Sie wissen, welche Belohnung Sie dort erwartet, können Sie auch Hungerphasen durchstehen. Lassen Sie sich daher nicht verrückt machen! Dabei helfen Ihnen auch die in diesem Buch beschriebenen Entspannungstechniken. Und mit der Visualisierung tanken Sie neue Energie. Mehr zum Bereich Motivation finden Sie am Ende dieses Kapitels.

Ausdauer und Beharrlichkeit

Auch wenn alles nach Plan verläuft, kann es sein, dass Ihnen der Weg zu beschwerlich vorkommt, weil das Ziel sich erst in großer Entfernung befindet. Man neigt dann dazu, die Zügel schleifen zu lassen. Oder aber man versucht zu beschleunigen, vernachlässigt gegenüber der Quantität die Qualität. In beiden Fällen wird nach und nach der Traum aus den Augen verloren. Zwar können Sie auf den großen Lotto- oder Lotteriegewinn hoffen, doch ist es nicht sinnvoller, dem Glück selbst auf die Sprünge zu helfen? Geben Sie daher nie auf.

Dieser Zustand tritt selten ein, wenn Sie so organisiert sind, dass Sie jeden kleinen Fortschritt erkennen können (s. o.). Der Marathonläufer schaut nicht zur Ziellinie, sondern immer nur ein paar Schritte voraus. Er weiß, dass das genügt, um später dort anzukommen. Genauso sollten auch Sie es halten! Der längste Weg setzt sich aus kleinsten Bruchstücken zusammen. Ausdauer und Beharrlichkeit sind daher die Devise.

Wer das berücksichtigt, wird mit Erstaunen feststellen, dass sich sein Tempo von selbst beschleunigt, je weiter er voranschreitet. Es ist wie beim Geldsparen mit dem Zinseszinseffekt: Je mehr schon da ist, um so mehr wird sich daraus entwikkeln. Und das ganz automatisch! Wollen Sie diesen Effekt nicht auch für sich nutzen?

»Hilf Dir selbst, dann hilft Dir Gott« ist nicht nur einfach dahergesagt. Je mehr Initiative Sie selbst entwickeln, um so größer wird die Wahrscheinlichkeit, dass Sie bald nicht mehr als Einzelkämpfer tätig sein müssen. Andere werden Sie bewundern und tatkräftig unterstützen.

Auch die sogenannten »glücklichen Zufälle« ereilen Sie öfters, wenn Sie alle erdenklichen Maßnahmen dazu treffen. Wenn dann erst einmal alles automatisch läuft, kann Sie niemand mehr stoppen. Diesen Zustand sollten Sie so schnell wie möglich erreichen! Denn um etwas im Laufen zu halten ist viel weniger Energie erforderlich als beim ständigen Abbremsen und Anschieben. Diese Erfahrung wünsche ich auch Ihnen! Dann werden Sie auch Ihren Kurs und Ihre Anstrengungen und somit auch Ihr Tempo beibehalten.

Es gehört aber auch eine gute Portion Willensstärke dazu, sich immer wieder aufzuraffen, wenn man auf den Boden gefallen ist. Doch trösten Sie sich damit, dass man nicht tiefer als bis auf den Boden fallen kann! Wenn Sie sich nur immer wieder daran erinnern, wohin Sie möchten, werden Sie keine Probleme damit haben, den Kurs einzuhalten. Die Zielstrebigkeit ersetzt das Durchhaltevermögen. Alles wird auf einmal viel einfacher. Wer sich immer nur abplagt hat nämlich nicht verstanden, um was es geht. Haben Sie den Eindruck, dass das bei Ihnen der Fall ist, sollten Sie sich ernsthaft fragen, ob Sie dem richtigen Ziel hinterherjagen. Wie bereits schon bei »Ziele und Zielsetzung« erwähnt, gilt es, zwischen primären und sekundären Vorstellungen zu unterscheiden. Das eigentliche Ziel und die Mittel dazu sind nicht dasselbe! Vielleicht müssen Sie ja nur letztere ändern, um sich wieder wohler zu fühlen. Ihre wahren Ziele sind jedenfalls das letzte, das Sie aufgeben sollten. Stellen Sie sich aber von Zeit zu Zeit die Frage, ob diese noch aktuell sind. Gegebenenfalls müssen Sie Korrekturen vornehmen. Die generelle Richtung sollte dabei aber beibehalten werden. So gelangen Sie dann sogar oft noch schneller zum Endpunkt.

Mehr als oft genug wird es Ihnen passieren, dass Sie von einer Sache voll überzeugt sind, diese aber von anderen allenfalls milde belächelt wird. In vielen Fällen werden Sie sich herbe Kritik anhören müssen. Auch das müssen Sie wegstecken können. Respektieren Sie die Meinung der anderen, nehmen Sie sie aber nicht persönlich und akzeptieren Sie sie auf keinen Fall! Beginnen Sie deswegen aber keinen Streit. Denn dann haben Sie verloren. Verfolgen Sie stattdessen Ihre Ziele hartnäckig weiter, ohne sich beeinflussen zu lassen. Sie werden auch auf genug Menschen treffen, die Ihrer Meinung sind. Orientieren Sie sich an diesen und haken Sie Skeptiker ab. Erstere geben Ihnen die Energie, so weiterzumachen wie bisher.

Hinterfragen

Es ist wichtig, seinen Zielen nicht blindlings hinterherzurennen. Gönnen Sie sich immer wieder eine Auszeit, um über den Stand der Dinge nachzudenken, am besten täglich am Abend, nachdem Sie Ihr Hauptwerk beendet haben. Fragen Sie sich dabei, ob alles so gelaufen ist, wie Sie es sich vorgestellt haben. Notieren Sie positive wie negative Aspekte und auch die Gründe für Gelingen oder Scheitern; seien Sie aber nicht zu kritisch dabei. Sie sollen sich immer mit Freuden an diesen Tag zurückerinnern können. Das wirkt sich motivierend auf alles aus, was noch auf Sie in der nächsten Zeit zukommen wird.

Achten Sie auch darauf, inwiefern Sie Ihren Zielen näher gekommen sind. Was hat der Tag beruflich und privat gebracht? Konnten Sie auch etwas zur Entspannung und für die Gesundheit tun? Wie ausgeglichen fühlten Sie sich?

Haken Sie ab, was Sie erreichen konnten und trauern Sie nicht dem nach, was schief ging. Morgen ist auch wieder ein Tag! Und wo Sie Fehler gemacht haben, analysieren Sie diese und nehmen Sie sich vor, es beim nächsten Mal besser zu machen. So optimieren Sie nach und nach Ihren Tagesablauf und letztendlich auch Ihr gesamtes Leben!

Setzen Sie auch einige der Techniken ein, die Sie im Kapitel »Kreativität und Originalität« kennen gelernt haben. Gehen Sie in Gedanken nochmals den kompletten Tag durch und schreiben Sie alles nieder, was Ihnen in den Sinn kommt, ganz egal, ob Sie einen Bezug zum Thema sehen oder nicht. Diese Notizen können Sie dann im Anschluss für eine kleine Brainstorming-Sitzung verwenden. Hier führen Sie die einzelnen Stichpunkte näher aus. Welche Konsequenzen zeichnen sich daraus für Sie ab? Können Sie diese gleich in Aktionen umsetzen? Beziehen Sie alle Ergebnisse in Ihre weitere Planung mit ein. Vielleicht müssen Sie Ihren Terminkalender ändern. Zögern Sie nicht! Die Entscheidungen, die Sie auf diese Weise treffen, sind alle tief begründet.

Hören Sie sich aber auch neue Ideen an. Hinterfragen Sie, was Sie nicht sofort verstehen. Sie können dadurch nichts verlieren, sondern nur hinzugewinnen! Wer nicht offen ist für Gelegenheiten und Chancen, an dem ziehen sie unbeachtet vorüber. Lassen Sie das nicht zu! Natürlich müssen Sie im Anschluss erst einmal bewerten, was wirklich verwertbar ist. Aber unter viel »Schrott« findet sich doch immer auch etwas Brauchbares, und manchmal sogar eine Perle oder ein Edelstein!

Nehmen und Geben

Sie können alles und mehr erreichen, als Sie sich je in Ihren kühnsten Träumen vorzustellen wagten, und dennoch unglücklich und unzufrieden sein. Wenn Sie immer nur an sich denken und weder an die, welche Sie Teile Ihres Weges begleitet haben, noch an die, welche vielleicht keine so günstigen Voraussetzungen hatten, etwas aus sich zu machen, dann bleibt Ihr Leben leer. Der Kreislauf des Lebens besteht aus Nehmen und Geben. Nur das erstere funktioniert auf Dauer nicht. So wird der natürliche Fluss unterbrochen.

Geben Sie daher Ihre Erfahrungen weiter und sparen Sie nicht mit guten Ratschlägen. Im Rahmen Ihrer finanziellen Möglichkeiten sollten Sie sich auch an wohltätigen Zwecken beteiligen. Menschen, die es besonders weit gebracht haben, gründen sogar oft eine Stiftung. Sicher fallen Ihnen aber auch so genug Möglichkeiten ein, wo Sie helfen können. Sie brauchen sich nur umzuschauen, denn auch in Ihrem Umfeld gibt es genügend Verbesserungspotential. Umso besser, wenn Sie selbst durch das, wozu Sie geworden sind, die beste Garantie für einen Erfolg darstellen.

Oft kehrt auch das, was Sie Fremden geschenkt haben, auf ungewöhnlichen Wegen zu Ihnen zurück. Darüber berichten viele großzügige Spender, denen es anfangs selber nicht leicht fiel, von Ihrem niedrigen Einkommen auch noch etwas abzugeben. Auf jeden Fall aber erhalten Sie das Gefühl, etwas Sinnvolles getan zu haben. Mit jedem Geschenk zeigen Sie dem anderen, dass Sie an ihn gedacht haben und was er für Sie wert ist.

Auch immaterielle Dinge wie Liebe, Hoffnung, Vertrauen usw. erhalten Sie in übergroßem Maß zurück, wenn Sie diese selbst anbieten können. Deren positive Ausstrahlung wird auf Sie übergehen. So statten Sie auch einen Teil des Danks ab für das, was Ihnen widerfahren ist.

Motivation

Im vorherigen Abschnitt hatte ich bereits darauf hingewiesen, dass es neben den eigentlichen Zielen noch einen wichtigen Punkt gibt: Den Willen zum Durchhalten! Ich hoffe, Sie fühlen sich bereits jetzt angespornt, alles Erforderliche zu tun, um erfolgreich zu werden; egal, was das für Sie im Einzelnen bedeutet. Schauen Sie sich daher Ihre Ziele immer wieder, am besten jeden Morgen nach dem Aufstehen, an und überprüfen Sie, ob diese noch aktuell sind oder Sie Anpassungen vornehmen müssen. Teilziele und Methoden könnten sich geändert haben. Wie liegen Sie im Zeitplan? Haken Sie ab, was Sie schon erledigt haben und konzentrieren Sie sich auf das weitere Vorgehen. Denken Sie auch daran, dass mit dem Erreichen eines Ziels noch nicht alles gewonnen ist. Möglicherweise wird es erforderlich, darauf aufzubauen, und schon haben Sie wieder ein neues Ziel. Dies tragen Sie dann natürlich auch in der oben beschriebenen Form in Ihre Liste ein.

Die Liste können Sie übrigens in Ihren Terminplaner oder in Ihre Briefmappe legen, wenn Sie sie immer dabei haben möchten. Manchmal kommen einem unterwegs ganz spontan gute Ideen oder Ergänzungen in den Sinn, die Sie dann festhalten können, bevor Sie Ihnen wieder entfallen.

Sehr motivierend ist es, wenn Sie sich öfters bereits so sehen und fühlen, als hätten Sie schon alles erreicht. Einige der in Kapitel »Voraussetzungen für geistige Fitness« beschriebenen Entspannungsmethoden gehen in diese Richtung. Zur Festigung Ihrer Pläne eignen Sie sich vorzüglich. Beginnen Sie wie ein Gewinner zu fühlen, zu denken und handeln! Hierbei ist sicherlich hilfreich, sich verstärkt eigene Erfolge in der Vergangenheit ins Gedächtnis zu rufen und weniger Situationen, in denen man glaubt, »versagt« zu haben. Ganz nebenbei gesagt gibt es aber gar keine Misserfolge, sondern bloß unbefriedigende Ergebnisse. Wenn etwas wie geplant funktioniert, können Sie sich glücklich schätzen. Sollte etwas wider Erwarten nicht hinhauen, obwohl Sie dafür gekämpft haben, sind Sie zumindest um eine Erfahrung reicher. Vielleicht ist es ja gerade diese, die Sie beim nächsten Mal schnurstracks voran bringt?!

In seltenen Fällen kann es passieren, dass eines Ihrer Ziele nicht mehr gültig ist. Zwar haben Sie sich vorher (hoffentlich!) lange genug Gedanken darüber gemacht. Dennoch kann Sie natürlich eine Änderung der Gesamtsituation oder einzelner Umstände zum Umdenken zwingen. In solch einem Fall sollten Sie dann auch schnell reagieren, um nicht unnötigen Ballast mitzuschleppen. Vielleicht kann auch das alte Ziel einfach durch ein neues ersetzt werden? Reagieren sollten Sie auf jeden Fall, wenn sich Ihre Ziele ständig ändern. Dann haben Sie bei deren Festlegung wohl nicht genau überlegt, inwiefern Sie dieses Ziel überhaupt erreichen wollen.

Motivation gilt als Grund für das Verhalten oder Handeln einer Person. Sie ist sowohl bewussten als auch unbewussten Einflüssen ausgesetzt. Neben den Grundbedürfnissen jedes Menschen geht es dabei vor allem um Freude und die Vermeidung von Schmerz, körperlicher wie seelischer Natur. Ruhm, Anerkennung und Erfolg spielen ebenfalls eine gewichtige Rolle. Daher entwickelt man Motivation in ausreichendem Maße nur, wenn eine Sache von großer persönlicher Bedeutung ist. Außerdem muss man überzeugt sein, die auf einen zukommenden Herausforderungen auch meistern zu können. Motivation ist die alles entscheidende Triebkraft in unserem Leben. Motivation bedeutet aber auch Leidenschaft, Begeisterung und unstillbares Verlangen. Am einfachsten lässt Sie sich durch einen starken Wunsch oder eine kraftvolle Vision erreichen. Nur wenn Sie wirklich ein erstrebenswertes Ziel vor Augen haben, werden Sie sich bewusst und voll dafür einsetzen. Das Erreichen Ihres Traums sollten Sie sich in allen Details ausmalen. Positive Emotionen, Willen und Handeln werden dann eins; gesteuert von Ihrem

Wertesystem (s. o.). Auch Fremde lassen sich von dieser Flamme der Begeisterung leicht anstecken.

Musik kann ebenso motivieren. Lesen oder hören Sie auch Erfolgsgeschichten wie z. B. Biografien Ihrer Vorbilder. Sie erhalten hier in komprimierter Form das Wissen und die Erfahrung eines ganzen Lebens. Sie müssen dann nicht dieselben Fehler machen, die jemand anderes bereits vor Ihnen gemacht hat. Auch erfahren Sie weitere Geheimnisse, wie Ihre Vision nicht länger ein Traum bleiben muss. Haben Sie Defizite im persönlichen Bereich festgestellt, die Sie gerne beseitigen möchten, findet sich auch hierzu das passende (Hör-)Buch. Mindestens eines sollten Sie sich im Monat zu Gemüte führen. So ist Ihre persönliche Weiterentwicklung garantiert.

Motivation kann unabhängig von anderen Personen existieren, wenn Sie sich selbst beweisen wollen, zu was Sie in der Lage sind. Andererseits ist es manchmal aber auch eine Trotz- oder Jetzt-erst-recht-Reaktion, falls man Ihnen nichts zutraut, die Sie in Bewegung setzt. Je mehr Komponenten hier zusammen kommen, um so stärker wird Ihr Drang werden, endlich etwas zu ändern. Motivation kommt schließlich von Motiv, und darunter versteht man den Auslöser oder Grund für eine bestimmte Reaktion. Kriminaltechnisch betrachtet gilt auch immer derjenige als Hauptverdächtigter, welcher die meisten oder stärksten Beweggründe für eine Tat hat. Ihm traut man diese am ehesten zu. Wenn Sie die wahren Ursachen für Ihr Handeln kennen, verbessern Sie Ihre Aussichten auf Erfolg erheblich! Sie bleiben dann immer am Ball.

Haben Sie sich eigentlich schon einmal überlegt, wie erfolgreiche Menschen an den Platz im Leben gekommen sind, den sie jetzt einnehmen? Als diese noch ganz am Anfang standen, war ihr Vorhaben sicher nicht das, was man als »realistisch« bezeichnet. Da sie aber genau wussten, wohin sie wollten, konnte sie niemand auf ihrem Weg aufhalten. Sie hatten eine solche Energie und solchen Schwung, dass Hindernisse einfach nicht für sie existierten. Das sollten auch Sie sich immer wieder vor Augen halten, wenn Sie einmal an Ihren Fähigkeiten zweifeln sollten.

Das zeigt schon, dass Sie sich nur selber motivieren können. Ein Fremder kann ja Ihre Einstellungen und Wünsche nicht kennen. So kann ich hier zwar erklären, auf welchen Grundlagen Motivation beruht, Ihnen aber nicht sagen, was Sie dazu tun müssen. Dies müssen Sie selbst herausfinden! Mit alldem, was Sie bisher gelesen haben, sollte das aber nicht allzu schwer sein. Die erwähnten Erfolgsfaktoren tragen in großem Maße dazu bei. Dazu müssen Sie allerdings ab sofort selbst die Verantwortung für Ihr Leben übernehmen!

Auch wenn Sie sich nur selbst motivieren können, kann Ihre Begeisterung für eine Sache von äußeren Umständen geweckt oder gelöscht werden.

Häufig wird eine Belohnung in Form von Geld für eine besondere Leistung in Aussicht gestellt. Doch Geld allein wirkt auf die Dauer nicht motivierend! Oder möchten Sie viel Geld besitzen? Dann sind Sie in die Falle der Unterscheidung von Zielen und Mitteln geraten. Nicht das Geld ist das Interessante, sondern das, was Sie sich damit leisten können. Vielleicht wollen Sie sich auch nur von der Arbeit unabhängig machen. Wenn Sie Ihre berufliche Tätigkeit nicht befriedigt, kann Sie kein Geld der Welt auf Dauer dazu bewegen, unbedingt mehr zu tun als das Nötigste. Auch andere Prämien haben vergleichbare Auswirkungen. Solange sie im Raum stehen, wird vielleicht etwas mehr getan, danach aber sinkt die Leistungsbereitschaft deutlich ab. Wenn die Tätigkeit keinen Spaß macht, ist alle Mühe vergebens. In diesem Fall sollte man die berechtigte Frage stellen, woran das liegt, und daraus die Konsequenzen ziehen. Ein Festklammern an überholten Verhaltensweisen bringt uns nicht weiter.

Auch das umgekehrte Prinzip, eine Strafe im Falle des Versagens anzukündigen, ist wenig erfolgversprechend. Unter dem dann entstehenden Druck kann sich niemand frei entfalten und sein Bestes geben. Die Angst lähmt nur und macht handlungsunfähig. Die erwarteten Ergebnisse fallen bescheiden aus.

Was aber dann? Eine gewisse (Selbst-)Kontrolle sollte auf jeden Fall vorhanden sein, um Fortschritte zu erzielen. Wenn Sie sich dann beim Erreichen der nächsten Stufe Ihres Plans selbst oder Ihren Mitstreitern eine ganz besondere und unerwartete Freude bereiten, kann das eine lange Nachwirkung haben. Solche Augenblicke werden nicht so schnell vergessen! Seien Sie also kreativ im Erfinden solcher Momente. Über den Rückkopplungseffekt sorgen Sie damit dafür, dass die Leistungskurve nicht abflacht. So kommen Sie schnell zum nächsten Erfolgserlebnis!

Leider lassen wir uns oft viel zu schnell von Außenstehenden demotivieren. »Du schaffst das ja doch nicht!« ist ein diesem Zusammenhang häufig gehörter Satz. Geringes Selbstwertgefühl und Selbstbewusstsein führen dann dazu, dass wir jegliche Kritik viel zu persönlich nehmen, auch wenn Sie konstruktiv gemeint war. Hinzu kommen schlechte Erfahrungen mit unseren Mitmenschen, die uns im Stich gelassen haben. Auch wenn ständig negativ über uns gesprochen wird, verstärkt dies unsere unangenehmen Gefühle. Wir glauben dann selbst nicht mehr an uns und ziehen weitere Missgeschicke magisch an. Doch die Pessimisten sollten uns nicht verunsichern. Orientieren wir uns lieber an denen, die es »geschafft« haben.

Register

7 6 4 8 6 6 6 8 5 8 6 9

8 3 2 1 8 5 8 6 9

8	7	1
0	1	9
9	8	9

4	9	8	7	6	4	8	0	5	0	9	8	0	5	7	7	0	0	7
9	5	2	1	4	8	2	0	7	4	9	6	4	7	7	4	0	1	0
9	6	8	3	5	7	5	1	0	6	5	9	1	5	1	3	8	7	2
6	3	4	8	7	0	0	1	3	4	4	7	4	5	5	0	0	9	7
8	1	1	7	9	9	4	0	1	6	5	4	4	4	6	2	8	9	2
0	2	9	3	2	5	8	4	4	9	6	3	0	2	6	4	0	6	4
7	0	2	0	4	5	9	9	8	8	0	9	1	9	1	7	7	2	5
5	5	4	4	0	4	3	6	3	0	8	6	0	0	1	2	9	6	3
2	9	0	0	3	3	5	8	6	9	4	1	0	9	8	9	7	7	1
2	3	7	5	2	2	1	4	5	2	4	9	0	5	2	5	9	4	3
4	9	5	6	7	4	1	3	0	1	5	0	0	7	3	5	8	6	4
2	5	1	1	3	4	1	9	9	2	4	0	3	6	7	3	4	0	9
5	1	9	9	3	0	9	0	9	7	0	9	3	5	2	2	7	4	8
9	7	9	0	9	1	6	6	2	1	6	6	1	1	4	3	9	4	8
1	2	7	3	9	8	1	9	6	4	3	3	4	1	6	3	1	8	1
8	2	8	1	0	4	1	9	0	0	5	0	9	6	3	0	3	0	9
8	7	9	5	5	5	3	3	3	0	7	0	0	5	6	9	9	8	5
8	3	7	8	7	7	3	7	5	5	5	5	6	4	8	5	9	5	3

L R V G E R S H D T S X

G F E R S H D T S X

L R V G E R S H D T S X

921	602	1533	7711	71256
182	502	1599	7710	71128
192	528	1663	7790	17248
219	500	1537	7970	71248

L R V G E R S H D T S X

L R V G E R S H D T S X

Ki__ sch__b ____m

102 – 18 – 19

4015 – 33 + 8

33 – 18 + 29

869 – 35 – 78

T__ sch_ nu__

7	2	7	7
1	1	2	2
0	0	7	6
9	4	3	6

3 6 4 8 6 6 6 8 5 8

Ki__ __e__sch__ __ __ __t

V G E R S H D T S X

Ku__ __m__nd

4015 – 33 × 8

33 – 18 × 29

102 – 18 – 19

				2570				
			1360		1210			
		697		663		547		
		344	353		310	237		
	165	179		174		136	101	
	80	85	94		80	56	45	
41	39	46		48		32	24	21
20	21	18	28		20	12	12	9
7	13	8	10	18	2	10	2	7

a AIAEU b JIOUE c EIIAO

a IAAEU b AEUIO c AOUIE

a AEIOU b AIIOU c IAEOU

a AeIoU b UIUA c AEAUI

a AEOE b UEUE c EEEE

a AEEIII b UIOOOO c OIIEEE

B V G S H D T S X S T

Ü P V G E R S H D T S X

2564 – 569 – 19 + 34

Ki__ sch

E R S H B I Z X

68 : __

F Z S T R E T

7	2
1	1
0	0
9	4

H_nd_

N_tt_r

7	2	7	7
1	1	2	2
0	0	7	6
9	4	3	6

921	602	1533	7711	71256
182	502	1599	7710	71128
192	528	1663	7790	17248
219	500	1537	7970	71248

V G S H D T S X S T

K O P H T F D S D E R

Sch_e__ew__se

7 6 4 8 6 6 6 8 5 8 6 9

G R T B

L R V G E R S H D T S X

7 6 4 8 6 6 6 8

921	602	1533
182	502	1599
192	528	1663
219	500	1537

Sch_e__ew__se

T__ sch_ nu__

d IOOUUU

d AUAE

d eallo

OIIEEE

EEEE

AEAUI

7 6 4 8 6 6 6 8 5 8 6 9